영재학생을 위한

대학진학계획

-올바른 대학 선택과 입학-

College Planning for Gifted Students:

Choosing and Getting into the Right College

Sandra L. Berger 지음

이미순 옮김

박학사

College Planning for Gifted Students:

Choosing and Getting into the Right College

Sandra L. Berger

본 책을 저술하도록 영감을 준, 사랑스런 딸, Bonnie Procter, Judy Reese와 Deb Berger에게 바친다.

역자 서문

대학진학은 수월성을 추구하는 과정으로 여러 갈림길이 존재하는 여정이다. 이 여정 속에서 누구나 "최선"의 선택을 하려고 한다. 물론 대학진학을 계획할 때, 일반 학생과 마찬가지로 영재도 자신의 능력, 희망, 꿈과 포부를 생각하지만, 다른 한편으로 영재는 선택이 자신을 포함한 다른 사람에게 어떤 그리고 어떻게 영향을 주고받을지 더 큰 맥락까지 고려한다. 그러므로 영재를 위한 대학진학계획은 매우 복잡한 문제로서, 이에 대한 적절한 의사결정을 내리기 위해서는 계획 및 준비가 필요하다.

이 책은 Berger(2006)의 『College Planning for Gifted Students』를 번역한 것이다. Berger는 ERIC Clearinghouse와 AskERIC 시스템에서 활동한 영재교육 정보전문가로서의 경험을 토대로 영재를 위한 대학진학 지도원리 및 방안을 총체적으로 소개한다. 1장의 대학진로계획에서는 대학진학의 중요성과 중학교에서 고등학교에 이르는 일반적인 진학계획을 제시한다. 그리고 2장에서는 영재의 특징에 따른 차별적인 대학진학계획을 소개한다. 3장과 4장에서는 "최선"의 대학을 선택할 때 염두에 두어야 할 적합성의 문제를 영재의 입장과 대학의 입장에서 기술하며, 영재에게 적합한 대학을 결정하기에 앞서 대학에 대한 정보 및 지식을 수집하는 방법도 설명한다. 마지막으로 5장은 대학에 지원하는 과정을, 1) 정보 수집하기, 2) 계획하기와 선택하기, 3) 대학 방문하기, 4) 지원하기, 5) 인터뷰 및 에세이 작성하기, 6) 재정보조 신청하기, 그리고 7) 입학허가서 받기 등으로 나누어 소개한다. 그 외 이 책은 학업과목 난이도, 표준화된 검사, 교육과정 외 활동, 봉사 및 인터뷰와 에세이에서 영재가 지원 대학에 얼마나 적합한 학생인지 보여주는 방법 등 실질적인 방안까지도 설명한다.

한편, 영재를 위한 대학진학계획을 일부 국가(미국)에 한정에서 소개하는 번역서로서의 한계를 지적하는 시각도 없지 않을 것이다. 그러므로 이 책을 활용하는 영재, 영재부모 및 교사들은 책의 내용이 미국 대학에 지원하는 경우로 국한됨을 염두에 두어야 할 것이다. 덧붙여 역자로서 국내 및 기타 국외 대학에 지원을 고려하는 영재를 위한 구체적인 방안까지로 아우르는 대학진학 지도 서적이 향후 많이 출판되기를 희망한다.

끝으로 이 책이 출판되기까지 여러 도움을 주신 도서출판 박학사 사장님과 편집부에 진심어린 감사를 드리면서, 책에 어린 정성과 노력만큼 우리나라의 영재교육이 더욱 발전하기를 기원한다.

2009. 7

이미순

감사의 글

영재 부모 및 오랫동안 이 분야에 몸담은 사람들이 쓴 『영재학생을 위한 대학진학계획(College Planning for Gifted Students)』이라는 이 책은 여러 노력의 결실이다. 수많은 행정가, 상담자, 교사, 부모와 학생들이 인터뷰에 응해 주었고 이 책에 도움을 주었다. 아래에 열거한 분들과 자유롭게 자신의 관심과 경험에 대해 이야기를 해 준 여러 학생들에게 진심으로 감사를 드린다. 마지막으로, 열성적이며 창의적으로 일해 주신 Prufrock 출판 관계자, 특히 편집장인 Lacy Elwood에게 감사를 드린다. 아울러 초판을 읽어 주고 조언을 해 주신 Open Space Communications의 Dorothy Knopper에게도 감사를 드린다.

아래와 같이 본 저서에 도움을 주신 분들에게도 감사를 드리고 싶다.

- 학습장애를 가진 자녀를 둔 부모와 홈스쿨링 학생들의 이야기는 학습장애와 자택학습(homeschooling) 섹션에서 일화로 제시하였다.
- College/Career Center Resource 전문가인 Laurie Kobick와 Virginia 주 Fairfax에 있는 Thomas Jefferson 고등학교는 진로센터에 관한 섹션에서 도움을 주었다.
- Bernis von zur Muehlen, Virginia 주 Fairfax에 있는 James Madison 공립 고등학교는 교사를 위한 제안점을 쓸 때 지침이 되었다.
- Virginia 주 Manassas에 있는 Prince William County 공립학교들과 Gail Hubbard는 대학지원 때 에세이를 작성하는 지침을 제공해 주었다.
- Virginia 주 Alexandria에 있는 Octameron 협회의 행정 부회장인 Joseph Re는 대학학비에 관해 도움을 주었다.
- 학생질문지: Why are you going to college?(<표 3-1>)와 대학입학 인터뷰 동안 학생들이 제기하는 질문내용은 독립 학교 상담자인 Shirley Levin의 도움에 기초한다.

차 례

제 1 장

제 3 장

제 5 장

제 1 장

대학진로계획

대학진로계획(College Planning)은 가족생활에서 중요한 사건이다. 어떤 부모들은 모교의 색깔과 마스코트로 된 말쑥한 옷을 입히고, 언젠가 자녀가 자신의 뒤를 따를 것이라고 생각한다. 또 어떤 부모들은 붉은 고동색, 오렌지색, 짙은 파란색과 금색 혹은 진홍색을 고집하며 가족세대 구성원이 같은 대학에 다닌다는 점을 자랑스럽게 여긴다. 미식축구, 농구경기에 있어서는 오랜 역사를 자랑하는 대학들 사이에 경쟁 관계가 팽배하며, 경쟁 관계에 있는 대학에 입학하고자 하는 형제자매, 친구 혹은 이웃 사이에서 경기가 있는 날이면 논쟁이 벌어진다. 미국에서만 자랑스럽게 차 뒤 유리창에 학교이름을 붙이고 다닌다.

대부분 미국 가족의 희망과 꿈은 대학교육과 연결된다. 우리는 주변에 고등교육을 상기시키는 것으로 둘러싸여 있다. 예를 들어, 대학재정보조금에 대한 광고에서부터 가을의 토요일 오후에 있는 미국축구 전반전 동안에 경기 중인 학교에 대한 TV 해설, 대학에 간 락스탕에 대한 TV 연재물에 이르기 까지 모든 것이 그렇다. 21세기에 대학에 입학하는 것은, 바로 미국 성공사의 한 부분인 것이다.

고등학생과 부모들은 대개 대학 입학을 열망하지만, 일단 대학에 입학하기로 결정하게 되면, 대학을 잘 선택했는지가 중요한 문제가 된다. 중, 고등학교 수준에서 고등교육으로 갈 때, 이에 충분한 관심을 기울이지 못한다. 본 책에서 조사한 학생들에 의하면, 결정을 내릴 때 바람직한 기초가 없어, 대학을 선택할 때 혼란스러웠다고 한다. 매일 스포츠, 특별 프로그램, 그리고 전원풍의 잔디가 깔려 있는 언덕이나 부산한 도시시내에 위치한 화강암 건물을 소개하는 엄청난 양의 우편물을 매일 대학으로부터 받았다. 모든 안내책자마다 실제 대학에 입학하려면 무엇이 필요한지 단서도 주지 않은 채, 그냥 "선택하세요!"라고 말하는 듯하다. 학생들이 당혹감을 느끼는 것은 당연하다! 목적은 설정되어 있는데, 이를 달성할 방법에 대한 방향은 없다.

왜 대학에 가는가? 아마도 "나머지 일생 동안 하고 싶은 일이 무엇인가?"라고 묻는 것이 보다 바람직한 질문이다. 교육, 직업선택, 미래의 수입이 모두 이상의 결정과 관련이 있다. 1997년 Clinton 대통령은 교육을 "새로운 경제에서 번영할 사람과 번영하지 못할 사람을 구분짓는 단층선(fault line)"으로 언급하였다(¶ 1). 예전보다 Clinton의 말은 보다 일리가 있다.

미국 교육부(2004)에서 보고한 아래 통계를 살펴보자:

- 2001년 고등학교 중퇴자는 연간 22,100달러를 번다.
- 고등학교 졸업자는 30,056달러를 번다.

- 대학졸업자는 54,704달러를 번다.
- 1998년 보고에 의하면, 25세에서 34세의 남자 대학졸업자는 대학에 입학하지 않은 사람에 비해 63% 더 많이 번다.

2001년 미국 인구조사에 의하면, 대학졸업자는 고등학교 졸업자보다 일생을 통해 볼 때 1,000,000달러를 더 번다. 다른 면에서 봐도, 대학 졸업장을 받은 사람은 졸업장이 없는 사람보다 약 세 배, 즉 1,500,000달러를 더 번다(U. S. Census Bureau, 2004).

최근 연구(Barrow & Rouse, 2005)에서는 다음과 같은 결과를 볼 수 있다. 대학 학위를 가지고 있는 사람들은 평균 수업료(약 4년간 30,000달러)를 포함하여 평균 수입이 약 107,277달러로 추정되며, 여기에는 고등학교를 졸업하고 바로 일을 한다고 할 때 벌어들인 수입도 포함된다. 가장 최근의 자료를 사용하여 추정해 보면, 2003년에 학교에 입학하여 대학학위를 가진 사람들은 그렇지 않은 사람에 비해 일생 동안 받는 수입은 402,959달러 정도까지 더 많이 받는다. 평균 학생들이 학위로 인해 받는 순수한 가치는 대략 295,682달러에 달한다. 전형적으로 대학 졸업자는 투자한 것을 보상받는다.

대학교육을 받지 않고도 매우 성공한 사람들도 있지만, 이들은 특별한 성공담으로 인해 누구인지 알 수 있을 정도로 소수이다. 교육 및 직업관련 기술이 없는 사람은 훈련받은 사람들과 경쟁을 하여 직업을 구해야 하기 때문에 더 어렵다. 게다가 부모가 대학교육을 받지 않았다면, 자녀가 대학에 지원한다거나 이에 대한 실제적인 조언을 얻을 수 없기 때문에 대학에 갈 기회는 적어진다(Plank & Jordan, 2001). 또한 그 반대를 생각해 볼 수 있다. 즉, 부모가 대학에 간다면 자녀가 대학에 갈 확률은 두 배 이상 높아진다.

대략 3명 중 2명의 미국인들은 어떤 형태든 고등교육에 지원하지 않으며, 고등학교를 졸업한 후 교육을 받으려고 등록한다 하더라도 대부분의 사람들은 졸업을 하지 못한다(Rowe, 2005). 대학에 등록하지 않았거나 중간에 중퇴한 사람 중 반 정도는 일을 해서 돈을 벌고 싶었기 때문에 대학이 자신에게 맞지 않는다고 하였다. 그리고 다른 반 정도의 사람들은 대학에 갈 형편이 되지 않았다고 하였다. 그러나 대학사정위원회에 따르면, 33세가 될 때쯤이면, 전형적인 대학 졸업자들은 4년간의 학비를 충분히 보상하고 대학 재학 중에 놓친 수입도 보상한다(Baum & Payea, 2004).

대학교육의 이점은 미묘하지만 실제적이다. 지식획득은 매우 개인적인 것이다. 대학에 가는 사람들은 일생 동안 획득한 지식을 활용하고, 기술과 지식을 지속적으로 확대하며, 생각을 말이나 글로 보다 정확하게 표현하며, 추상적인 개념과 이론을 파악하고, 세상과 지역사회에 대한 이해를 증진한다. 대학은 새로운 흥미와 열정을 개발함으로써 학습에 대한 열정을 높인다.

대학에 들어가기 전까지, 이웃, 12년 동안 학교에서 알고 지내던 아이들, 같이 운동하던 친구들, 종교교육을 함께 받던 친구들 등 친숙한 환경에서 지낸다. 대학으로 가면서, 즉 어떤 것은 좋기도 하고 어떤 점은 나쁘기도 하지만, 다양한 사람을 만나고, 최소한 이로 인해 선택할 기회가 생긴다. 세상은 넓어서 집을 떠나지 않고서는 상상할 수 없었던 장소와 경험으로 가득 차 있다. 대학에서 다양한 국가, 인종과 종교집단, 다양한 소득수준 및 생활방식, 심지어 여러 학습과 정보를 습득하는 방식을 접하게 된다. 대학교육을 통해서 새로운 것을 시도하고, 새로운 것을 창출하게 하는 상상력을 증진시키며, 우리 생애 동안 볼 수 없을지도 모를 것에 대해 비판적으로 생각할 자유를 갖게 된다.

미국에는 3,500개 이상의 대학과 대학교가 있다. 대학을 선택하는 것은 복잡한 과제이다. 어떤 학생들은 특히, 영재인 학생들은 대학에 관심이 있어 초등학교 정도의 어릴 적부터 계획을 세운다. 앞에서 언급하였듯이, 비디오 게임 혹은 새로운 옷을 사는 것보다 대학진로를 계획하거나 선택하는 데 덜 신경을 쓰는 학생들이 여전히 많이 있다. 계획이 부족하다면 대학을 결정하고 진로를 결정할 때 개인적으로 필요한 기준을 정의하는 방법을 모르고 있어, 웹사이트, 친구 혹은 친척으로부터 얻은 부적절한 정보에 기초하여 임의적으로 결정을 내릴 수 있다. 너무 많은 십대들이 대학이 어떻게 다른지 인식하지 못하고 있고, 특정 대학이 제공하는 바가 어떻게 자신의 요구, 수요 및 열망에 맞는지 모르고 있다.

대부분 고등학생들에게 있어, 대학계획은 갑자기 그리고 임의적으로 시작하고 끝나는 과정이다. 대개 11학년일 때 대학계획 과정을 Preliminary SAT*/National Merit Scholarship Qualifying TEST(PSAT/NMSQT)로 시작하고, 학생이 지원한 학교 측으로부터 입학허가 및 거부편지를 받음으로 끝난다. 이 두 가지 획기적인 사건, 즉 PSAT와 입학허가 편지 사이에서, 학생들은 가고 싶은 대학을 선택하고 많은 성취검사를 치루며, 지원서를 제출해야 한다. 대부분 학생의 경우 11학년과 12학년 동안에 정보를 수집해도 의사결정을 내리기에 충분할 것이다. 그러나 영재에게 있어, 대학진학계획은 7학년과 12학년 사이에 일어나는 생애발달과정의 한 단계이다. 이 과정은 학생의 자아인식으로부터 시작하여 대학에서 제공하는 것과 학생의 요구를 맞추는 것으로 종결된다. 이 두 가지 시점 사이에서, 학생들은 다수의 새로운 기술과 경험을 획득하고, 각 활동을 통한 성장을 기대할 수 있다. 학생들의 경험과 자아인식이 성장함에 따라, 계속해서 재능, 기술, 흥미, 요구, 가치와 열정에 기초하여 자신의 미래를 계획할 수 있는 능력도 증진된다.

이상의 지침은 복잡한 대학과 진로계획 과정에 처해 있는 부모 및 사춘기 학생을 위한 것이다. 모든 섹션들이 학생과 활동할 때 관심을 끌 것이지만, 특히 일부 섹션은 학생이 사용할 부분으로, 이에 대해서 학생에게 말해 주어야 한다. 이 책을 통해서, 적절한 대학 목록을 점차적으로 선택할 수 있도록 돕는 표와 체크리스트를 접하게 될 것이다. 책에 있는 것을 연습 삼아 하면서, 마음속에 염두에 두어야 할 것들이 있다:

- 완벽한 학교 같은 것은 없다. 생활처럼 대학경험은 일련의 거래이다. 대부분 학생들은 적합한 여러 유형의 학교를 파악해야 한다. 이 말은 각 학교를 경험하고, 학생들의 경험이 모두 긍정적인 것만은 아니라는 것이다.
- 학점 A에서 B까지 가는 길, 자기 자신을 아는 것, 만족스러운 대학경험을 하는 것은 꼭 평탄한 것만은 아니다. 사춘기 학생들은 비일관적인 속도로 지적, 사회적 및 정서적으로 발달한다. 스스로 "자신이 자신다워"지지 않았을 시기에 대학을 선택한다면 중요한 결정을 내릴 때 도전에 직면하게 된다. 부모, 교사와 상담자는 학생들을 격려하여 궁극적으로 여러 단계 중 첫 번째 단계로써 대학선택을 생각하게 해야 한다. 예를 들어, 대학이 아니라 학생들이 변하기 때문에, 1, 2학년생에게 적합한 대학환경이 나머지 2년 동안에 그렇지 않을 수 있다. 이와 같은 경우에, 다른 대학으로 옮기는 것이 현실적이거나 긍정적인 선택이 될 수 있다. 매우 좋은 학교에 다니고자 하는 학생들에게 이것은 중요한 요지이지만 이렇게 하려면 그에 맞는 자격을 갖추고 있어야 한다. 학생이 보다 도전적인 수준에서 학업을 할 수 있다는 능력을 보여 주기 위해서 덜 좋은 학교에서 1년을 보내고, 그 후에 본래 원하던 학교로 옮길 수 있다.
- 가장 우수한 대학은 모든 1학년 결원자리에 10개 이상의 지원서를 받는다. 이들 지원자들의 상당수가 매우 우수한 자격을 갖추고 있다.

학생들이 많이 우수한 대학에 가려고 한다면, 매우 경쟁력 있는 지원서를 작성해야 한다. 학생의 자격에 대해 주의를 기울여 비판적으로 조사하기 때문에 시작하기 전에, 대학탐색을 보다 현실적으로 해야 한다.

대부분 대학진로지침들은 대학 지원자들에게 입바른 마케팅식의 조언을 제공한다. 그러나 학생의 요구, 흥미와 학교가 제공하는 것이 서로 적합한지가 매우 중요하며, 본 지침에서 제공하는 활동을 모른다면, 학생들은 실망감을 느낄 것이다.

자신에 대해 질문하고 대답할 수 있는 학생들은 자아 인식을 발전시키는 길에 접어든 것이다. 대학에 대한 질문을 제기하고 대답할 수 있고, 자신과 관련하여 대답을 할 수 있을 때, 대학선택과정을 시작할 준비가 된 것이다. 학생들은 자신을 발견한다. 즉, 자신의 가치, 적성 및 요구를 파악하고, 다단계 과정을 통해 대학탐색을 실시하는 법을 배운다. 이상적으로 이러한 과정은 매년 발생하는 특별한 사건과 함께 대개 7학년에서 시작해야 한다. 본 장의 끝에 수록해 놓은 시간표를 통해 대학진로과정에 대한 도움을 얻을 수 있다.

부모가 제공하는 지원과 격려

대학진학을 계획하고 궁극적으로 대학에 진학하는 것은 대부분 십대에 있어 인생을 바꾸는 사건이지만, 십대들은 그 과정에 대해 상이한 반응을 보인다. 어떤 학생들은 7학년에 앞으로 갈 대학을 목록으로 만들지만, 어떤 학생은 12학년이 되어서도 대학계획을 시작하지 못하기도 한다. 어떤 학생은 침대 머리맡 칠판에 대학 입학 낙방통지서를 붙여놓아, 자신의 자존감에 영향을 주기도 하고 이것을 냉철하게 받아들이기도 한다. 대학을 선택하는 것은 성인으로서 처음으로 내리는 일상의 결정이다. 완벽한 해결책 또는 명확한 대안이란 없다. 대학선택은 성인기로의 전환을 알리는 사건이다. 부모는 대개 얼마나 많은 지침을 제공할 수 있고 제공해야 하는지에 대해 혼란스러워한다. 이 과정에 대해 위축되고 받아들이는 것 사이에서 동요한다. 부모는 견문이 넓은 소비자가 되어 압력을 줄이고 관점을 갖는 자세를 유지하도록 분명하고 현실적인 목표를 설정하는 등 중요한 역할을 한다. 성인 초기일 적의 경험을 기억하면서, 십대 학생들을 지지하고, 격려하며, 심지어는 공감해야 한다. 대학을 계획하는 것과 자신의 경험과 알고 있는 다른 사람의 경험이 어떻게 다른지 학습할 시간을 가질 때, 긍정적인 역할을 수행할 수 있다. 한 학생이 부모에게 "부모님께서 해 줄 수 있는 가장 좋은 것은 내가 농담할 때 웃어 주는 것이에요"라고 말하였다. 걱정하지 않고 관점을 가지고 대학계획을 세우는 것에 대해 말하고 있는 것이다.

부모들이 기억해 두어야 할 것으로는 다음과 같은 것이 있다:

- 명문대학에 들어간다고 자녀의 삶을 향상하는 것은 아니다. 들어보지도 못한 학교의 교수와 학습이 종종 좋은 경우도 있다.
- 단계마다 모든 것을 알고 있는 성인군자처럼 행동하기보다는 자녀를 격려하면서 옆에서 지도한다. 자녀들이 경험하는 압력을 이해할 준비를 갖추고, 보여 주며, 지원한다.
- 자녀가 의사결정을 내릴 때, 필요한 비판적 기술에 대해 알고 있다.
- 이상적인 대학이 갖는 중요한 특징을 어떻게 정의할 지 이해한다.
- 자녀의 요구를 충족시키는 특별한 기관을 찾는 데 도움을 준다.
- 자녀에게 압력을 주지 않고 관점을 유지하는 자세를 갖도록 분명하고 현실적인 목표를 설정한다.

- 자신을 수호자로서 생각하여, 지침을 주고 보호한다. 어떤 부모들은 뒤로 물러섬으로써 관여하지 않으려고 한다. 또 어떤 부모들은 압력을 행사한다. 극단적인 것은 모두 바람직하지 않다.
- 자녀가 대학에서 필요로 하는 것이 무엇이며 왜 그런지에 대해 이야기를 하면서, 공개적으로 대학에 대해 예를 들어, 도시 혹은 지방 환경, 서클 생활, 스포츠, 학생 대 교수비율, 교실크기, 특별한 프로그램 등을 논의한다.
- 자녀의 이야기를 듣는다. 어떤 학교의 어떤 부분이 자녀의 관심을 끄는지 관심을 기울인다.
- 지원서를 정형화하지 않는다. 에세이를 수정하고 자녀에게 필요한 정보를 위해 대학에 전화를 한다. 질문이 있어 대학에 연락을 할 경우, 대개 입학지원부서는 학생의 이야기를 수렴하는 것을 좋아한다.
- 표준화된 시험, 지원마감일, 자원보조금 신청마감일 등 날짜를 기록해둔다. 고등학교 지난 2년 동안 사춘기 자녀들은 상당한 압력을 받는다. 대개, 마감일을 기억해 주는 사람이 필요하다.
- 모든 지원 서류를 복사해둔다. 오류가 있는지 검토하지만 스타일 혹은 문법적으로 바꾸지 않는다. 자녀가 해 놓은 것을 편집하지 않는다. 마지막 서류를 꼭 복사해 놓는다.
- 앞으로 닥칠 한계에 대해 논의한다. 할 수 있는 모든 재정보조를 찾아본다. 대부분의 사람처럼 돈이 문제라면, 이성적으로 논의하고 수혜 받을 수 있는 장학금, 대부 혹은 기타 여러 보조를 받을 수 있음을 설명한다. 그러나 대학들은 학생을 위해 재정보조를 제공하기 때문에, 단지 비용문제로 자녀의 선택을 제한하지 않는다.
- 대학진로계획은 정답이 없는 생애발달과정의 일부이다. 자녀의 강점, 흥미와 대학이 제공하는 것 간의 적합성으로 목표를 세우기 때문

에, 사람마다 이 과정에서 차이가 있다. 어떤 사람에게는 완벽한 대학도 자녀에게 전적으로 맞지 않을 수 있다. 자녀가 최종적으로 의사결정을 내리고 과정을 정하게 한다.

- 대학탐색은 일종의 중매결혼과 같다. 가장 알맞은 것을 찾는다. 사랑은 그 이후에 찾아올 것이다.

대학진로 스케줄, 7학년~12학년

대학탐색은 고3 이전에 시작하는 것이 좋다. 3학년 전에 대학탐색을 하기 위해 해야 할 일이 많다. 중학교와 고등학교 동안 학생들이 끝마쳐야 할 것이 무엇이며 개인적인 용도를 위해 학생들이 갖추고 있어야 할 것이 무엇인지 다음 스케줄을 통해 살펴보자. 학생들이 스케줄대로 하고 있는지 확인할 때 조언을 해 준다.

7학년

- 대학진학을 대비하여 저축을 하고 있지 않다면 지금 시작한다.
- 7학년과 8학년에 반마다 따로 구분해 높은 과목별로 학급이 편성된다. 새로운 학문 영역과 교육과정 외 활동을 탐색하고 조사하는 기회를 갖는다.
- 자신에 대해 생각할 시간을 갖는다.
- 지역사회에서 이용할 수 있는 학업 선택안을 조사하고 평가한다. 예를 들어, 고등학교 마그넷(magnet) 프로그램을 이용할 수 있는가? 지역사회에서 심화 프로그램을 제공하는가? 지역사회에서 AP(advanced placement) 혹은 국제 학사 프로그램(International Bacca-

laureate)을 제공하는가? 도전적인 학업 프로그램이 있는 고등학교에 다니고 싶은가? 지금 계획한다. 이상과 같은 모든 방안을 조사한다.

- 속진프로그램이 효과적이라고 생각한다면, 지역 재능발굴 프로그램, 대학기반 여름 프로그램, 인턴십, 멘토십과 고등학교에 다니면서 대학 학점을 취득하는 것 같은 심화자원을 포함하여 여러 방안이 있다.
- 많은 7학년 학생들은 여느 기회뿐 아니라 재능발굴 프로그램을 받으려고 7학년과 8학년 사이에 SAT 혹은 ACT 평가를 받는다. SAT, ACT 혹은 기타 국가적으로 규준이 마련되어 있는 검사를 받음으로써 지역 재능발굴 과정에 참여할 수 있는지 진로상담자에게 문의한다. 일부 재능발굴 프로그램은 학교에서 사용하는 표준화된 검사를 인정한다. 시간, 수업료 혜택 혹은 종교적인 이유로 인해 주말 시간표를 조절해야 한다면 9월 내 재능발굴 프로그램에 연락을 취해야 한다.
- 대부분 여름 프로그램은 다양한 기회를 제공하므로, 흥미를 탐색하고, 새로운 학업과정을 시도하며, 기술을 정련하고, 친구를 사귀며, 집을 떠나 생활해 볼 수 있다. 여름 프로그램은 그 질에 있어 다양하므로, 주의 깊게 조사한다. 프로그램 비용으로 인해 참여하기 어렵다면, 프로그램 혹은 지역에서 장학금을 받을 수 있는지 알아본다. 일부 여름프로그램은 지방 영재들을 위해 장학금을 제공한다.
- 준비가 되었다면, 특히 외국어와 수학에서 고등학교 학점을 이수할 기회가 있는지 알아본다.
- 객관적 및 현실적으로 능력, 적성, 가치, 흥미 및 가장 잘 학습하는 방법에 대해 생각한다. 자신의 포부와 목적에 대해 생각하기 시작한다.

- 자신의 한계를 극복하는 방법을 찾는다. 위험을 감수하고 새로운 과정과 활동을 시도한다. 지금 수강하는 고등학교 수준의 과정은 고등학교 성적표에 기술될 것이다. 그러나 중학교에서 받은 성적은 고등학교에서 받은 것보다 비교적 덜 중요하다.
- 효과적으로 공부하고 시간을 다루는 방법을 찾는다. 학습책략 데이터 온라인을 찾아볼 수 있다(http://www.muskingum.edu/home/cal 참조).
- 폭넓게 책, 신문, 그리고 잡지 등을 읽는다.
- 작문기술을 연마한다. 일기를 쓰고, 단편이야기, 시 및 산문을 써서 대회에 출품한다. 수학 혹은 과학 프로젝트를 하고 있는가? 활동에 대한 인상을 기록하고 그에 대한 이야기를 준비한다. 작품을 학교신문과 기타 여러 곳에 제출한다.
- 자원봉사 활동을 하는 기회를 찾는다.

8학년

- 부모 및 진로상담자와 고등학교로의 진급에 대해 의논한다. 고등학교 졸업과 향후 4년 동안 수강하고 싶은 과목을 작성하며 학업 계획을 포함하여 기본 계획을 세운다. 도전적이지만 감당할 수 있다고 생각하는 과정을 선택한다.
- 대부분 사람들은 시간 관리를 하는 데 어려움을 느낀다. 하고 싶은 것은 많은데 할 시간이 부족하다. 4개년 계획을 세울 때, 교실에서 보내는 시간, 숙제를 하는 시간, 교육과정 외 흥미 및 가족 활동, 휴식 시간을 관리하는 계획을 세운다. 시간관리 계획을 과도하게 경직되지 않고 융통적이며 창의적으로 유지한다. 조정이 필요할 때 다시

살펴볼 수 있다.

- 직업 선택안과 기회를 조사하는 방법을 찾는다. 하고 싶은 일에 대해 가족과 친구에게 이야기한다. 7학년 혹은 8학년이 대학과 진로를 결정하기에는 너무 이른 시기이지만, 나중에 사용할 것들을 배울 수 있다.
- 시간을 할애하여 자원봉사를 한다. 자원봉사는 진로를 탐색하고 지역사회 정신을 개발하는 훌륭한 방법이다.
- 특별한 학문 분야에서 학습기술을 강화하는 방법을 찾는다. 학습기술을 향상시킴으로써 시간을 현명하게 관리할 수 있다.
- 여름을 창의적으로 보낼 수 있도록 계획한다. 대부분 프로그램은 일찍 마감이 된다. 12월보다 늦지 않게 계획을 시작한다.

9학년

- 9학년이 되면, 학교 시간과 방과 후 시간을 어떻게 효과적으로 사용할지 4년간의 계획을 세워야 한다. 융통적으로 계획을 세워 공부하고, 교육과정 외 활동을 하고, 운동 및 휴식하는 기간을 조정한다.
- 참여하고 싶은 교육과정 외 활동을 찾는다. 지역사회 서비스 혹은 리더십 기회가 포함되어 있는 활동을 찾는다. 자원봉사 활동을 통해 자신의 재능을 다른 사람과 나눈다. 다른 사람을 돕는 것은 자신에 대해 알 수 있는 좋은 방법이다. 흥미 있는 취미 혹은 스포츠를 하고 참여한다.
- PSAT에 등록하여 연습한다. 시험이 어떻게 나오는지, 학생들이 어떻게 준비하는지, 점수를 보고하는 방법과 사용하는 방법에 대해 알 수 있도록 무료 게시판을 활용한다(http://www.collegeboard.com

참조). 시험의 가장 최근 버전으로 연습하였는지 확인한다.

- 명문대학들은 고등학교에서 제공하는 가장 도전적인 프로그램을 수강하였는지 그 여부를 점검할 것이다. 11학년과 12학년에서 도전적인 과목을 수강하고자 한다면, 선수과목을 수강해야 한다. 다음과 같은 것에 대해 생각해 보자.

  ▸ 고등학교를 졸업하려면 어떤 과목이 필수과목인가?
  ▸ 대학 입학을 하려면 각 과목에 대해 몇 년이 필요한가?
  ▸ 고등학교에서 제공하지 않지만 탐색하고싶은 부가적인 학문 영역은 무엇인가?(예: 철학, 고고학) 여름 프로그램을 고려해 본다.
  ▸ 스케줄에 넣고 싶은 교육과정 외 활동은 무엇인가?
  ▸ 계속하고 싶은 활동은 무엇인가?
  ▸ 없애버리고 싶은 활동은 무엇인가?
  ▸ 어느 선까지 대학 등록금을 감당할 것인가? 고등학교 기간에도 일을 해야 하는가?

- 고등학교에 진로센터나 다중매체센터가 있다면, 그곳에서 일하는 사람과 자료를 활용할 수 있는지 알아본다. 컴퓨터가 지원하는 대학계획 프로그램이 있는지 찾아본다.
- 넓게 읽는다. 다양한 종류의 자료를 접하여 어휘와 언어기술을 향상한다. 신문(지역 신문, New York Times, USA Today 등), 잡지(신문, 사업, 스포츠, 그리고 특별한 흥미 잡지) 및 책(전기, 역사, 과학소설, 모험, 소설, 시와 드라마)을 읽는다.
- 봄에 진로상담자 및 부모와 함께 4개년 계획을 다시 살펴보고 다음해에 매우 도전적인 과정을 감당할 수 있는지 결정한다.

10학년

- 10월에 PSAT/NMSQT를 실시하므로 등록하였는지 확인한다. 11학년에서, The National Merit Scholarship과 The National Merit Hispanic Scholarship의 수혜 대상자를 PSAT 점수로 결정하기도 한다. 10학년에서는 점수를 생각하지 말고 단지 연습으로 PSAT 시험을 치러본다. 등록하는 방법을 진로상담자에게 문의한다.
- PSAT를 통해, 나와 비슷한 학생들에 관심을 갖는 대학과 대학교로부터 연락을 받을 수 있다. 받은 정보를 조직할 서류 작성 체계를 시작한다. 지금은 두 개의 큰 신발상자에서 시작하여 나중에는 파일폴더처럼 사용하기 쉽게 자료를 정리한다.
- 대학 사정위원회, Peterson's, Fiske와 기타 기관에서 발간하는 대학 참고자료에 친숙해진다. 지역 도서관 혹은 서점을 방문하여 도움이 될 만한 여러 유형의 참고 자료에 관해 도움을 얻는다.
- 근처 대학을 방문한다. 학교에 대학을 소개하는 비디오 자료가 있는지 알아본다.
- 잘 하지만 고등학교에서 공부를 계속할 계획이 없는 과목에 대해서는 10학년 말에 SAT 과목시험을 본다(예: 생물, 외국어). 대부분 학생들은 2학년 말 혹은 3학년 초에 SAT 과목 시험을 보지만, 상응하는 과목을 마친 후 가능한 한 빨리 세계사, 생물, 화학 혹은 물리 등의 과목에서 시험을 본다. 외국어의 경우 최소한 2년간의 학습 기간이 지난 후에 시험을 보는 것이 좋다.
- 의미 있게 보낼 여름활동을 계획한다. 인턴십, 봉사활동, 여행 및 흥미로운 직업에 종사하는 사람과 시간을 보내는 활동을 생각해 본다.
- 좋아하는 교육과정 외 활동에 많이 참여한다. 리더십을 발휘할 기회

를 찾는다. 대학은 학생들이 어느 정도 깊이 있게 참여하였는지 이에 관심을 보인다.

- 넓고 다양한 자료를 계속하여 읽는다. 많이 읽을수록 어휘가 더욱 확장된다.
- 진로를 조사한다. Career Occupational Preference System(COPS: http://www.edits.net/cops.html 참조), Career Options(http://rileyguide.com/careers.html 참조), SIGI(http://valparint.com 참조) 혹은 DISCOVER(http://www.act.org/discover 참조) 같은 컴퓨터가 도와주는 진로지도 프로그램을 조사한다. 학교에 이런 프로그램이 없다면, 가까운 지역 대학진로센터에 문의한다.
- 고등학교에서 진로적성검사, 흥미검사, 학습스타일 검사 혹은 인성검사를 실시하는지 알아본다. 가능한 모든 평가검사를 받고 결과에 대해 상담자와 이야기를 나눈다.
- O*net Dictionary of Occupational Titles와 the Occupational Outlook Handbook(보다 자세한 정보는 본 책 149~150쪽 참조)에 익숙해져서 한두 가지 진로를 선택하여 이에 대해 읽어본다. 이 분야에 종사하는 사람과 시간을 보낸다.
- 10학년 말까지, 4개년 계획과 고등학교 선정을 진로상담자 및 부모와 함께 살펴본다. 11학년을 계획할 때 도전적인 학업 과정에 등록하지만, 휴식, 가족 활동, 좋아하는 교육과정 외 활동과 지역사회 서비스를 위한 여분의 시간을 남겨 둔다.

11학년

- 부모 및 상담자와 대학계획에 대해 의견을 나눈다. 부모는 이상의 토

론을 촉진하기 위해 상담자와 약속을 잡아야 한다. 학년 초에 자녀의 상담자와 토론함으로써 모든 사람의 기대를 분명하게 할 수 있다.

- 대학탐색 과정을 시작한다. 학교에서 주최하는 College Night에 참석하고 대학행사에 가본다. 대학 관련자가 학교에 방문하였을 때 이들 대학에 관심이 없더라도, 이야기를 나누어 본다. 대학 관련자가 이야기 한 것, 읽었던 것, 혼자 보아왔던 것들을 비교하고 대조한다.
- 10월에 치루는 PSAT에 등록한다. 이때의 점수는 중요하다! 시험이 어떻게 나올지, 시험을 어떻게 준비할지, 어떻게 점수가 보고되고 사용되는지(보다 많은 정보는 http://www.collegeboard.com 참조) 학생 게시판(Student Bulletin)을 참조한다.
- SAT 혹은 ACT의 최근 출제경향에 대해 익숙해진다. 봄에 한두 개 선호하는 시험을 볼 계획인지 학교에 문의한다.
- 만일 점수가 기대한 만큼 높지 않다면, 사전 과정(prep course)을 수강하는 것도 고려해 본다. 한 과목의 비용이 그 과정의 질을 반영하는 것이 아님을 염두에 둔다. 교사가 답지를 분석하고 강점과 약점에 대해 특별한 정보를 제공하며, 어떻게 성적을 올리는지 조언을 해 주는 과정이 있는지 찾아본다. Barnes & Noble's Sparknotes(http://www.sparknotes.com 참조)라는 웹 사이트가 있다.
- 심지어 보다 심도 있게 과목을 계속 수강할 계획이라도, 학년 말까지 마칠 수 있는 과목 혹은 외국어 등의 과정에서 SAT 과목 시험을 본다.
- 만일 Advanced Placement(AP) 과정을 수강하였거나 매우 공부를 잘 한다면, AP 수강을 고려해 본다. 주의 깊게 어떤 대학이 수업료를 공제해 주는지, 학점 및 AP 3, 4, 5학점 정도를 취득할 수 있는지 생각해 본다. 학교 외 다른 곳에서 AP 시험을 보았다면, 성적이 다니는

고등학교와 선택한 대학에 보고가 되었는지 확인한다.

- 가족과 재정문제에 대해 의논한다. 집에서 대학 학비를 부담하길 기대한다면 여름 혹은 아르바이트 계획을 지금부터 세운다. 일찍 시작할수록 좋다.
- 좋은 점수 수준을 유지한다. 실제로 계산을 산정하는 해이다. 일, 놀이, 교육과정 외 활동에 균형을 이루도록 한다. 계속적으로 점수가 상승한다면 대학에 좋은 인상을 줄 것이다.
- 목표로 하는 대학에 재정보조 혹은 고시를 요청한다. 온라인으로 연방학생보조지원서를 받아서(Federal Student Aid, FAFSA) 가족과 함께 작성한다(http://www.fafsa.ed.gov 참조).
- 국립 대학운동협회(NCAA) 1군 혹은 2군으로 참여하고자 한다면, 2학년 말이 되기 전에 NCAA 정보 센터(1-800-638-3731 혹은 http://www.ncaa.org 참조)에 등록한다.
- 11학년 말까지, 부모 및 진로상담자와 함께 4개년 계획과 고등학교 성적표를 살펴본다. 나의 학습사항에 대해 만족하는가? 목표를 성취하였는가?

12학년

- 대학 목록을 점검한다. 생각하고 있는 대학에 대한 자료를 가지고 있어야 한다.
- 흥미 있는 대학의 입학기준을 점검하고 지원서를 작성하여 보낸다.
- 대부분 대학들은 재정보조를 하려고 CSS/Financial Aid PROFILE에서 자료를 활용한다. 온라인으로 지원을 시작한다(http://profileonline.collegeboard.com).

- 장학금 검색을 시작한다. http://www.fastweb.com 혹은 http://www.finaid.org를 찾아본다. 1월 1일 이후에 FAFSA를 작성하여 송부한다.
- 추천서를 잘 써줄 최소 2명의 교사와 본인을 잘 알고 있는 다른 사람 2명을 파악한다. 조기 입학 혹은 조기 지원을 결정하였다면, 가능한 한 빨리 추천서를 의뢰해야 한다. 약속을 잡고 여러분의 성적과 목표를 함께 살펴본다. 그 다음 추천서가 대학 마감일 전에 도착하도록 하는 것은 여러분의 책임이다.
- 만약 성적을 높이고 싶다면 SAT 혹은 ACT 시험을 다시 본다. 여러분이 시험에 지원하게 되면 진로상담자 혹은 학교에 SAT 혹은 ACT 점수가 보고됨을 염두에 둔다. 진로상담자와 함께 성적을 살펴보고 생각하고 있는 대학에 비교하여 점수해석을 문의한다.
- http://www.commonapp.org를 방문하여 대학이 공통지원서를 접수하는지 알아보고 필요할 때 작성한다.
- 학교 학적담당 사무원 혹은 진로상담자가 지원서, 성적표, 추천서 혹은 지원양식을 보내면 작성한다. 대개 12월에 하지만 일부 고등학교는 일찍 마감하기도 한다. 일찍 마감할 경우 대개는 11월이다. 학교가 지원서와 지원 자료를 대학에 보내지 않았다면, 제때 보낼 수 있도록 확인해야 한다. 즉, 마감일에 주의를 기울여야 한다.
- 모든 지원서 자료를 대학에 보내기 전에 복사해 놓는다.
- 주의 깊게 고등학교 성적표를 살펴본다. 수강한 과목 중 확인하기 어려운 것이 있으면, 이 과목에 대한 설명 및 내용을 첨부해야 한다. 한 예로 과목명에 "honors"라고 적혀 있지 않는 경우가 있다. 또한 특히 다른 주에 지원할 때는 그곳의 입학사정위원들이 여러분의 고등학교를 모르고 있을 경우가 있으므로, 학교 분석표 혹은 성적부록 자료를

첨부하여 포함해 놓았는지 확인한다.

- 학업성적을 유지하고 계속적으로 향상시킨다. 대부분의 대학들은 성적이 떨어지는 지원자에게 비호의적이다. 성적이 떨어지는 학생에 대해 입학을 취소할 것이다. 성적이 떨어진 경우, 이를 설명하는 편지를 쓴다.
- 신중하게 고려하고 있는 대학을 방문한다.
- 대학계획 포트폴리오를 업데이트한다. 최근 성취와 새로운 사건을 첨가한다.
- 4월까지 재정보조에 대한 서류를 받지 못한다면, 대학에 전화를 해서 필요한 자료가 대학에 도착했는지 확인한다. 입학이 결정된 대학에 입학하겠다는 수락표시나 일부 입학금을 보낸다. 학교에 갈 때 필요한 것을 산다!

제 2 장

영재를 위한 계획: 다른 점은?

영재에 관한 일반적으로 왜곡된 생각

- 영재는 동질적인 집단으로 모두 성적이 좋다.
- 영재에게는 도움이 필요하지 않다: 만일 정말 영재라면, 스스로 처리할 수 있다.
- 영재는 일상생활의 혼란을 벗어날 수 있는 지능과 능력이 있기 때문에, 다른 사람보다 문제가 거의 없다.
- 영재의 미래는 보장되어 있다: 기회의 세계가 앞에 놓여 있다.
- 영재는 자기-지향적이다: 자신이 어디를 향하고 있는지 알고 있다.
- 영재의 사회 및 정서발달은 지능발달과 같은 수준이다.

- 보다 열심히 시도하도록 미성취 영재를 강요해야 한다. 이들에게는 조직력이 필요하다.
- 영재는 사회적 격리자이다.
- 영재의 가치는 뇌의 힘에 있다.
- 영재의 가족은 영재의 능력을 자랑스럽게 여긴다.
- 영재는 다른 사람의 모범이 되므로 보다 많은 책임을 가져야 한다.
- 영재는 추구하는 바를 성취할 수 있다. 해야 하는 모든 일에 헌신한다.
- 영재는 천성적으로 창의적이고 격려가 필요하지 않다.

Isabel. Isabel은 지도를 빨리 읽어내서 루트를 계획할 수 있어 가족 및 친구들과 여행할 때 여행계획을 세우곤 한다. Isabel은 300마일 떨어진 대학에서 보는 면접을 준비하면서, 가장 빠르고 경치가 좋은 6개의 길을 분석하였다. 가족들이 목적지에 도착하였을 때, 면접관은 "여행이 좋았는지" 물었다. Isabel은 30분 면접 동안 어떻게, 왜 이 대학에 자신이 적합한 학생인지 그리고 대학소개 카탈로그와 다른 자료에서도 언급하지 않은 정보를 물어보는 대신, 6개 다른 길에 대해 설명하였다. 만약 Isabel이 대학면접을 연습하고 그 목적을 이해하고 있었더라면, 면접기회를 가장 잘 활용하였을 것이다.

Alex. 고등학교에 다닐 적에, Alex는 Einstein, Picasso와 James Joyce의 이론적 관계에 매혹되었다. Alex는 Einstein의 상대성 원리를 Picasso의 입체파 작품과 Joyce의 『A portrait of the artist as a young man』과 연관시켜, 〈The climate of opinion in the early 20th century〉라는 제목

의 보고서를 작성하였다. Alex의 논문은 과학, 예술과 문학에서 동시적으로 볼 수 있는 단편적인 현실이었다. Alex의 사회과목 교사는 보고서를 늦게 내었다고 학점을 A에서 B로 주었다. 또한 대학추천서를 제출하는 마감일에 문제가 있었다고 말하였다. 다른 교사는 Alex가 과제를 전혀 완성하지 않았다고 하였다. 완성한 모든 활동은 우수하여, A를 받을 정도였지만, 늦게 제출하였기 때문에 B를 받거나 전혀 제출하지 않아 F를 받기도 하였다. Alex는 문제를 가지고 있었다. 추상적인 개념에 대한 재능과 열정을 키워줄 St. John's College 같은 곳을 원하였다(한 캠퍼스는 Annapolis, MD에 있고 다른 것은 Santafe, NM에 있다). 그러나 어떻게 이러한 학교를 찾아내고 입학할 수 있겠는가?

Jack. 시로 상을 받은 Jack은 음악 산출물에서 민감한 운율을 만들어 내었다. 고등학교를 졸업하였을 때, Jack은 기념비적인 5행 희시를 썼다. "O Pioneers!"라는 제목의 시는 Willa Cather를 직역한 것이다. Jack은 친구들에게 4년을 "미분계산"의 경험이라고 하였다. 영어 선생님은 사용하는 언어구조, 구두법과 문법에 주로 초점을 두고 Jack의 정교하고 창의적인 작문을 계속해서 비판하였다. 교사의 특별한 문법모델을 따르지 않아서 C와 D를 받았다. 대개 기대한 바대로 하지 않아서, Jack의 평점은 눈에 띄지 않았다. Jack은 영재로서 Iowa에 있는 Grinnell College나 Vermont에 있는 Middlebury College의 교양과목 대학같이 그 재능을 인정하고 개발하는 곳에 입학해야 한다. 그러나 Jack은 이와 같은 평점으로는, 대학 수준의 학업을 감당할 수 있다고 설득하고 자신의 목표를 분명히 전달해야 할 것이다.

앞의 예에서, 학생들은 공통적인 경험을 공유하고 있지만, 이들은 서로 상이한 영재성을 기술한다. 이들은 꼭 영재로 인정을 받거나 판별을 받은 것이 아니지만 대학진로계획에 영향을 줄 특별한 영재특징을 보여 주고 있다. 다중잠재력(multipotentiality)과 경쟁적인 기대에 민감한 것이 두 가지 특징이다. 이 책에서는 그 외 특별영재로서 학습장애, 자택학습(homeschooling)을 하는 학생, 미성취 영재 등의 특징도 살펴볼 것이다.

사춘기 영재

모든 사춘기 학생들은 남으로부터 수용되고, 자신을 이해하며, 삶을 통제하고 있다고 느끼고, 독립적으로 결정을 하며, 미래에 대한 목표를 설정해야 한다. 매우 복잡한 세계에서 제 기능을 하며 만족, 자기 충족감과 목적의식을 찾아야 한다. 사춘기 영재는 독특한 지적 및 사회/정서적 특징으로 인해, 또래보다 이상의 과제에 있어 훨씬 어려움을 갖는다(Buescher, 1985, 1987a, 1991; Colangelo & Zaffrann, 1979; Kaplan, 1980, 1983a; Manaster & Powell, 1983). 영재성으로 인해, 자신의 개인적인 정체성을 정의하는 것이 복잡하다.

사춘기 영재와 그들의 행동을 이해하기 위해서는 일반적으로 사춘기의 성숙은 물론 독특한 영재의 지적 및 사회적/정서적 특징과 인지, 정서적 발달 및 그 영향력에 대해 이해해야 한다(Buescher, 1985, 1987a; 개인적 서신교환에서, 1987).

<표 2-1>은 다음과 같은 개념적 모델을 보여 준다:

- 어떻게 영재가 그들의 또래들과 다른가?
- 각 학생의 특징을 어떻게 생각하는가? 즉 해석, 맥락 혹은 환경에 따

〈표 2-1〉 사춘기 영재의 발달적 특징

특징	긍정적인 면	부정적인 면	딜레마/요구의 예
지적 특징			
수렴적인	계열적인 매우 기억력이 좋은	위험을 감수하지 않는	• "mapper"로 남을 수 있다.
확산적인	창의적/현실적인 모험가	위험에 대한 결과를 평가하지 않는	• "leaper"로 남을 수 있다.
구체적인	여러 특수한 정보를 가진	불필요한 정보를 제공하는	• 우선순위를 설정하지 못할 수 있다. • 과제를 정의하지 못할 수 있다.
추상적인	구조를 이해하고 창출하는	주요 세부사항을 거부하는	• 계열적으로 활동하지 못할 수 있다. • 전체 과제를 완수하지 못할 수 있다.
분석적인	증거에 대해 평가를 하는	사람을 판단하는	• 타협하려고 하지 않을 수 있다.
조직적인 합성자	일관성 있는 구조 혹은 틀로 아이디어를 형성하는	구조에 맞지 않거나 아이디어의 틀을 증진하지 못하는 요소를 무시하는	• 구조에 도전하는 아이디어를 고려하지 못할 수 있다.
사회/정서적 특징			
다재다능한	여러 재능을 가진	지나치게 확대하는	• 우선순위를 설정하지 못할 수 있다.
과제집착력이 강한	매우 생산적으로 양질의 활동 및 산출물을 만드는	전적으로 활동에 매달리는	• 일중독에 빠질 수 있다.

〈표 2-1〉 사춘기 영재의 발달적 특징 (계속)

특징	긍정적인 면	부정적인 면	딜레마/요구의 예
다양한 흥미	폭넓은 흥미를 가지는	잘 집중하지 않는	• 미성취자로 오해를 받을 수 있다. • 잠재력을 개발하지 못할 수 있다.
집중력이 좋은	깊게 이해하는	완성에 도달할 수 없을 정도로 질질 끄는	• 프로젝트를 완성하는 데 많은 시간이 소요될 수 있다.
외적 통제성	민감한 감수성이 풍부한 지각적인	상처받기 쉬운 결정을 내릴 수 없는 과잉반응적인	• 다른 사람이 갖는 기대에 영향을 받을 수 있다. • 실패를 두려워 할 수 있다. • 미성취를 보일 수 있다.
내적 통제성	현실적인 반성적인 결단력이 있는	순진한 자아 몰입적인 완고한	• 아이디어에 대해 많은 지원이 필요할 수 있다. • 자아에 대해 많은 지원이 필요할 수 있다.

주) Sandra Berger와 Gail Hubbard가 본 매트릭스를 개발하였다.

라 학생의 특징을 자산으로서 혹은 의무로서, 긍정적 혹은 부정적으로 간주하는가?

- 각 학생의 특징에 따라 직면하게 되는 딜레마와 요구
- 지적 발달과 사회적/정서적 발달 사이에서의 복잡한 관계

영재의 발달적 특징

<표 2-1>에서 영재의 주된 지적 및 사회/정서적 특징들을 살펴보았다. 다음에서 이 특성들을 보다 자세히 다룰 것이다.

지적 특징

수렴적 사고자(convergent thinkers). 영재의 사고과정은 수렴적 사고로서, 영재는 잘 조직되고 논리적이고, 순서적이며, 계열적인 방식으로 추리한다. 수렴적 사고자인 영재는 일종의 "mapper"들이다. 영재는 추론과정을 거쳐 "정답"으로 가는 잘 계획된 길을 따른다. 수렴적 사고자인 영재는 방법론과 예측하는 것을 좋아한다.

영재가 보여 주는 모든 특징들처럼, 수렴적 사고특징 또한 장점도 단점도 될 수 있다. 수렴적으로 사고하는 학생들은 지시를 잘 따르고, 계획을 잘 지키며, 노트필기를 잘하고, 시간에 맞게 과제를 완수한다. 교사는 대개 이런 학생을 높게 평가하며, 영재 혹은 열심히 하는 학생이라고 생각한다. 그러나 이 학생들은 과제의 단계와 계열에 너무 집중한 나머지 전체 구조나 목표에 대한 시각을 잃어버릴 수 있다. 자신에게 주어진 문제를 해결하는 능력은 매우 뛰어난 반면, 문제를 스스로 규명하는 데는 어려움이 있다. 만일 수렴적 사고자인 학생에게 스스로 과제에 대한 구조를 만들어 보게 한다면 매우 불편해 한다.

수렴적인 지적 스타일을 가진 영재는 대개 성적이 좋다. 대학 입학양식을 작성하는 것도 에세이 부분을 작성하기 전까지는 상대적으로 쉽게 한다. 하지만 개방식 질문이 많을수록 점점 불편해 한다. 또한 수렴적 사고자인 학생들은 개방식의 인터뷰 질문을 어려워한다.

확산적 사고자(divergent thinkers). 확산적 사고자인 학생은 대개 자신이 어디에 있는지 알지 못한 채, 개념에서 결론 혹은 해결로 직접 내딛는다. 이들 영재는 "leaper"이다. 이 학생들은 위험이 빚어낼 결과를 평가하지 않은 채, 지적 위험을 감수한다.

독특한 산출물을 창출하기 위해서, 확산적 사고를 하는 학생들은 상식적인 것들에서 비일상적인 관계를 인식하고, 분석하며, 정교화하는 능력을 사용한다. 전통적인 논리영역을 넘어서, 전형적으로 비일상적인 해결을 창출하기 위해 문제를 재정의한다. 교사와 부모는 이 학생들이 혁신적이지만 규칙을 잘 따르지 않는 것으로 묘사한다. 확산적 사고를 하는 학생들은 따라야 할 과정을 이해하지 않고도 해결에 도달한다. 그러므로 이 해결을 다시 시도하거나 이루어낸 결과를 조사할 수 없다. 상담자, 교사 및 부모들은 확산적 사고를 하는 학생들을 미성취자로 간주하는 경향이 있다. 해결에 이르는 과정을 충분히 잘 통제하여 설명하거나, 결과를 재산출할 수 있도록 그 과정을 잘 이해하지 못하고 있기 때문에, 확산적 사고를 하는 학생들은 실패에 대한 두려움을 갖는다.

"leaper"의 특징을 보이는 영재들은 매우 구조화된 학습에서 공부를 잘하지 못하는데, 이는 대개 자신이 활동한 것을 기록하는 법을 배우지 않았거나 구조 내에서 활동하는 데 흥미가 없기 때문이다. 이런 유형의 수학 영재는 계산 문제를 해결하기 위해서 적절한 책략을 체계적으로 선택할 수 없다. 그러나 복잡한 문제를 주어진 시간 내에 해결하는 능력 때문에 국가 수학대회에서 입상하기도 한다. 언어 영재는 뛰어난 시각적 이미지로 인해 작시대회에서 입상할 수 있으나 문법을 고수할 의향이 없기 때문에 1학년 때 보고서를 잘 작성하지 못할 수도 있다.

확산적 사고를 하는 학생들은 때로 혁신적으로 대학보고서를 작성하거나 인터뷰를 잘 하기도 한다. 불행히도, 자신이 활동한 것을 잘 보여 주지 못하고 문제를 해결할 때 규칙을 준수하는 접근법을 반영하지 않으므로 좋은 학점을 받지 못한다. 일부 대학들은 이들 학생이 선호하는 학습방법과 양립하지 않는 엄격한 과정을 요구하고 있다는 점을 인식해야 한다.

구체적 사고자(concrete thinkers). 어떤 영재는 구체적인 경험을 통하여 학습하는 것을 좋아한다(Kolb, 1983; Piaget, 1972). 학습에 활동적으로 참여하고자 한다. 예를 들어, 보트로 항해하는 법을 배우고자 한다면, 보트에 뛰어들어, 실험과정을 통해서 항해하는 법을 학습한다. 항해하는 법을 배울 때 보트가 여러 번 뒤집힐 것이다. 그럼에도 불구하고, 직접 참여하여 경험하는 학습방법을 선호한다. 이상의 학생들이 화학 실험에서 실제 안전사고를 유발할 수도 있다.

구체적으로 사고하는 능력은 장점도 있지만 단점도 있다. 구체적으로 사고하는 영재는 스펀지가 물을 빨아들이는 방식처럼 정보를 흡수한다. 부모와 교사에 의하면, 이 학생들은 다른 사람이 알고 싶어 하는 것 그 이상의 많은 정보를 제공하면서 질문에 대답한다. 어떤 영재는 많은 주제에 대해 약간씩 알고 있어, trivial pursuit 같은 게임을 아주 잘 한다. 또 어떤 영재는 폭넓게 다양한 영역에서 아는 것보다는 깊이 아는 것을 좋아하기 때문에, 한두 가지 주제를 잘 알고 있다. 어느 쪽이든 좋은 점과 나쁜 점이 있다.

사지선다식의 성취검사를 치룰 때, 빨리 회상하고, 시험을 보는 기술이 풍부한 정보와 합쳐지면 높은 점수를 받게 된다. 그러나 단지 한 영역에 집중적으로 많은 정보를 갖고 있다면, 이상의 표준화된 검사에서 좋은 성적을 거두지 못할 것이다.

구체적으로 사고하는 학생들은 관련이 있든 없든 간에 어떤 주제에 대해 사실적인 정보를 많이 알고 있으므로 면접관을 압도할 수 있다. 결과는 생각을 조직하고 서로 연결짓는 학생의 능력에 대해 의문을 제기하는 면접관의 몫이다. 한편, 면접관이 학생과 같은 것에 흥미가 있다면(전공으로 공부할 분야의 교수가 면접을 하는 경우), 면접관은 학생이 매우 우수하다고 결론을 내릴 것이다. 다른 영재처럼, 구체적인 사고를 하는 영재도 자신의 인지스타일에 맞지 않는 문제를 피하기 위해 모의 면접을 해야 한다.

추상적 사고자(abstract thinkers). 영재는 실용적, 구체적인 추론보다 추상적 사고를 할 수 있고 심지어 선호하기도 한다. 추상적 사고자는 매우 직관적이다. 어릴 적부터 개념화하고 추론하기 위해 자신의 인지적 능력을 사용한다. 이상의 특징은 대개 사회적 지각을 위한 기초, 즉 정의, 자비 및 보편적인 도덕적 원칙이 되기도 한다(Davis & Rimm, 1985; Kohlberg, 1969).

추상적인 사고를 하는 학생들은 생각을 형성하고 잘 표현한다. 표면적으로 설득력 있는 이야기를 만들어 납득시킨다. 그러나 더 자세히 들여다보면, 이들 생각을 기록할 수 없고, 사실에 근거하지 않거나 진짜 정보에 기반을 두고 있지 않는 경우도 있다.

추상적 사고를 하는 학생은 논술시험 혹은 AP 시험에서 자신의 생각을 글로 적는 데 어려움을 갖기도 한다. 또한 구체적인 경험에 근거하여 대학 입학 신청서에 자기소개서를 작성할 때 어려워한다. 반면에, 교사 및 대학 입학 관련자에게 개념적인 틀에 대한 파악으로 인상을 심어 주기도 한다.

구체적인 관점으로부터 주제에 접근하는 경향이 있는 학생이더라도 추상적으로 사고하는 능력을 심어 줄 수 있다. 또한 그 반대도 가능하다. 구체적인 경험을 반영하는 능력을 매우 추상적으로 사고하는 학생에게 가르칠 수 있다. 그러나 이상의 기술들을 개별학생에게 가르쳐야 하며 당연한 것으로 받아들이지 말아야 한다.

분석적 사고자(analytical thinkers). 분석적으로 사고하는 학생들은 아이디어를 분해하고, 그 구성요소별로 모든 상황을 분석한다(Powell, 1987). 교사, 부모 및 상담자는 분석적으로 사고하는 학생을 유능하고 이성적으로, 즉 학생들이 논리적이고 이해를 잘 한다고 묘사한다.

분석하는 능력은 장점과 단점을 모두 갖고 있다. 분석적인 학생은 평가하는 데 능숙하다. 예를 들어, 분석적인 학생은 다른 학생과는 다른 수준에서 시, 문장, 수학문제 및 활동을 해석할 수 있다. 분석적 사고를 활용하여 증거는 물론 부모, 교사 및 친구에 대해 비판적으로 판단한다. 이상과 같은 학생의 분석적 능력을 사람들은 높이 평가하지 않는다.

대학 입학 시 판단 및 분석적인 학생을 추천하는 교사는 학생의 지적능력에 대해 관심을 기울이는 반면 학생의 또래 관계에 대해 덜 관심을 기울인다. 이와 같은 학생들은 대학면접과정을 면밀히 분석하여 결과적으로 잘 해낸다. 그러나 질문에 대한 학생의 비판적 반응은 면접관과 기관에 모욕적으로 비춰질 가능성도 있다.

구조적 혹은 종합적 사고자(structuring or synthetic thinkers). 종합적 사고는 창의적인 사고를 사용하여 개념과 아이디어 간에 새로운 관계를 발견하고 구조화하는 능력이다(Powell, 1987). 종합적 사고를 잘하는 학생은 통일성 있는 구조를 창조하기 위해 다양한 정보를 활용한다. 그러나 구조가 창출되면, "맞지 않는"다는 이유로 중요한 증거를 무시할 수 있다. 분석하는 능력이 개념을 개조하여 새로운 틀에 맞출 때 필요한 것이라고 한다면, 종합적인 능력은 직관적이고 분석적일 뿐 아니라 반성적인 경향이 있다.

종합은 일종의 지적 기술로서 학습할 수 있는 한편, 매우 어릴 적부터 어떤 학생들은 개념을 구성하고, 반영하며, 재조직화한다. 부모와 교사는 이들이 "다른 북소리에 맞춰 행진한다(marching to the beat of a different drummer)"라고 묘사한다. 직관적으로 줄곧 새로운 활동을 창출하면서 아이디어를 정의하고 또 재정의한다.

교사들은 구조적 혹은 종합적 사고를 하는 학생의 활동을 가치 있게 여기지만, 학생들은 자신이 만든 구조에 변화를 가져오는 비판을 수용해야 할 경우가 생기면 이를 어려워한다. 교정은 생각하기 힘들고, 수용하기 어려운 개념이다.

활동을 할 때, 학기보고서든 논문이든, 두 번째 초안을 생각하려고 하지 않을 것이다. 또한 다른 관점에서 아이디어를 다시 고려해 보는 것도 꺼려할 것이다. 그렇지만 종합적으로 사고하는 학생들은 가장 독특하고 일관성 있는 보고서 및 대학지원서를 작성한다.

사회/정서적 특징과 성숙

많은 상담자, 교사, 부모 및 연구자들에 의하면, 영재의 사회 및 정서발달 수준은 지적발달 수준과 일맥상통하지 않으며(Buescher, 1985; Kerr, 1981; Manaster & Powell, 1983), 이상의 고르지 않은 발달 때문에, 많은 문제에 직면하게 된다. 이는 영재들이 심리적으로나 사회적으로 비정상적이라는 뜻이 아니라 오히려 지적으로 너무 앞서 있어서, 생물학적 연령과 지적발달이 서로 일치하지 않으며 사회 및 정서발달이 경우에 따라서 문제를 야기할 수 있다는 의미이다. 뛰어난 능력은 대개 특별한 성격특성과 관련이 있으며(Clark, 1983; Kaplan, 1980,1983b; Piechowski, 1979, 1986), 사회적 및 정서적 성숙 수준이 지적역량을 조절하는 능력에 영향을 미친다는 증거가 있다(Dabrowski & Piechowski, 1977).

다중잠재력(multipotentiality). 다중잠재력에 대한 문제는 잘 보고되고 있다(예: Colangelo & Zaffrann, 1979; Davis & Rimm, 1985; Kerr, 1981, 1983, 1991; Kerr & Ghrist-Priebe, 1988; Silverman, 1993b). 다중잠재력을 가진 학생들은 매우 뛰어나고 여러 영역에서 활동하며, 달력마다 빽빽하게

약속날짜와 시간이 적혀 있다. 부모는 자녀가 하루 빨리 운전면허 받는 날을 학수고대한다. 다중잠재력을 지닌 학생들은 표면적으로 모든 것을 좋아하는 것처럼 보이고 또 모든 것을 잘할 때, 어떻게 대학을 선택하고 진로계획을 세워야 하는지 궁금해 한다.

몇 페이지에 걸쳐 계속되는 고등학교 활동기록을 보고, 대학들은 여러 방식으로 해석할 수 있다. 입학생에 대해 엄격한 대학에서 보면 이와 같이 활동목록이 장황하다는 것은 어느 한 분야에 대해서도 깊이 집중하여 학습하지 않았음을 보여 주는 일종의 신호가 되기도 한다. 대조적으로, 어떤 대학에서는 이런 활동목록에 대해 인상 깊게 생각하고, 균형적으로 발달한 학생을 보여 주는 자료라고 해석하기도 한다. 그러나 학생은 과하게 확대된 것이 갖는 위험을 인지해야 한다. 너무 많은 교육과정 외 활동은 성적을 낮추거나 모든 것을 잘 할 수 없을 때 학생에게 스트레스를 줄 수도 있다. 대학환경에서, 모든 것에 참여하려고 할 때 학업적으로든 정서적으로든 파괴적인 환경을 만들지도 모른다.

자신의 지적능력을 어떻게 관리해야 하는지 모르는 다중잠재력을 가진 학생들은 장기적인 목표를 설정하거나 진로계획을 세우는 과제에서 어려움을 갖는다(Kerr, 1983). 우선순위를 정하고, 집착력을 기울이고 장기적인 목표를 설정할 수 있도록 학습해야 한다. 이상의 기술은 대개 영재가 정서적으로 성숙함에 따라 발달된다. 다중잠재력을 가진 학생들이 의사결정을 내리고 우선순위를 설정하는 방법을 알 때, 선택한 활동에 집중할 수 있다. 어린 나이에 흥미의 폭을 좁혀야 한다는 뜻이 아니다. 이 학생들에게는 제거보다는 통합이 현실적인 목표이다. 점차 자라면서, 흥미와 능력을 진로선택, 레저 활동과 지역봉사 프로젝트에 병합하는 방법을 결정할 수 있도록 학생들에게 도움을 주어야 한다.

집중적인 과제집착력(concentrated commitment). 영재들이 프로젝트를 착수한다고, 장시간 집중하는 능력이 수반되는 것은 아니다. 그러나 홍미 없는 프로젝트를 해야 할 때, 이를 피할 방도 역시 항상 있는 것도 아니다. 학생들은 우선순위를 설정하고 특별히 홍미 있는 것에 집중하고, 무엇이 중요한 것인지 결정하며, 그 영역에서 양질의 활동을 산출해야 한다.

프로젝트에 헌신하고 집중하는 능력은 대개 매우 어린 영재에게서도 나타난다. 부모들은 저녁을 먹으라고 아이를 부르기가 어렵다고 말한다. 교사는 이들 학생들이 홍미 있는 분야에서 양질의 프로젝트를 산출해내지만, 홍미 없는 분야에 대해서는 기꺼이 활동하지 않는다고 말한다. 어릴 적에 과도하게 한 부분에만 집중한다면, 학생들은 미성숙하게 다른 홍미와 기회를 제거할 수 있다(Marshall, 1981). 이상의 특징을 가진 대학생 자녀를 둔 부모들은 자녀가 대학 필수과목을 무시하고 홍미 있는 과정만을 수강하고 일부 영역에만 집중한다고 말한다.

다른 특징과 함께, 집중적인 과제집착력은 매우 혁신적인 활동을 위한 기초이다. 반면에, 만일 학생이 전적으로 한 분야에서만 몰두하여 노력한다면, 이런 노력이 학생의 삶을 지배할 것이다. 적절한 지도를 통해서, 성숙하고 보다 넓은 활동 영역에서 홍미를 개발하도록 돕는다면, 학생들은 선택한 분야에서 뛰어난 지도자가 될 수 있다. 학생들로 하여금 가족, 사회적 관계, 그리고 휴식을 위한 시간을 갖도록 격려하는 한편, 이상의 목표를 지지하는 것이 중요하다. 또한, 학생들이 너무 일찍 미성숙하게 진로를 결정하지 않도록 지도해 주는 것이 중요하다(Kerr, 1991; Kerr & Ghrist-Priebe, 1988; Silverman, 1993b).

한 가지 학문적 홍미에 집중하는 능력이 뛰어난 학생에게는 특히 좋은 대학과 짝을 지워주는 것이 중요하다. 일반적으로, 전체 성적은 낮지만 홍미 있는 분야에서는 꽤 높은 성적을 거둔다. 만일 학생의 홍미가 학교 밖에 집중된다면, 전체 성적은 오르지 않을 것이다. 이상과 같이 예외적인 영재의 경우 특별한 주의를 기울여 집중적인 면접과 논술을 적용하여 대학 입학 사정위원에게 학생의 집약적인 과제집착력을 보여 줄 수 있도록 도와주어야 한다.

산발적인 흥미(diffused interest). 흥미가 분산되어 있는 학생들은 여러 범위의 과정을 수강하며 많은 교육과정 외 활동에 깊이 관여한다. 그러나 어떤 학생들은 이 활동에서 저 활동으로, 이 흥밋거리에서 저 흥밋거리로 자주 옮겨 다닌다. 높은 수준까지 발전하기 위해 필요한 활동과 흥미에 깊이 있게 관여하지 못할지도 모른다. 흥미가 심각할 정도로 산발적이라면, 만족스런 직업을 위해 필요한 훈련을 받기란 어려울 것이다. 대부분 성인 영재들은 흥미와 재능을 가진 영역에서 깊은 지식과 유능감을 발전시킬 정도로 노력을 기울이지 않았기 때문에, 자신이 흥미를 가지고 있지 않은 직장에서 생을 끝마치기도 한다.

지식의 표면을 훑는 학생들은 대답을 빨리 쉽게 하여 매우 잘 하는 것처럼 보인다. 이들은 게으르고, 활동에서 자신의 결점을 숨기는 데 능숙하다. 이상의 학생을 격려하여 자신의 흥미를 탐색하고 충분히 깊이 있는 활동을 창출하는 책임을 갖도록 해 주어야 한다.

이런 학생의 대학 입학은 활동과 입학이 가능한 학점범위에 기초하여 진행해야 한다. 정말이지 어떤 영재는 아무런 노력도 하지 않고 잘 유지하기도 한다. 그러나 이 학생들은 전공을 선택할 때 어려움이 있으며 자주 전공을 바꾸게 될 것이다. 지도와 성숙 없이, 학생들은 만족스런 진로를 준비하지 못하고 이리저리로 떠돌며, 왜 자신들이 불행한지도 모르는 채 불행해 할 것이다. 본질적으로, 학생의 잠재력은 계발되지 않은 채 남겨지는 것이다.

집약적인 흥미(intense focus of interest). 산발적인 흥미를 가진 학생과 대조적으로, 어떤 영재는 흥미 있는 과목을 집중적으로 탐색한다. 그러나 너무 집약적인 흥미로 인해 프로젝트의 결론을 이끌어내는 데 어려움을 가질 수 있다. 이러한 특징은 수년간 한 문제를 연구하는 과학자의 경우에는 이점이 될 수 있지만, 보고서 및 프로젝트를 제출할 수 없는 학생의 경우에게는 단점이 되기도 한다.

매우 집약적인 집중은 완벽주의와 관련이 있다. 한 아이디어를 깊게 탐색하는 학생은 완벽한 보고서, 실험, 그리고 철학적인 설명을 개발하려고 노력하는 중에 시간 개념을 잃어버릴 수 있다. 시간을 연장한다고 해서 학생의 눈을 제외하고, 최종 과제를 눈에 띄게 개선하지 못한다.

집약적으로 초점을 맞추는 학생은 불충분하다고 생각하는 과제를 제출하려 하지 않고, B 점수보다는 F를 받으려고 한다. 어떤 학생들은 과제 제출을 질질 끌어 프로젝트를 완성할 시간이 충분하다면 A를 받았을 것이라고 말하면서 마지막 순간에 B를 받는 것에 대해 변명을 하며 프로젝트를 수행한다.

이 학생들은 과학적 도약을 이뤄내고, 의학적 혁신과 문학적인 대작을 만들어내는 사람들이다. 어릴 때 너무 집약적으로 초점을 맞추는 영재에게 도움을 제공하여 사회적 관계를 증진하도록 하는 것이 중요하다. 또한 집약적인 초점에서 벗어나 기분을 전환할 수 있도록 그 방식을 제공해 주는 것도 중요한다.

학생들은 마감 날에 대학 입학지원서를 속달 우편으로 제출한다. 단지 마감일까지 괴로워하면서 글을 쓰고 다시 쓰는 것으로 끝나버린다. 개정은 학생의 과제를 계속적으로 지배하고 결국에는 뛰어난 작업을 만들어내지만 마감일을 놓치게 된다. 고등학교와 대학에서, 거의 완벽한 작품을 만들어야 할 정도로 끊임없이 개정이 필요한 주요 개념을 고통 및 번민 없이 시간 내에 완성해야 하는 과제로부터 구분할 수 있도록 이 학생들에게 도움을 주어야 한다.

외재적 통제 소재(outer locus of control). 외재적 통제 소재로 인해 사람들은 결과에 대한 책임을 다른 사람, 상황 혹은 운명에 전가한다(Janos & Robinson, 1985; Whitmore, 1980).

영재는 매우 민감한 것으로 알려져 있다(Clark, 1983; Davis & Rimm, 1985; Whitmore, 1980). 영재는 주의 깊고, 아이디어에 개방적이며, 인내심이 있고, 통찰력이 있다(민감성은 사려 깊음을 의미하는 것이 아니므로, 영재가 민감하다고 부모의 생일이나 기념일을 반드시 기억하는 것은 아니다). 학생이 외재적 통제 성향을 갖는다면, 아이디어에 대한 개방성(예: 민감성)으로 상처를 받을지도 모른다(예: 취약함).

연구와 인터뷰에 의하면, 영재의 통제감 소재는 긍정적이든 부정적이든 외부의 기대와 갈등하면서, 영재에게 영향을 미친다(Janos & Robinson, 1985; Whitmore, 1980). 외부의 기대에 대한 지각, 그리고 이에 대한 민감성(부모, 교사 및 또래로부터의)으로 특별한 기준에 맞추려고 자신을 몰아붙이게 됨으로써 학생들은 내적 갈등을 겪게 된다. 여학생 영재와 민족 및 다중문화집단 출신의 학생들은 자신보다는 사회적 기대와 또래 압력으로 인한 갈등 때문에 보다 상처받기 쉽다(Baldwin, 1985; Kerr, 1985b). 다음 섹션에서 이에 대한 문제를 보다 자세히 살펴볼 것이다.

어떤 영재들은 뛰어난 지적발달과 스스로 지각한 바를 갈등으로 받아들이는 민감성으로 인해 집단 소속감 및 정체성 확립과 같이 일반적으로 사춘기에 볼 수 있는 사회적 요구를 다룰 때 어려움을 느낀다(Buescher, 1985; Kaplan, 1983a; Manaster & Powell, 1983). 다른 청소년들과 마찬가지로, 집단의 인정을 받으려고 하지만 집단의 인정을 얻기 위해서 그 기초가 되는 사회적 관계를 형성하는데 어려움이 있다. 학생이 외재적 통제를 갖는 경우 부모, 교사 혹은 또래가 대학 및 진로선택을 정해 주게 되어 대개 부적절하게 결정을 내리게 된다. 자아 및 자아탐색을 하도록 도움을 주는 것이 중요하다. 고등학교와 대학 동안 철저히 진로를 탐색하여 향후 진로목적을 적절하게 설정하도록 돕는다.

외재적 통제를 하는 학생은 종종 대학 논술을 작성할 때 어려움이 있다. 자아를 규정할 때 남에게 의존하였으므로, 어떻게 자신의 말로 스스로를 규정해야 하는지 알지 못한다. 주의 깊은 지도하에 대학 논술을 작성하도록 도움을 주어 외재적 통제와 내재적 통제 사이에 보다 바람직한 균형을 이루게 한다.

내재적 통제 소재(inner locus of control). 내재적 통제 소재를 갖는 사람들은 선택에 대한 책임을 감수하고, 자신이 빚어낸 결과를 인식한다(Janos & Robinson, 1985; Whitmore, 1980).

내재적 통제 소재를 보이는 학생들은 자기 주도적이며 자율성이 매우 강하다. 예를 들어, 행동에 대한 이유를 스스로 찾아보고, 다른 사람으로부터 결정된 것이 아닌 스스로 자아개념을 결정한다.

내재-지향적인 학생들은 다른 사람을 즐겁게 하려고 하거나 비순응적으로 비춰진다고 염려하지 않는다. 사고와 행동이 독립적이어서 부모 및 교사들의 권위적인 위치에서 보면, 학생들을 수용할 수 없기도 하다. 내재적 통제를 하는 학생들은 학습자체에 대한 흥미 때문에 학습하므로 학점이 주는 압력에 반응을 덜 보인다.

내재적 통제를 하는 학생들은 비협조적으로 보이고, 집단과 잘 지낼 의향이 없는 것 같으며, 이상과 타협하지 않는다. 이와 같은 학생들과 활동하는 사람들은 자아 결정력과 아이디어를 표현할 권리를 지지해 주어야 한다.

반대로, 학생들은 다른 사람의 관점을 수용하도록 지도를 받아야 한다.

학생들은 대개 적절한 이유에 근거하여 대학의 특정 집단에 지원하고, 뛰어난 대학 에세이를 작성한다. 학생의 성적은 그다지 좋지 않을 수 있다. 그러므로 학생의 이와 같은 차이를 기쁘게 수용할 대학을 선정하는 것이 중요하다.

이 책에서 소개하는 면접을 통해서 상담지도자, 교육가 및 부모들은 영재에게 도움을 줄 수 있다. 예를 들어, 매우 분석적이며, 판단적인 2명의 영재와 활동하던 상담자는 각 학생의 분석적 능력을 활용하여 다른 상대 영재가 가진 문제를 해결하였다. 각 학생들은 자신이 왜 또래로부터 고립되는지 혼란스러워 하였다. 상담자는 이들 2명의 학생에게 서로의 행동을 관찰하게 하고, 행동변화를 위해 개선할 점이 무엇인지 제안하게 하였다. 이 접근법은 효과가 있어, 각 학생의 두드러진 인지적 강점을 활용하여 문제를 해결할 때 도움을 주었다. 이상의 예를 통해서, 어떻게 영재를 이해하고 이들의 특징을 장점으로 활용하여 도움을 줄 수 있는지 살펴보았다.

대학진학을 계획할 때 영재가 직면하는 문제

독특한 특징 때문에, 대학과 진로선택을 고민하는 대부분의 영재들은 문제를 가지고 있다. 다중잠재력, 상충되는 기대에 대한 민감성, 고르지 않은 발달, 부조화, 위기감, 특이한 학습스타일 및 고등교육을 위한 장시간의 투자 등으로 인해 영재는 복잡한 문제에 봉착하게 된다.

다중잠재력

Keesha. Keesha는 다중잠재력을 지닌 영재학생이다. 고등학교 저학년일 때, Keesha는 모든 것에 열정이 넘쳐나고 끊임 없이 에너지가 충전되었다. Keesha는 심리학, 창작문, 언어, 물리학, 보석 공예, 무용, 수영과 외부활동, 과학 공상소설과 "사람들"에 흥미가 있었다. 크로스 컨츄리 주장인, Keesha는 또한 학년에서 상위 10% 내에 들었으며 이미 AP 영어 과정을 수강하였다. Keesha는 인류에 봉사하겠다는 열정이 강하며, 40세가 되기 전에 12개 언어를 완전히 학습하고자 하였다.

만일 위의 예가 여러분 영재학생의 이야기처럼 들린다면, 이 학생이 운전 면허증을 따서 혼자 활동할 곳으로 운전하고 다녔으면 하고 고대할지도 모른다. 영재는 뛰어나며 여러 활동에 참여한다. 교사는 학생의 시간표가 약속날짜와 시간으로 빽빽이 차 있음을 보게 된다. 높은 수준에 도달할 정도로 적성, 흥미 및 기술을 개발하는 능력은 축복받은 것으로 생각할 수 있다(Colangelo & Zaffrann, 1979; Delisle, 1982; Fredrickson, 1979, 1986; Kerr, 1981, 1991; Kerr & Ghrist-Priebe, 1988). 다중잠재력을 가진 대부분의 학생들은 "너는 네가 원하는 모든 것을 할 수 있다"는 말을 반복해서 듣는다. 그러나 바로 이것이 문제이다. 다중잠재력을 가진 영재들은 풍부하다는 것 때문에 고통을 겪는다. 어떤 학생들은 모든 학과목과 활동에서 뛰어나다. Keesha는 표면적으로 모든 것을 원하고 또 모든 것을 잘 하지만, 대학진학과 진로계획을 어떻게 할지 궁금해 한다. 학생들은 일종의 존재적 딜레마를 경험하고 직업을 선택하려고 한다. 학생들은 올바른 길이라고 찾아낸 것만큼 가지 않은 길에 대해서도 관심이 있다. Keesha에게 있어, 언어학자가 된다는 것은 물리학자로서의 진로를 포기하는 것을 의미한다. 대부분 도전을 충분히 받지 못하는 고등학교 학생들은 지루함을 피하고자 혹은 향후 대학지원에서 모두 잘하는 만능이라는 것을 보여 주려고 많은 활동을 한다. 만일 이러한 태도가 대학상황까지 지속된다면, 모든 것에 참여하려는 시도는 Keesha에게 건설적이지 못한 학업 및 정서적 환경을 초래하게 될 것이다. Keesha가 몇 개의 활동을 선택하고 이에 집중하여, 리더십을 발휘할 것을 가정한다면, 보다 바람직할 것이다.

학생들에게 학생자신의 강점영역을 보여 주고 강점에 부합하는 진로를 제시해 줄 때, Keesha같은 학생들에게는 직업탐색과 태도검사를 거의 사용하지 않는다. 왜냐하면 다중잠재력을 가진 학생들에게 이상의 검사를 실시하면, 모든 영역에서 높은 태도, 능력과 흥미가 나타나기 때문이다. 직업태도 점수를 보고 한 학생은 "나는 핵물리학자나 배관공이 될 수 있데요. 어떻게 결정을 내릴까요? 라고 말했다.

그러므로 이 책에서 살펴볼 대학진학을 계획하는 접근법은 특히 다음의 문제와 결부지어서 생각할 때 유용하다(Kerr, 1990):

- 선택할 진로가 너무 많고, 그 가능성을 조사할 방법에 대해 알지 못한다고 불평한다.
- 진로탐색시험 결과는 학생의 높고, 평범한 프로필을 보여 줄 뿐이다. 즉, 학생은 모든 영역에서 적성, 능력 및 흥미가 높게 나타난다.
- 학생은 성취시험에서, 수강한 과목에서, 그리고 수행하고 있는 활동에서 뛰어나므로, 단지 2개 혹은 3개로 진로를 명시하지 못한다.
- 대학과 진로 가능성을 탐색할 때, 집중하지 못하고 계속 망설이는 것처럼 보인다.
- 한 가지로 재능영역을 분명하게 파악할 수 없으므로, 어떤 것도 잘할 수 없다고 생각한다.

상충되는 기대에 대한 민감성

Marcus. Marcus는 삼남매 중 둘째이다. Marcus의 부모는 자녀 모두가 학교에서 잘 하길 기대하였고, 실제 첫째와 막내 여동생은 항상 우등생으로 하는 모든 것에서 두각을 나타냈다. Marcus는 학교에서 학점을 받는 것보다 친구와 잘 지내는 데 관심이 있고, 8학년 때 성적이 떨어지기 시작하자 부모는 과목에서 강조하는 것들을 주입식으로 교육하는 사립학교로 Marcus를 보냈다. 결국 Marcus는 Ivy 명문대학에 입학하고, 법학대학원에 진학하였다. Marcus는 큰 성공을 거두며 모든 기준에 무사히 통과하여 사무실을 열었다. 그러나 잘되지 못하는 무언가가 있었다. 즉 Marcus는 불행하였다. 그래서 어느 날 사무실을 닫고 배우가 되고자 할리우드로 갔다. Marcus는 기대에 매우 민감하였다. 부모가 높은 성취와 전문성을 기대한다는 것을 알고 있었기 때문에 어떤 것도 말하지 않았다. 그러나 결코 충족되지 못한 배우의 열정을 가지고 있었던 것이다. 다행히도, Marcus는 자신이 원하는 내적 만족을 법조계에서 얻을 수 없음을 깨닫고 진로를 바꿀 정도로 젊었다.

민감성과 감수성은 큰 장점이며 이로 인해 학생들은 상상력이 풍부하고 창의적인 생각을 잘 받아들이게 된다. 그러나 다중잠재력처럼, 민감성 역시 대학 및 진로를 계획할 때 장점과 약점으로 작용할 수 있다. 특히, Delisle(1982)은 청소년 자신의 기대가 다른 사람의 요구 및 기대에 밀린다는 점을 지적하였다. 부모, 친척, 친구와 형제자매, 교사와 코치는-모두 좋은 의도로-우수한 학생의 의향과 목적에 자신의 기대를 덧붙이려고 한다. 이러한 딜레마는 매우 재능 있는 학생이 택할 수 있는 여러 선택안으로 인해 더욱 복잡해진다. 재능이 클수록 기대 및 외부로부터 오는 간섭도 커진다(Kerr, 1990).

민감성이 고양되었을 때 대개 다른 사람으로부터의 비난, 제안 및 감정적 호소에 쉽게 상처받게 된다. 대개, 재능 있는 학생에 대한 기대는 학생 자신의 꿈 그리고 계획에 상충된다. 어떤 학생들은 자신이 원하는 것에 대해 심지어 생각조차 하지 않는다. 학생들은 자신이 받는 조언 사이에서 갈등을 겪게 되어, 대학진학을 미루거나 전공을 여러 번 바꾸어, 자신의 만족을 지연하게 된다.

이 책에서 살펴본 개별화된 접근법은 특히 다음과 같은 문제를 언급할 때 유용한 것들이다(Kerr, 1990):

- 다른 사람을 낙담시킬까봐 두려워서 결정을 내린다.
- 부모나 교사로부터 받는 조언과 지시에 계속적으로 저항한다.
- 항상 귀찮다고 표현하고 성취한 것과 시도한 것에 늘 만족하지 못한다.
- 막연히 질질 끌거나 시작한 것을 끝마치지 못한다.
- 성공을 보장할 수 없는 과정 및 활동을 회피한다.
- 지적으로 잘 하는 분야에만 집중하고 여러 학문분야를 탐색하고자 하지 않는다.
- 미래에 대한 계획을 회피한다.
- 부모의 기대로 인해 스스로 결정을 내릴 수 없다고 말한다.
- 성취가 부모나 학교의 자랑거리라는 비현실적인 기대를 심어 준다.

불균형적인 발달

일반적으로 여러 연구자, 상담자, 교육자 및 부모는 영재의 사회적, 정서적 성숙수준이 지적발달과 보조를 맞춘다고 생각한다(Buescher, 1985; Kerr,

1981; Manaster & Powell, 1983). 인터뷰 동안에, 교육자 및 부모는 좌절감을 표출한다. "아이는 명석해요. 하지만 여전히 아이입니다" 라고 말하는 것을 보면, 교육자와 부모는 영재의 지적발달을 기준으로 사회적, 정서적 발달을 기대함을 알 수 있다. 몇몇 상담자, 교사와 부모는 만족스런 사회적 관계를 형성하지 못하고, 의사결정을 못하며, 단기 및 장기적인 목표를 설정하지 못하면서, 같은 나이 또래보다 훨씬 잘 산출물을 만들어내는 것을 보고 아이의 능력에 당황해한다. 대부분의 영재는 종종 우선순위를 세우지 못한다.

고도 영재의 경우 대개 자신과 같은 사람을 보기 힘들다. 결론적으로, 사회적 관계나 또래와의 접촉을 통해서 얻어지는 기술이 지적능력과 같은 정도로 발달되지 않는다고 놀라서는 안 된다. 더욱이 지적성장에 대한 학생의 경향이 실제 사회적, 정서적 발달에 스며들어간다. 그렇지만 일부 정서적으로 미성숙한 학생은 심각할 정도로 관점과 객관성이 부족할 수 있다. 추상적으로 사고하지만 전체적으로 분별력이 없다(Buescher, 1985). 한 상담자와의 인터뷰에 따르면, 학생들은 이러한 비일관성을 보면서 좌절감을 느끼지만 무엇을 해야 할지 모른다. 삶의 어떤 면을 통제할 수 있고 없는지에 대해 정돈해 줄 누군가의 도움이 필요하다.

불일치

재능 있는 사춘기 학생들은 대개 완벽주의자들로, 자신만을 인정한다. 높은 기준을 세우는 법을 배우고, 종종 능력이 허용하는 것보다 더 많은 것을 하려고 기대한다. 아동기에 과제를 완벽하게 하려는 욕구는 사춘기 동안에 복잡해진다. 재능 있는 학생들은 일반적으로 실제 한 것과 얼마나 잘 할 수 있는가 기대하는 바 그 사이에서 불일치를 경험한다(Buescher, 1991). 학생들이 종종 지각하는 불일치는 부모 및 교사가 생각하는 것 이상으로 심각하다.

절박함

지역 재능발굴 프로그램의 소장에 의하면, 대학진로에 관해 생각할 때 영재들은 다음과 같은 반응을 보인다: 그들은 명석하기 때문에, 의사결정 과정에서 종지부를 내려야 한다고 생각한다. … 오늘 가만히 앉아서 무슨 대학에 갈지 생각한다면, 내일 밤에는 그것이 어디인지 알고 있어야 하는 것이다(Buescher와의 개인적인 서신교환, 1987년 8월).

어떤 영재는 어려운 문제에 대한 해결책을 찾으려고 하며 문제를 어렵게 만들고 즉각적으로 결정을 내리는 경향이 있다. 명확한 응답, 선택 혹은 결정을 내려야 한다는 성급함으로 인해 기준 없이, 정보, 성숙 및 지혜에 의존하지 않고 해답을 찾는다(Buescher, 1987b). 성급한 결정이 실패를 가져왔을 때 그로 인한 분노와 낙담에 대응하기 어렵고, 특히 실패에 대해 또래가 비웃을 때는 더욱 힘들어 한다.

특이한 학습스타일

연구에 의하면, 영재는 다음과 같은 특별한 것을 필요로 한다.

- 추상적으로 사고하는 직관력이 뛰어난 학생들은 생각과 개념을 빠르게 파악한다. 특히 시-공간적 학습스타일을 갖는 학생들은 우선 전체적인 상을 보고 여러 부분으로 나눠봄으로써 문제를 해결하는 학습스타일을 선호한다. 학생들은 직관적으로 패턴을 이해한다. 전형적인 순서와 단계적인 교수방법은 이들에게 적용되지 않는다. 학과목을 연결짓거나 통합하는 과정(예: 철학, 고고학, 고대 어문)과 여러 학과

목에 걸쳐 적용되는 종합적인 개념을 자극하는 활동이 바람직하다.

- 심도 있게 각 주제를 탐색하려는 학생에게는 과제를 완수할 여분의 시간이 필요하다. 집중력이 강하므로, 이 학생에게는 필수과목을 덜 요구하는 대학이 바람직하며, 한 학기에 세 강좌 정도를 수강하는 교육체계를 제공한다.
- 확산적으로 사고하는 학생은 창의적이고, 유동성이 있으며, 자발적이다(Torrance, 1970, 1981a). 어떤 학생은 구조화되고, 계열적인 중, 고등학교 과정에서 어려움을 겪는다. 이들에게는 융통적인 교사나 교수지도, 그리고 이들의 여러 요구를 충족해 주는 대학을 찾기란 어렵다. 그들에게는 최소한의 필수과목을 요하는 융통적인 교육과정이 필요하다.

특이한 학습스타일로 인해, 영재는 자기주도적인 학습, 이론 독서(theory reading), 사례연구, 혼자서 사고하기, 반성적인 작문하기 및 다른 뛰어난 또래의 피드백을 받을 수 있는 중, 고등학교 수업에 가장 잘 반응을 보인다. 그러나 일부 고등학교에서만 이상과 같은 유형의 차별화된 구조를 제공할 수 있어, 학생들은 적합한 대학에 가서야 직면한 문제를 해결할 수 있을 것이다.

특별한 집단의 특별한 요구

사춘기 이전의 영재

사춘기 영재는(11~13살) 그 나이 또래나 보다 나이든 영재와 달리 독특한 문제에 직면하기 때문에, 이로 인한 특별한 요구를 갖는다. 생물학적 연령,

지적능력, 행동, 그리고 스스로 자신, 교사 및 또래에 대해 갖는 기대가 모두 일치하지 않을 수 있다. 이와 같은 특징은 "정상적인 사춘기 차원에서 볼 수 있는" 것을 넘어서는 갈등과 문제를 야기한다(Buescher, 1985, p. 11). 사춘기 이전의 영재는 다른 사람의 기대를 충족시키면서 동시에 개인적으로 지적 그리고 사회적/정서적 요구를 조절하는 것에 어려움을 느낀다(Elkind, 1984; Manaster & Powell, 1983; Whitmore, 1980).

대부분 영재와 마찬가지로, 사춘기 이전의 영재도 뛰어난 지적능력과 <표 2-1>과 같은 특이한 학습스타일을 나타낸다. 영재는 다양한 패턴과 관계를 개념화하고, 대안을 찾으며, 형식화할 수 있다. 그러나 이들의 뛰어난 지적능력은 아래 사항을 꼭 의미하는 것은 아니다.

- 지적영역처럼 사회 및 정서 분야에서도 뛰어나다.
- 자신의 지적능력을 관리하고 주도하는 방법을 알고 있다.
- 적절한 방식으로 공부하고 배우는 방법을 알고 있다.
- 일관되게 행동한다.

사춘기 이전의 영재들은 또한 <표 2-1>과 같은 사회 및 정서적 특징을 갖는다. 여러 영역에서 뛰어난 잠재력을 보이며, 흥미가 산발적이고, 외부의 기대에 대해 민감하다. 그들은 부모, 교사, 동료를 실망시키는 것을 염려할 수 있다. 어떤 학생들은 알게 모르게 외부에서 전달되는 기대와 자신의 기대 사이에서 밀고 당기는 위치에 놓이게 된다.

교육자와 학생들을 인터뷰하였을 때, 대부분 어린 영재들은 조숙하고, 임의적이며, 때론 대학을 선택함에 있어 비현실적으로 생각하였다. 예를 들어, 5장에서 7~8학년 영재학생들에게 왜 대학에 가려는지, 특정 대학을 선정하였는지, 자신과 다르게 질문지에 응답한 부모님에 대해 어떻게 생각하는지 질문하였다. 학생들은 5개를 순차적으로 선택하는 질문에 응답하였다. 또한 선택 가능한 모든 영역을 포함하게 하였다. 하지만, 대학 선택에 있어 생각하는 목록은 상대적으로 협소하였다. 학생은 유명한 명문대학, 부모가 다니던 대학에 가는 것을 원하였다. 대부분의 경우에, 부모는 동의한다고 하였다. 토론 중에, 학생들은 "영재"라고 불리는 것, 교사의 기대, 수강하고 있는 과목의 혹독함, 학점 및 부모를 기쁘게 하는 것에 대해 염려를 표현하였다. 미래에 관해서도 염려하고 있으나 아직 방향감은 없었다.

학생, 상담자, 교사 및 기타 전문 교육자들은 사춘기 이전의 영재에게 정보와 확신이 필요하다고 관심을 표명하였다. 다음과 같은 정보를 제공해야 한다. (a) 다양한 과목과 교육과정 외 활동에 대한 탐색기회, (b) 학과 주제를 진로와 관련짓는 기회, (c) 시간을 관리하고 의사결정을 하는 기회.

대학진로계획과 관련하여 확신이 필요하다. 사춘기 이전의 학생은 다음과 같은 것을 알고 있어야 한다. (a) 매우 가까운 미래에 대학과 진로를 결정해야 하는 것은 아니다. (b) 대학과 진로 결정은 여러 단계를 거쳐야 하는 장기적인 과정으로, 개인적 가치, 흥미 및 요구에 기초하여 의사결정을 내려야 한다. (c) 대학과 진로에 대한 결정은 변할 수 있다. 영재는 대학과 전공, 진로를 자주 바꾼다.

Maryland 소재 한 중학교 마그넷 학교에서는 상담을 통해서, 개설한 과목과 교수책략에 대한 목적을 알린다. 이 학교는 영재에게 스스로 지적능력을 관리하고 주도할 수 있도록 가르치며, 진로계획을 할 수 있도록 구체적으로 정보를 제공함으로써 학생의 선택범위를 확대해 주었다. 고등학교 말에 가면, 다중잠재력을 지닌 학생들은 학과목에 집중하며, 대학에서 진로와 관련된 것을 어떻게 제공하고 있는지 알고, 자신에 대한 이해를 기반으로 대학을 선택한다.

상담자가 할 수 있는 것. 사춘기 이전의 영재가 갖는 특별한 요구와 문제를 다루기 위해서, 상담자는 다음과 같은 주제를 중심으로 특별 프로그램을 개발해야 한다.

- 영재성의 의미(예: 영재라고 명명하는 것이 갖는 시사점)
- 또래 및 성인과의 관계
- 진로인식과 탐색
- 학습기술, 시간 관리기술 및 의사결정
- 부정적인 스트레스를 야기하는 것으로 알려진 기타 분야

또한 상담자는 지역 재능발굴 프로그램, 대학에서 실시하는 여름 프로그램, 인턴십과 멘토십 혹은 기타 학생들이 적절한 지적 자극을 추구하고 지적 또래를 만나 사회 및 정서적 발달을 도모할 수 있도록 그 기회를 제공하는 프로그램 및 심화학습에 대한 정보를 제공해야 한다.

교사가 할 수 있는 것. 사춘기 이전의 영재를 지도하는 교사는 학과목과 직업세계 뿐 아니라 여러 학과목 간에 연계성을 형성하는 접근법을 찾아야 한다. 예를 들어, 역사 교사는 사회과학자(예: 문화인류학자)가 역사적 사실을 기록할 때 활용하는 방식을 설명할 수 있다. 과학 교사는 과학자가 창의적으로 활용하는 방식을 설명할 수 있다.

교사는 특히 영재의 확산적 학습스타일을 증진하기 위해 고안된 적절한 학습기술을 사용하여 주어진 학과목을 가르쳐야 한다. 예를 들어, 수렴적인 사고를 하는 학생은 해답을 찾을 때 계열적인 과정을 따르지만 확산적인 사고를 하는 학생은 "만약~하면, 무엇이 일어날까?" 질문을 제기한다. 두 가지 유형으로 사고하는 학생 모두 문제를 해결한다. 그러나 전체적으로는 다른 방식으로 해결에 도달한다. 교사는 이상의 상이한 스

타일을 수용하여 가르쳐야 한다.

마지막으로, 학생은 효과적으로 작문할 수 있도록 배워야 한다. 교사는 학생들을 격려하여 자신의 생각에 기초하여 연구를 하고 발견한 것에 대해 생각하게 해야 한다(Macrorie, 1984). 또한, 교사는 대학 및 진로계획에서 실제 활용할 수 있도록 학생들로 하여금 일지를 계속 기록하게 한다.

부모가 할 수 있는 것. 사춘기 이전의 영재를 둔 부모는 자녀가 독립적으로 의사를 결정하고 지적으로 위험을 감수하도록 격려한다. 우선순위와 목표를 정한 상황 속에서, 폭넓게 학과목과 교육과정 외 활동을 지지하고 격려한다. 부모는 영재자녀를 격려하여 시간을 관리하는 방법을 배우게 한다. 사춘기의 영재는 독립적으로 그리고 단기 및 장기적으로 학교과제를 완수하는 것에 대해 배워야 한다. 만일 부모가 학교 밖 홍밋거리를 쫓는 시간의 양과 과제를 관리해 왔다면, 자녀가 7~8학년이 되었을 때 이와 같은 관리를 멈추어야 한다. 고등학교 성적표에 남을 과목을 수강한다. 11학년과 12학년의 성적이 학생의 가장 최근의 능력을 반영해 주기 때문에 대학들은 이때 성적을 눈여겨본다.

주) Center for Talent Development, Northwestern University, Evanston, Illinois의 Thomas Buescher, Talent Identification Program, Duke University, Durham, North Carolina의 Robert Sawyer, Eastern Intermediate School, Silver Spring, Maryland에서 진로상담을 담당하는 Ruby Tate와 Eastern Intermediate School, Silver Spring, Maryland에서 코디네이터로 활동하는 Virginia Tucker로부터 사춘기 이전의 영재에 대한 정보를 얻었다.

문화적으로 다양한 배경을 가진 영재

비록 일부 인종 및 문화 집단은 혜택을 받는 것 같지만, 영재로 판별되어 영재 프로그램에 등록한 학생 중에서 문화적으로 다양한 배경을 가진 학생의 수는 불균형적으로 매우 적다(Richert, 1991; Richert, Alvino, & McDonnel, 1982; U. S. Department of Education, 1982). 1988년 미국 전국에서 8학년을 대상으로 실시한 미국 종단연구(The National Education Longitudinal Study:NELS)에 의하면, 8.8%에 해당하는 8학년 공립학교 학생들이 영재 프로그램에 참여하는 것으로 나타났다. 다중 문화와 인종집단 별로 살펴보았을 때 다음과 같다.

아시아 학생의 17.6%
백인계 히스패닉 학생의 9.0%
아프리카계 미국 학생의 7.9%
히스패닉 학생의 6.7%
미국 인디언 학생의 2.1%

과소판별(underidentification)이 주된 문제로 제기됨에도 불구하고, 문화적으로 다양한 배경을 가진 사춘기 학생의 상담요구에 초점을 맞춘 연구와 보고서들은 매우 드물다. 문화적으로 다양한 배경을 가진 학생에 대한 한 아티클에서 Colangelo는 영재 프로그램이 순연히 뛰어나고 전도가 유망한 능력에 초점을 맞출 경우, 영재의 지적 및 사회/정서적 발달이 영재의 문화 및 인종적 배경과 어떻게 상호 연관되어 있는지 인식하는 것이 중요하다고 주장하였다(1985, p. 34). Colangelo에 의하면 영재는 다음의 세 가지 영역에서 특별한 상담이 필요하다:

- **판별**. 영재 프로그램에 판별된 학생은 혼란과 모순을 경험할 수 있다.

판별에 실수가 생겨서 기준이 낮아진 것이라고 생각한다.

- **가정**. 대부분의 가정은 영재 프로그램에 대해 잘 모르고, 이에 대한 정보도 부족하며, 불편하게 생각하기도 한다. 영재 프로그램에 대해 잘 알고 있지 못하기 때문에 프로그램에 참여하는 아이에 대해 지역사회는 관심을 기울여야 한다.
- **민족적 정체감**. 민족적 정체감을 발전시키고, 외부에서 자신과 같은 민족의 또래들을 의심스런 시각으로 바라보는 프로그램에 참여하는 것에 대해 갈등을 느낀다.

다중문화 및 민족 집단과 활동하는 상담자와 교사는 자신 앞에 놓인 도전거리로 고민한다. 여느 사춘기 학생처럼 이들 집단에 속한 사춘기 학생들도 똑같은 문제로 고심 한다: 복잡한 미국 사회에서 설 위치를 찾는 한편, 자신을 이해하려고 노력한다. 이상의 어려움은 이전 섹션에서 이미 기술한 바, 영재성의 역동성으로 인해 더욱 복잡하게 되며, 그 요인들이 바로 민족적 및 문화적 차이와 관련이 있다. 또래로부터의 분리와 함께 영재성으로 인한 민감성 때문에 고립감이 더욱 증가된다. 민족적 및 다중문화 집단 배경을 가진 영재학생들은 개인과 문화적 기대 사이에서 비롯되는 정체감과 갈등에서 주된 딜레마를 경험하게 된다(Lindstrom & Van Sant, 1986).

저소득층의 어린 영재들은 심지어 보다 큰 도전을 직면하게 된다. 즉, 다른 사람이 오르기 전에 학문적 성공이라는 사다리를 올라야만 한다. 이들 영재의 상실감은 부가적인 갈등을 만들어낼 수 있다.

특히 소득수준이 낮고 문화적으로 다양한 배경을 가진 학생의 대학진로계획은 매우 복잡하다(Kerr, 1991; Olszewski-Kubilius & Scott, 1992). 다행스럽게도 일부 모델을 통해서, 이들 영재의 어려움을 지적하고 있다. 1988년 The Jacob K. Javits Gifted and Talented Student Act를 통해서 영재성을 보이거나 잠재력을 가진 학생들이 요구하는 바에 주의를 기울일 수 있도록 기금을 제공하고 있다. 저소득층 가정의, 영어가 유창하지 않고, 장애를 가진 영재를 돕기 위해 우선적으로 기금을 제공하고 있다. 이상의 프로젝트는 "Programs and Practices in Gifted Education"에 잘 기술되어 있으며(Berger, 1992), 전통적으로 등한시 되었던 학생에게 적절한 지적 자극과 양육을 제공할 때, 이들의 능력을 보상하여 성취에 이를 수 있음을 보고하고 있다. 예를 들어, Massachusetts-Boston 대학이 후원하는 Urban Scholars는 영재의 요구를 충족시키고 영재의 능력을 개발하기 위한 1년간의 학업 프로그램을 제공한다. 참여자의 45%는 아프리카계 미국인, 15%는 히스패닉, 13%는 아시아계, 그리고 13%는 기타 인종과 문화 집단이다. 75%는 저소득층 가정의 학생들이고, 나머지 25%는 근로빈곤층 가정의 학생들이다. Urban Scholars 프로그램은 학급, 프로젝트, 인턴십, 멘토십, 자원봉사활동, 토론, 워크숍, 그리고 여행을 결부하여 실시한다. Urban Scholars는 학생에게 학업적으로 성공하며 대학에 진학할 수 있도록 도움을 주고 있다.

『National excellence: A case for developing America's talent』(Ross, 1993)는 저소득층 가정, 다중문화 및 민족 집단 출신의 학생들을 위한 기회를 확대하자고 학교 측에 촉구하는 보고서를 발간하였다. 보고서에 의하면 "경제적으로 소외된 학생과 소수민족의 배경을 가진 학생들이 직면하는 장애를 극복하고 성취에 도달하도록 하기 위해서는 특별한 노력이 필요하다"(p. 28). 만일 이상의 노력이 성공하게 되면, 다양한 노력을 경주하게 될 것이다. 즉, 상담자, 교사 및 부모는 적절한 자원을 찾고, 학생에 대해 높은 기대를 설정하며, 모든 영재들이 교육과정을 완수하고, 고등교육을 이수하며, 성공적으로 지적, 문화적, 그리고 직장생활에 참여하도록 지원한다.

상담자가 할 수 있는 것. 상담자는 문화적으로 다양한 배경을 지닌 영재를 지도하기 위해 다음과 같이 할 수 있다.

- 초등 또는 중등교사에게 잠재적으로 영재이지만 영재로 판별되지 않은 문화적으로 다양한 배경을 가진 학생이 있는지 묻는다. 이상의 학생을 형식적으로 판별하는 가능성에 대해 조사한다.
- 영재의 문화적 배경을 인지한다. 이주한 이유는 직접적으로 학생의 타고난 호기심과 학습에 대한 열정에 영향을 준다(Harris, 1993).
- 영재 가족의 전통을 인지한다(Evans, 1993). 예를 들어, 면담 중에 학생의 아버지에게 직접 말하는 것이 적절할 수 있다.
- 적절하다면, 학교에 오기 전의 학생 경험에 대해 이야기를 나눈다. 만일 학습에 영향을 줄 수 있는 부정적인 경험을 가졌다면 학급교사에게 알린다.
- 지속적이며 온화하게 설득하여 고등교육에 대한 포부 수준을 증진한다. 장기적인 목표, 전문적인 기회, 그리고 이러한 목표를 성취하기 위해 교육적인 준비가 필요하다는 점을 강조한다(Davis & Rimm, 1985; McIntosh & Greenlaw, 1990).
- 진로 교육에서 특정 직업이 수반하는 생활스타일과 목표를 강조한다(Moore, 1979). 실습 동안 전문가가 하는 활동과 분야를 보여 주는 진로인식 프로그램을 개발한다.
- 언어장벽을 다루는 특별한 조언을 부모에게 제공한다.
- 가족 간에 대학진학을 수용할 수 있도록 신뢰관계를 형성한다. 향후 대학을 소개하는 행사에 대해 가족에게 이야기하고 장학금에 대한 정보를 제공한다.
- 우수한 학생에게 재정적으로 보조를 해 주는 곳을 찾아본다. 시간은 걸리지만 사기업들은 등록금 때문에 대학에 진학하지 못하는 많은 우수 학생들에게 지속적으로 관심을 기울이고, 재능 있는 학생을 지원한다.

- 대학의 전통적인 특징을 넘어서, 개인 차이를 격려하고 다양성을 증진하는 기관을 찾을 수 있도록 학생들을 돕는다.

부모가 할 수 있는 것.

- 자기 확신감을 갖고 높은 포부 수준을 유지할 수 있도록 자녀를 격려한다.
- 자녀의 교사 및 학교 관련자들과 안면을 갖는다. 자녀의 학교에서 "환영받는 사람"이 되는 것이 한 방법이다.
- 가능하다면, 한 달이나 학기에 단 몇 시간이라도 자녀의 학교에 자원봉사를 한다.
- 대학진학에 대해 정보를 줄 수 있는 진로상담자, 교사, 학교 행정가, 또는 기타 관련자들과 이야기를 나눈다. 사람들은 자녀가 가장 높은 수준에서 성공하고 성취하기를 원한다.

주) Fairfax County Thomas Jefferson, 과학 및 기술 고등학교 진로지도 소장인 Nancy Dungan, 소수민족 학생의 성취와 관련된 활동을 전개하는 Shirley McCoy와의 인터뷰에서 다양한 문화적 배경을 지닌 영재에 대한 정보를 제공받았다.

미성취 영재

Alicia. 9학년생인 Alicia는 보고서 위에 자신의 이름을 적을 수 없었다. 그것이 "옳은" 것이 아닐지 모른다고 두려웠기 때문이다. 교실에서도 대답을 할 수가 없었다. 또한 완성한 작품을 제출하지 않았다.

— 영재교사

Alicia는 심리치료를 받고 있다. 심리치료사, 부모, 교사 및 상담자는 Alicia가 매우 높은 지적수준에 있음을 알고 있다. 이들은 Alicia에게 영재를 위해 개발한 세미나에 등록하라고 설득하였고, 특별한 교수책략과 또래의 지지에 응대하길 원하였다. Alicia가 자신에 대해 의심하고 있음에도 불구하고, 모두는 Alicia를 격려하였다. 어느 날, 학급에서 Alicia가 망설이며 손을 들었다. 학기 말이 다 되어서 Alicia는 교사와 반 친구들이 제공하는 지적 자극에 반응을 보였다. 과제를 제출할 수 있었고 학급토론에도 참여하였다. 교사와 진로상담자는 Alicia를 격려해 주었다. 3년 뒤 대학에 지원했을 때, 대학에 입학할 수 있었다.

Jason. 7학년 때, Jason은 SAT에서 1,600점 만점에 1,500점을 받았다. 그러나 Jason의 성적은 평범했다. 좋은 성적을 얻기 위해 노력을 하지 않았음이 명백했다. 그러나 성적에 신경을 쓰지 않는 것처럼 보였다. Jason에게는 목표의식이 필요하다.

— 부모

Jason이 대학에 입학했을 때, 성적표는 위부터 아래까지, 즉 A에서 F까지 걸쳐있었다. 성적은 뛰어나지 않았으며, 교사가 뛰어나다고 생각한 과제는 제출하였지만 그렇지 않은 것은 거의 제출하지 않았다. 성적 중에는 AP시험에서 4와 5를 받은 것도 있고, 국가수준에서 가장 높은 점수를 받은 언어시험 점수도 있었다.

부모와 교사는 Jason이 명석하지만 동기가 없다고 생각하였다. 진로상담자는 Jason을 "해체된 발전기"라고 묘사하였다. Jason이 대학에 지원했을 때, 모든 곳에서 낙방하였다. Jason의 진로상담자가 전화를 해 본 결과, 대학들이 Jason을 위험부담이 있는 지원자로 간주한다는 점을 알게 되었다. Jason이 고등학교에 남도록 설득한 상담자는 Jason의 편에서 논쟁을 전개하기로 결정하였다. 상담자의 노력으로, Jason은 꽤 좋은 대학에 입학하였다. 비록 Jason의 대학 성적은 낮았고 계속 교육구조에 낙심하였지만, 대학 학위를 받았다. 진로상담자의 격려와 지지를 통해서 Jason은 자신의 잠재력을 실현하는 한 단계를 내딛는 기회를 갖게 되었다.

Anna. 15세인 Anna에게 AP 과정을 수강하라고 설득하기 어려웠다. Anna는 자신이 학업적으로 성공할 수 없을 것이라 생각하였고, 계속해서 가족을 부양하려고 하였다.

— 진로상담자

다중문화 및 다른 민족 집단에 속한 Anna의 부모는 생계를 위해 고군분투 하였다. Anna가 AP 과정을 받도록 추천하였을 때, 가족들은 반대하였다. 교사와 학생이 가진 높은 학문적 성취와 고등교육에 대한 기대는 Anna의 가족이 갖는 것과는 사뭇 달랐다. 아버지는 Anna가 고등학교를 졸업한 뒤 가족 식료품점에서 일할 것으로 기대하였다. 어머니는 Anna가 만일 고등교육을 받게 되면 인종적 정체감을 잃을까봐 염려하였다. 가족의 반대에도 불구하고, Anna는 모든 학문적 기회를 수용하였다. 대학에 지원했을 때, 가족은 Anna에게 지역에 있는 대학에 등록하라고 하였지만, 이것은 부분적으로는 수업료를 마련할 여유가 없었기 때문이기도 하다. 상담자는 Anna가 원하는 어떤 대학이라도 갈 수 있다고 말해 주었고 실제 좋은 대학에 입학하였다. Anna의 상담자는 장학금을 수혜할 수 있는지 찾아보았고 Anna가 장학금을 받도록 힘을 써 주었다.

앞서 살펴본 예는 고등학교 시절 "미성취"라 딱지 붙은 학생에 관한 것들이다. 이상의 영재는 서로 꽤 다르지만, 두 가지 면에서 공통점이 있다. 즉, 학생의 잠재력과 학생의 잠재력을 인식하고 격려하려는 상담자, 교사 및 부모가 있다는 점이다.

만일 학생들이 1년 이상 지속적으로 아래와 같은 대부분의 특징을 보인다면, 미성취라고 생각해 볼 수 있다.

- 부주의(inattentiveness)
- 무조직(disorganization)
- 무성의하게 숙제를 하거나 완성하지 못함
- 심지어 과제를 완성하고서도, 제출하는 것을 "잊어버림"
- 밤까지 질질 시간을 끔
- 어떤 학급에서 파괴적인 행동을 보임
- 자기주장이 강하여 필요이상으로 도움을 요청
- 다른 사람을 비난함
- 변명을 함
- 경쟁을 회피함
- 학교가 지겹다고 생각함
- 집에서 뿐 아니라 학교에서도 학습에 대한 흥미가 낮음

미성취의 정의. 미성취 영재는 많은 사람들에게 있어 모순되는 것처럼 보인다. 어떻게 영재이면서 학교에서 잘 하지 못할 수 있는가? 연구조사들에 의하면 미성취 영재를 정의하고 기술할 때, 대답보다는 오히려 여러 질문이 제기될 정도이다. 미성취 학생은 기대에 부응하지 못하여, 이로 인해 부모와 교사를 좌절하게 만든다. 그러나 누구의 기대에 부응하는 것인가? Charlie Brown의 말처럼, 잠재력을 측정할 수 있는가? 그리고 이 잠재력

이 "세상에서 가장 무거운 짐인가?" 영재가 학업적으로 어려움을 겪고 있으며 불편함을 느끼는 것으로 묘사하고 있는가 아니면 학생들이 산출하고자 하는 것보다 많은 것을 기대하는 교사, 부모 및 상담자를 묘사하고 있는 것인가?

미성취 영재는 능력을 측정하였을 때, 그 능력과 학교 성적 사이에 일관성이 없는 경우를 말한다. 예를 들어, Jason은 Wechsler Intelligence Scale for Children(WISC-IV)에서, 일찍부터 영재로 판별되었다. 표준화된 검사점수를 볼 때 모든 분야에서 뛰어난 능력과 적성이 있는 것으로 나타났다. 그러나 대부분 고등학교 과목에서 성적은 평범하였다.

미성취는 일종의 "침묵"이라고 할 수 있다(Whitmore, 1980). 즉, 학생들이 자신의 높은 능력을 보여 줄 기회를 가지지 못하였으므로, 얼마나 능력이 있는지 아무도 모른다. 학교 교육과정에 부합되지 않은 능력을 가진 학생들은 영재로서 인식되지 않을 수도 있다(Baum, 1990; Delisle & Berger, 1990). 특히 교사, 상담자, 그리고 부모가 학생이 영재라는 것을 보여 줄 증거가 없다면, 괜찮은 성취 밑으로 영재성을 감추는 학생의 능력을 알 길이 없다. 영재가 여자이거나, 다중문화 집단에 속하거나, 경제적으로 소외된 계층이거나, 눈에 띄지 않는 장애를 가지고 있거나, 만성적인 건강문제를 가지고 있을 때 더욱 그렇다. 혹은 영재로 인정을 받아도 교육과정을 확장해 주는 것을 이끌어낼 수 없다.

Stanford-Binet 혹은 Wechsler 지능검사 같은 테스트를 사용하여 고도 영재를 판별하기 때문에 영재집단의 규모를 알 수 없으며, 일부 장애를 가진 영재(예: 청각이 손상된)의 경우 표준화된 도구를 사용하여 판별하기 매우 어렵다(Whitmore, 1980).

충동성, 동기부족, 장시간 집중하기 어려움, 특정 기술의 결핍, 비일관적인 활동습관, 사회적 고립 같은 성격 특성과 행동은 또한 만성적인 미성취에 영향을 미치는 것으로 규정되어 왔다(Janos & Robinson, 1985; Rimm, 1986; Whitmore, 1980, 1986). 그러나 뛰어난 인물 중에서도 이상의 특성과 행동을 볼 수 있다. 『Surely you're joking, Mr. Feynman!』(Feynman, 1985)과 Eleanor Roosevelt(1958)의 자서전을 분석해 보면, 사회에 주요한 공헌을 한 뛰어난 인물들도 이와 같은 특성을 지니고 있음을 알 수 있다. 그러므로 미성취를 단지 학생의 특징으로 간주하여 접근하면 미성취 문제를 제대로 이해할 수 없으므로 오히려 다차원적으로 접근해야 한다.

대부분 전문가들은 미성취가 여러 요인, 즉 개인, 환경, 그리고 이 둘 간의 부조화와 관련이 있다고 생각하였다(Reis & McCoach, 2002). 대부분 중재방안은 성공하는 경우가 드물고, 단순히 영재집단에서의 즉각적인 효과를 위해 구안한 것들이다(Supplee, 1990; Whitmore, 1980). 이 중재방안들은 교사 대 학생비율을 보다 적게 하고, 고도로 훈련을 받은 교사들과 주의 깊게 구안한 환경으로 이뤄진다.

영재와 많은 활동을 한 연구자 겸 교육자인 Kaufmann은 미성취와 낙담 사이에 어떤 관계가 존재한다고 생각하였다. 즉, 미성취는 일종의 방어행동으로서 직접 표현되어 나타나지 않지만 낙담으로 상처받은 감정을 보호해 준다는 것이다. Kaufmann에 따르면 미성취 영재는 낙담하여 격려가 필요하지만 인위적이거나 진솔하지 않은 칭찬을 거부한다. 그러나 다른 사람들이 중요하게 생각하는 것을 해냈을 때 이에 대해 칭찬을 받을 수 있다는 미성취 학생의 생각을 강화해 줄 수 있다. 다시 말해서, 응원하여 용기를 주는 것만으로는 미성취 학생들이 문제에 대처할 수 있도록 방어하는 방법을 제공한다고 생각할 수 없다(F. Kaufmann과의 개인적인 서신교환, 1989, 8월). Kaufmann은 미성취 영재들이 문서로 작업하는 것에 어려움이 있으며(왜냐하면 문서작업 활동이 자신에 대한 무언가를 폭로하기 때문이다), 확신이 결여되어 있고, 책임을 회피하며, 경쟁을 피하고, 어른과 또래의 영향에 대해 매우 저항을 하며 완벽하려고 하고, 민감하며 상처받기 쉽다는 것을 발견하였다. 비록 상담이 성공한 경우는 매우 드물지만, 미성취 학생들도 상담에 반응을 보일 수 있다. 대개 상담자는 학생들로 하여금 학업적으로 성취하는 것이 바라는 포부 수준인지 그렇지 않은지 결정할 수 있도록 돕는 데 그 목적을 두고 있다(Reis & McCoach, 2002).

대담 추구. Whitmore는『Giftedness, Conflict, and Underachievement』(1980)에서 미성취 영재를 지원하는 장시간의 조사 프로젝트(The Cupertino Project)를 기술하고 있다. Whitmore에 의하면 미성취 영재는 종류보다는 정도에서 성취자들과 다르다. Whitmore는 교육자 및 부모들의 관심, 동정과 격려가 필요한 일시적인 학업상의 어려움을 겪고 있는 영재들과 단기 및 장기적 중재와 치료를 요하는 영재를 구분짓는 몇 가지 흥미로운 질문을 제기하였다.

Whitmore의 연구에 의하면, 미성취는 지속(duration), 범위(scope) 및 효과(effect)를 통해서 정의해야 한다.

1. **지속**(Duration). 가족문제, 질병, 새로운 흥미로 인한 소진, 개인적 갈등 혹은 기타 요인에 의해 생긴 것으로 미성취는 일시적인 것인가 아니면 상황적인 것인가? 학생의 미성취가 만성적인 것인가? 이와 같은 경우에, 영재로 판별되었지만 오랫동안 전형적인 미성취 양상을 보인다. 일반적으로 1년 이상 지속적으로 장기적 미성취 양상을 보인다면, 단기 혹은 장기적인 특별한 도움이 필요하다.
2. **범위**(Scope). 모든 학문 영역 혹은 학습 프로그램의 기초적인 내용에서 적성을 평가하였을 때 그 적성보다 낮게 성취를 하는가? 또는 미성취는 어느 한 특정영역에 국한되는가? 만일 모든 학문 영역 혹은 학습 프로그램의 기초적인 내용영역에서 장기간에 걸쳐 결손을

보인다면, 이에 대해 특별한 도움을 마련해 주어야 하며, 특히 미성취로 인해 우정에 영향을 줄 경우 더욱 그렇다. (주: 일반적으로 높은 능력을 가졌다고 생각되는 사춘기 학생이 낮은 성적을 받는다면, 상담자 및 부모는 혹시 발견하지 못한 건강문제나 장애가 있는지 그 가능성에 민감해야 한다.) 만일 학생이 만성적이며 장기적으로 미성취 양상을 보인다면, 심리적 중재를 한 방안으로 고려해야 한다. 단기적인 학업 문제를 겪고 있는 학생에게 특별한 교수지도는 도움이 될 수 있다. 일반적으로 학생의 흥미와 학습스타일에 맞게 주의를 기울여 선정할 때, 이상의 특별 교수지도는 영재에게 가장 바람직하다. 상담자 및 부모가 너무 일반적인 학습기술을 제안하거나 학생을 이해하지 못하는 교사일 경우엔 오히려 해가 될 수 있다.

3. **학생과 주요 다른 사람에게 미치는 효과**(Effect on the student or significant others). 학생의 생활에서 학생 또는 다른 사람들이 미치는 부정적인 영향을 찾아볼 수 있는가? 가족은 자녀의 성취정도가 가족 전체에 미치는 영향에 관심이 있는가? 친구를 사귀지 못하는 것처럼 보이는가? 불안, 위축, 또는 공격적인가? 학생이 학업 성취 및 경쟁에 대해 솔직하고 공공연하게 말할 의향이 있는 것처럼 보이는가? 만일 학생, 부모, 그리고 중요한 사람들이 이상의 문제를 가족들 사이에 마찰을 일으키는 원인처럼 생각하고 입에 올린다면, 학생의 자아개념은 심각하게 영향을 받게 된다. 따라서 단기 및 장기적인 특별한 도움을 제공해야 하고, 문제를 가족 전체와 함께 다룰 수 있도록 접근해야 한다. 심리적 중재를 포함한 가족체계 접근법이 한 가지 방안이다.

Whitmore는 상담자 및 부모가 미성취 영재의 행동특징을 이해할 때 도움을 주는 다음의 두 가지 질문을 제안하였다. 첫째, 학생이 매우 공격적인가? 대부분 공격적이고 적의를 나타내는 학생들은 쉽게 사람들의 눈에 뜨인다. 이 학생들은 규칙에 순응하지 않고, 여러 방식으로 앞 다투어 관심을 끌려고 하며, 매우 파괴적이고, 냉소적이며, 과제를 거부하고, "난 이미 알고 있어"라고 말한다. 후자의 경우에, 흥미에 따라 학생의 성적은 A부터 F까지 다양하다. 학생들은 판단, 비평하고 싸움을 걸기 때문에 또래로부터 소외되기도 한다.

둘째, 심각하게 학생이 위축되어 있는가? 표면적으로는 순응적이며 협동적인 것처럼 보이기 때문에 위축된 학생을 구분짓기는 더욱 어렵다. 그러나 주의를 기울여 보면, 학생들이 자신에 대한 정보를 보여 주려고 하지 않거나, 대부분 과제에 무관심하거나, 계속 공상에 빠져 있거나, 그룹 활동을 하지 않고, 어려움에 처했을 때 자기 방어를 하지 않으려는 등의 일관적인 행동패턴을 주목할 수 있다. 성취를 이루지 못하는 학생이 교사에게 문제시되지 않을 수 있지만, 이와 같은 학생을 돕는 것이 공격적인 학생을 돕는 것보다 어렵다.

Whitmore는 영재학생은 기대에 민감하고, 사회적인 불쾌감과 스트레스에 취약한 것으로 묘사하였다. Whitmore에 의하면 학생들의 개인적 요구와 환경적 요구가 서로 갈등상태에 있을 때 미성취의 위험에 빠질 수 있다.

Kerr는 자신의 저서 『Smart girls, gifted women』(1985b)에서 다른 연구들과 마찬가지로 유사한 주장을 제기하였다(예: Colangelo & Zaffrann, 1979; Davis & Rimm, 1985; Perrone & Male, 1981). 일부 연구에서는 그 대상을 여성 영재, 장애아, 특히 미성취의 문제가 있을 것으로 생각되는 일부 다중민족 집단에 초점을 맞추었다. 그러나 영재의 지적 특징과 특히 교육 및 진로상담 프로그램이 이들 영재의 요구를 충족시켜 주지 못할 때, 기대에 대해 지나치게 민감해지게 되어, 영재에게 문제가 생길 수 있다.

『Underachievement syndrome: Causes and cures』(1986)의 저자인 Rimm은 미성취 영재학생에 관한 전문가이다. Rimm은 사례연구를 통하여 미성취의 징후, 원인 및 치료를 보여 주는 예에 대해 기술하였다. Rimm은 다섯 가지 미성취의 주요 원인을 언급하였는데, 이 중 한 개 혹은 여러 개가 결합되어 미성취의 원인이 된다:

1. **초기 상황**(Initiating situation). 예를 들어, 질병 및 장애같이 과도하게 관심을 기울여야 하는 행동을 포함하여, 초기 아동기 등 미성취가 시작되었다고 생각되는 시기를 말한다.
2. **지나친 힘**(Excessive power). 아동은 실제 성취하려고 움직이기보다는 전형적으로 책임을 회피하기 위해 사람을 조정한다.
3. **비일관성과 반대**(Inconsistency and opposition). 아동의 어린 시절 부모 및 양육자는 아동에게 비일관적이거나 적대적으로 대하였다.
4. **부적절한 교실 환경**(Inappropriate classroom environment). 학급 배정 및 교수방법이 부적절하고 비능률적인 교사의 지도를 받거나, 지속적으로 너무 쉽거나 어려운 과제를 하며, 자극을 주지 못하는 교육환경을 경험한다.
5. **경쟁**(Competition). 아동은 계속 승자 또는 패자처럼 느끼고 경쟁에서 위축된다.

Rimm은 사설 심리치료사의 도움이 있든 없든 상관없이 어느 상황에서도 적용할 수 있는 방법, 기술 및 실제적인 중재 책략을 제시하고 있다. Rimm의 방법과 제안을 통해서 상담자, 교사와 부모는 미성취 문제를 막고자 시도하고, 미성취를 보이는 고도 영재에게 동기를 부여할 수 있다.

『The courage to succeed: A new look at underachievement』(1993)라는 책에서, Kaufmann은 개별 학생을 격려하는 심리치료 접근법의 하나인 아들러식 심리치료법을 적용하였다(Dreikurs, 1953, 1971). 이 접근법은 다음과 같은 것을 포함하여, 여러 가정과 가설에 기초한다.

1. 대부분은 개인 내부와 상반되는 대인 간의 문제이며 개인과 환경 그리고 이들 요소들 간의 상호작용을 이해함으로써 가장 효과적으로 치료할 수 있다.
2. 모든 행동에는 의미와 목적이 있다. 개인의 부정적인 행동을 이해하기 위해서, 개인의 동기와 목표를 이해해야 한다.

미성취 영재에 대한 Kaufmann의 관점을 <표 2-2>에 기술하였다. 이 표는 낙담한 사람들, 특히 사춘기 영재의 행동과 목표를 연구하려는 상담자, 교사 및 부모에게 도움을 주어 건설적인 방식으로 격려하고 반응해 주도록 돕는다. 또한 문제해결 책략에는 학생의 학습스타일, 가치, 그리고 흥미 분석이 포함된다(개인적 서신교환에서 1987년 8월). 본 장과 다음 장에서 이에 대해 논의할 것이다.

학습스타일. 교사는 직관적으로 각 학생마다 학습에 다르게 접근한다는 것을 안다. 지난 10년 동안, 학습스타일에 대한 연구는 범람해 왔다. 어떤 이론은 인지적, 정서적 혹은 생리적 차이, 또 어떤 이론은 협동학습책략의 기초가 되는 학습의 사회적인 면을 주목해 왔다. 연구자들은 학생들이 사고하는 방식과 교실에서 적용할 수 있는 평가도구를 포함하여, 교육모델에 대한 실질적인 이해를 발전시켜 왔다. 개인의 학습에 대한 선호는 진로의 성공(Kolb, 1983), 학문적 성공(Kolb, 1983; McCarthy, 1987; Sternberg, 1990), 성격(Myers & Myers, 1980) 및 생리적 차이(Springer & Deutsch, 1985)와

〈표 2-2〉 낙심한 사람의 행동과 목표

행동	가능한 행동목표	사람들의 전형적인 반응	대안 방안
관심에 대한 과도한 욕구	관심; 주목받을 때 자신이 중요하다고 생각	처벌; 포기	보다 적절한 행동에 대해 관심을 기울이게 한다.
책임감 회피	압력을 받지 않음; 실패를 두려워하지 않음; 예지력	게으르다고 함; 낙담한 것에 대한 책임 추궁	행동에 책임을 질 수 있도록 격려한다.
모든 영역에서 자신감 결여	안정감; 현실에서 은둔	연민; 비난; 동정	노력을 격려하고 지지한다.
계속 무가치하다는 느낌	관심; 연민; 칭찬을 받으려고 함	칭찬; 연민; 동정	성취는 가치로 인해 좌우되지 않음을 보여 준다.
경쟁 회피	주목받거나, 뽑히거나, 초점의 대상이 되지 않으려고 함	특별한 조치를 취함	성공보다는 시도를 강조한다.
권력과 통제에 대한 욕구	지배; 안정; 통제	분노; 포기	협동적인 행동에 대해 관심을 기울이고, 논쟁하지 않게 한다.
복수에 대한 욕구	관심; 보복; 통제	상처; 포기; 보복	가능할 때 무시하고 바람직한 행동이 미치는 효과를 지목해 주며 적절한 대안을 제시한다.
완벽에 대한 과도한 욕구	제한된 영역에서만 시도하고 이 영역에서 성공	무관심; 보상; 좌절	위험과 새로운 경험을 감수하도록 격려한다. 노력을 강조하고 지지한다.

〈표 2–2〉 낙심한 사람의 행동과 목표 (계속)

행동	가능한 행동목표	사람들의 전형적인 반응	대안 방안
불성실	처벌에 대한 회피; 자아증진	처벌; 비난	행동을 지목해 줄 때 지지를 해 준다. 행동이 미치는 영향을 지목한다.
꽉 막힘	가치혼란이 없는	동의; 압력을 주지 않음	새로운 경험을 권장한다. "만약~라면 무엇이 생길까?"라고 질문한다.

주) Losoncy, L. (1977). 『Turning people on: How to be an encouraging person』(pp. 33-34)에서 발췌함. 이 표는 1976년 Dinkmeyer와 McKay의 『Parent's handbook: Systematic training for effective parenting』에 처음으로 게재된 것이다. 허가 하에 사용함.

관련이 있다. 특히 4-Mat System(McCarthy, 1987) 같은 교육모델은 개인의 학습에 대한 선호를 이해하기 쉽게 여러 방식의 레슨으로 제시하고 있다.

예를 들어, Kolb(1983)는 특별한 학습-확산적 혹은 수렴적 스타일을 학생이 선택한 전공 및 진로에 상관을 지었다. Kolb의 발견에 의하면, 학생의 학습스타일이 전공과 일치할 때, 학문적 성공과 대학에서 사회적 적응정도가 높게 나타났다. 다른 연구자들에 의하면(Gallagher, 1975; Silverman, 1993a; Torrance, 1981; Whitmore, 1980), 학생들의 학습스타일과 교육적 규정이 맞지 않을 때, 어떤 학생의 경우는 학문적으로 성공하지 못하는 것으로 나타났다. 예를 들어, 추상적으로 사고하는 시-공간적인 학습자는 문제의 모든 요소가 "아하"라는 경험의 패턴으로 생긴다고 생각한다(Silverman, 1993a). 전형적인 학급에서 학생들은 직선적-계열적인 방법(단계별로)으로 배운다. <표 2-3>은 미성취의 위험이 있는 영재학생의 예이다.

〈표 2-3〉 미성취 위험에 처한 영재의 예들

추상적 혹은 확산적인 학생들은:

- 해결책에 도달할 때 사용하는 사고과정을 재생할 수 없다.
- 모든 활동을 보여 달라고 계속적으로 요청을 받는다.
- 활동을 문서화할 수 없다.
- 실패에 대한 두려움을 발전시킨다.
- 미리 정해진 구조에 대해 반발한다.
- 예측할 수 없다(예: 교실에서 우스갯소리를 하는).
- 시도하려 하지 않는다.

매우 분석적인 학생들은:

- 또래, 어른에 대해 비판적이다.
- 매우 엄격하거나 꽉 막혀 있다.
- 매우 자아-비판적이다.
- 교사를 외면한다.
- 모든 또래를 외면하고 사회적으로 격리된다.
- 어떤 집단 활동에도 참여하지 않는다.
- 다른 사람에게서 배우려고 하지 않는다.

다중잠재력을 가진 학생들은:

- 산만한 흥미를 갖는다.
- 외재적 통제 소재를 갖는다.
- 책임감을 회피하고 관심을 끌려고 한다.
- 활동에 집중하거나 집착력을 보이지 못한다.
- 다른 사람을 기쁘게 하기 위해서만 활동한다.

집중력이 좋은 학생들은:

- 과도할 정도로 집중한다.
- 내재적 통제 소재를 갖는다.
- 개인적 가치를 외적 보상과 동등하게 생각한다.
- 매우 완벽하려고 한다.
- 다른 사람의 아이디어에 대해 폐쇄적이다.
- 또래로부터 고립된다.
- 학점을 잘 받는 데 무관심하다.

미성취 영재의 편에서 대학을 계획한다는 것은 여러 수수께끼 문제이다. 왜냐하면 대학계획은 학생요구와 학교가 제공하는 바에 서로 잘 맞아야 하기 때문이다. 미성취자들은 조화를 이뤄야 할 때, 어려움을 느낄 수 있다. 한편, 영재는 자신에게 흥미 있는 주제와 요구로 인해 동기가 부여되며, 적절한 교수책략에 대해 긍정적으로 반응한다. 명문 학교들은 미성취를 보이

〈표 2-3〉 미성취 위험에 처한 영재의 예들 (계속)

어떤 영재학생들은:

- 학교 안과 밖에서 적절한 지적 자극을 받지 못한다.
- 외재적 통제 소재를 갖는다.
- 노력과 결과 사이에 관계를 보지 않고 문제에 대해 다른 사람을 탓한다.
- 비현실적으로 낮거나 높은 목표를 설정하고 일관적으로 완수한 활동에 대해 만족하지 못한다.
- 개인의 가치가 전적으로 성취에 좌우된다고 생각한다(부모 혹은 교사에 의한).
- 일관적으로 부정적인 피드백을 받는다.
- 개인으로서 칭찬을 받지 못한다.
- 가치에서 갈등을 경험한다.
- 학업상황에서 성공하지 못하였다고 생각한다.
- 낙담한다.
- 무기력과 체념의 태도를 발전시킨다.
- 자신의 환경을 통제하지 못한다고 무력해한다.
- 매우 적대적이고 공격적이다.
- 다른 사람과 경쟁에서 완전히 위축된다.
- 성공이 확실하지 않으면 어떤 행동도 취하려 하지 않는다.
- 관심, 권력을 추구하고 성취하지 못하면 보복하려고 한다.
- 성취하지 못함으로써 통제를 하려고 한다.
- 위험에 대해 생각하고 대처하려고 하기보다는 자존감 상실을 통제하려고 한다.
- 성취해 보려고 시도하지 않는다.

는 학생이 학교에서 제공하는 바에 맞춰야 한다고 생각하지 않는다. 대개 학생들에게 다음 네 가지 선택안을 남겨준다. (1) 교육과정의 한 부분으로서 상담을 제공하는 작은 사립대학, (2) 몇 년 동안 보다 도전적인 수준에서 활동하는 법을 배우고 난 뒤, 4년제 대학교로 옮겨가도록 하는 2년제 지역대학, (3) 대학 환경으로 옮겨가기 전에 부가적인 고등과정을 받는 사립학교, (4) 학생들이 요구하는 서비스를 제공하고 이에 시간을 들일 수 있는 인턴십 혹은 자원봉사제가 있다. 대부분 학생들은 명문대학에 입학할 가능성을 증가시키기 위해 사립학교를 졸업한 후 몇 년을 보내기로 결정한다. 졸업 후 몇 년 동안 학업기술을 강화하고 성숙할 기회를 가져보는 것이 오히려 이로울지도 모른다. GPA를 올리기 위해 지역 대학교에 등록하는 학생도 있다. 지역 대학은 대개 영재학생들에게 적절한 또래집단이나 적절한 수준에서 지도를 해 주지 못한다. 상담 없이, 학생들은 고등학교에서처럼 같은 패턴을 반복할지 모른다. 사립 고등학교는 비싸고, 재정적인 지원이 거의 없다. 졸업 후 몇 년을 보낼 수 있는 사립학교 목록을 온라인 검색상에서 찾아볼 수 있다.

상담자가 할 수 있는 것. 미성취 영재와 활동할 때 다음의 지침을 사용할 수 있다.

- 영재성은 양쪽에 검이 달려 있는 칼이 될 수 있다. 학생의 특징을 단점보다는 장점으로 간주한다.
- 최선의 능력을 다해서 학생을 돕는다. 위기를 기다려서는 안 된다. 정기적으로 대화하는 시간을 정해놓고 개인의 요구를 충족시킬 방법을 모색한다.
- 문제와 해결방안에 대해 이야기 할 때 유머감각을 활용한다.
- 학생과 기대하는 바에 대해 토론한다. 학생들로 하여금 갈등이 되는 기대를 명확히 하도록 돕고, 자신의 기대가 현실적임을 확인한다.
- 실패에 대한 두려움을 성공에 대한 두려움으로 생각한다. 학생들에게 만일 학업적으로 성공하면 생활이 어떻게 변화하는지 상상해 보게 한다. 성공에 대한 두려움은 비현실적인 기대와 위험을 감수하지 않으려는 것을 수반한다. 영재라고 불리는 것이 학생에게 무엇을 의미하는지 토론할 수 있도록 이를 포함시킨다.
- 성공을 위한 폭넓고 다양한 기회를 제공한다. 개인적인 흥미를 학교에 연결 지어 재능을 보여 줄 만한 방식을 생각한다. 어떤 학생은 자신이 알고 있는 바를 활용할 기회가 없는 미성취자들이다(예: 기술능력이나 특별한 유형의 리더십 능력을 배울 수 있다).
- 어떤 학생들은 학점보다는 학습에 보다 흥미가 있다. 이와 같은 학생

은 교실에서 하는 학습과 관련이 없는 프로젝트를 하는 데 시간을 보내고 마감일까지 과제를 제출하지 못하기도 한다. 내부 지향적인 학생인 경우 특히 이들의 흥미는 생애 전체의 진로만족과 연관되기 때문에 자신의 흥미를 추구할 수 있도록 격려해 주어야 한다. 동시에 이 학생들에게 과제를 마감일까지 완성하지 못할 때 교사가 냉담하게 대할 수 있다는 점을 알려 준다. 단기 및 장기적인 목표를 강조하는 포괄적인 진로계획을 통해서 학생들은 필요한 과제를 완수하고, 고등학교 과정을 이수하며, 대학진학을 계획하도록 돕는다.

- 학생은 성공적인 대학, 전공 및 진로선택을 하고 또 그렇게 하였다고 느낄 수 있도록 자신의 학습스타일과 기타 강점을 인식해야 한다.
- 학생들이 줄곧 교실에 앉아 있지 않고서도 지식과 숙달정도를 보여 줄 수 있는 방법을 찾는다. 특히 고도 영재인 경우, 학생들은 외부 자원을 통해 얻은 정보도 기꺼이 잘 습득한다.
- 학생이 즐기고, 특히 자신의 흥미를 다루어 주는 적절한 여름 활동을 찾는다. 어떤 미성취 영재들은 여름과정 및 활동을 통해 학습에 대한 열정을 개발한다.
- 학생들로 하여금 가치, 홍미 및 목표를 명확히 하도록 돕는다(4장 참조).
- 적절한 대학과 진로 지침을 제공한다. 잘 계획되어 있고, 장기적이며, 포괄적인 프로그램을 개발한다(4~6장 참조). 적절한 대학과 진로계획에 대한 정보를 미성취 고등학생 영재에게 제시하였을 때 단기 및 장기적으로 생산적인 목표를 설정할 수 있었다는 점을 명심한다. 어떤 학생에게는 대학에서 제공하는 합숙 대학진로계획 세미나가 효과적인 경우도 있다.
- 미성취에 관한 일반화를 피한다. 미성취로 보이지만 편안해 보이고 낙담하지 않은 학생도 있다. 어떤 학생은 성취자처럼 보이지만 매우 불만족하고 이후에 미성취를 보이기도 한다. 대학과 진로를 올바로 선택

하는 것이 중요한 문제이다.

- 인위적인 칭찬과 피상적인 언사를 피한다. 이상의 말에 대해 학생들은 속으로는 동조하지 않을 수 있다. 최종 산출물보다는 노력과 향상을 인식한다.
- 실망감을 주는 지배, 무감각, 침묵, 또는 위협 등의 방식을 사용하지 않도록 피한다(Dinkmeyer & Losoncy, 1980).
- Whitmore가 정의한 바대로 학생이 장기적인 미성취자이더라도, 학생이 요구하지 않았다면 학습기술과정, 시간관리 혹은 특별한 교수를 사용하지 않는다. 이상의 과정은 단지 학생들이 기꺼이 원하고 교사가 주의 깊게 선택하였을 경우 효과적인 것이다.

이 책을 저술하는 동안, 많은 상담자와 인터뷰하였다. 한 상담자는 학생들에게 지침과 격려를 제공하고자 상담집단을 구성하였을 때 얻은 일부 영재들의 반응에 대해 기술하였다. 성취수준과 상관없이, 모든 영재는 이 상담집단에 참여하도록 초청하였다. 이 집단에 참여한 대부분 학생들은 처음에 화를 내었다. 토론을 진행하면서 학생의 화가 바로 장기적인 분노에서 기인함을 알 수 있었다. 어떤 의미에서, 이들은 "내가 당신을 진짜 필요로 할 적에 어디에 계셨어요? 라고 묻고 있었다. 또 어떤 상담자는 미성취 학생들이 마치 자신의 요구가 상담을 한다고 충족되지는 않을 것이라고 생각하는 것 같다고 털어놓았다. 그러나 이들 상담자들 모두 영재와 활동한 경험이 매우 풍부하였으며 이들 학생의 반응패턴이 전형적임을 알고 있었다. 집단을 설정한 상담자들은 학생의 반응에 대해 준비를 하고 집단상담을 활용하였다.

교사가 할 수 있는 것. 미성취 영재와 상호작용 할 때, 다음과 같은 제안들을 고려한다.

- 교수스타일을 다양하게 하여 모든 학생들이 배울 수 있도록 돕는다. 가능하다면, 학습스타일 검사 도구를 실시한다. 어떤 학생은 자신의 학습스타일에 있어서 완고하다는 점을 알게 될 것이다.
- 학업과목이 다른 학업과목 및 직업세계와 어떻게 관련이 있는지 보여준다. 어떤 학생은 배울 때 목적의식이 필요하다.
- 성적을 향상하려는 학생의 시도 혹은 노력을 인정해 주고, 진척사항을 강조한다. "넌 영재야. 지금보다 더 잘할 수 있어"와 같은 말은 대개 분노만 일으키고 미성취 영재에게 도움이 거의 되지 않는다.
- 학생이 매우 흥미를 가지고 있다면 미성취 영재로 하여금 과정을 수강해 보도록 허용해 준다. 만일 선수과목에서 결손사항이 있다면, 학생과 이 부분에 대해 이야기를 나눈다. 가능한 곳에서 타협하고 여분의 도움을 제공한다.

부모가 할 수 있는 것. 영재가 사춘기와 성인기에 접어들게 되면, 부모는 계속 성취에 대해 관심을 갖게 되며, 동시에 학생은 내적, 외적으로 외부 압력을 느끼게 된다. 자신과 다른 사람의 기대에 꽤 민감하기 때문에, 독립적으로 정체감을 가지려고 시도할 때, 이에 대한 적절한 정보가 부족하여, 불안정감과 두려움을 느낄 수 있다. 부모는 상호 존중하는 분위기를 만들고, 우선순위를 설정하며, 분별력 있는 지침을 규정하고, 현학적이기보다는 동조자로서 행동하여 도움을 줄 수 있다. 기억해 두어야 할 것은 미성취 영재자녀를 둔 부모에게 다음의 조언들이 도움을 줄 수 있다는 것이다.

- 1학년 혹은 2학년 때 한 두 과목에서 갑자기 성적이 낮아진다고 미성취는 아니다. 그러나 이 학생들은 대학 지원서에서 성적이 떨어진 이유를 설명해야 한다. 적절하게 성적이 떨어진 이유를 설명한다면, 오히려 전화위복이 될 수 있다. 자세한 사항은 5장에서 다룰 것이다.
- 정규적으로 미래에 대해 이야기를 나눈다. 좋은 대학에 입학허가를 받아야 한다고 이야기를 나누는 대신, 학부과정 이후 생활에 대해 이야기를 나눈다. 여러분 자신의 즐거움과 부정적인 면에 대해 토의한다. 학생들로 하여금 자신의 미래에 대한 이상을 형성하도록 격려한다. 누군가 앞으로 무엇을 하고 싶은지 물어보면, "난 이상이 없어요"라고 낙담하여 대답할 수도 있다. 200번도 생각을 바꿀 수 있지만 미래에 먹구름이 끼어 있다는 생각은 긍정적인 징조가 아니다.
- 대응 책략을 개발하도록 돕는다. 학생들은 역경, 스트레스 및 부적절함에 대한 감정을 어떻게 다루는지 그 방법을 배워야 한다. 학생들은 또한 문제를 해결하고 갈등을 해결하며, 브레인스토밍을 하는 법과 비판적으로 생각하는 방식을 배워야 한다.
- 노력, 발달과 향상을 인정해 줌으로써 수용적인 환경, 긍정적인 피드백, 합리적인 지도와 지침을 제공하고, 지원하며 권고해 준다. 성취를 과대하여 강조하는 것은 피한다.
- 객관성과 유머감각을 유지한다. 부모의 돌봄, 이해와 객관성은 영재들로 하여금 무감각한 사람, 당혹감 및 굴욕에 직면하였을 때 무장할 수 있도록 돕는 결정적인 자원이다.
- 다른 사람의 것이 아닌 학생 자신의 가치, 흥미와 요구를 반영한 활동과 목표를 향해 나아가도록 이끌어 준다.
- 학생들로 하여금 다양한 경험, 특히 대학과 진로계획에 도움이 될 만한 것을 갖추도록 격려해 준다. 예를 들어, 아들이 정치학에 흥미가 있으면, 선거유세 사무실에서 자원봉사자로 활동해 볼 것을 제안한다. 이상의 경험은 다음 두 가지 면에서 자녀들에게 이롭다. (1) 보상을 생

각하지 않고 지역사회에 봉사를 한다는 느낌, (2) 직업 세상에 대한 실제적인 관점을 알고 이해하게 된다.

- 어떻게 스트레스 상황, 실망 및 낙담을 성공적으로 다루는지 부모와 함께 관점을 공유한다. 대개 미성취 영재는 이상적으로 자신의 문제를 함께 할 사람이 없다고 생각한다.
- 자녀의 학교에 참여하고, 자원봉사를 한다. 비록 학생들이 비교적 덜 고마워하더라도, 상담자와 교사는 여러분의 도움과 지지가 필요하다. 여러분은 또한 사춘기 학생을 돕는 유용한 정보를 습득할 수 있다.
- 지지 체계를 제공할 수 있는 부모집단을 찾는다. 많은 지역사회에는 영재를 위한 부모 옹호 집단이 있어, 지역사회, 정보, 그리고 도움을 위한 네트워크를 제공한다. 지역 집단을 대신하여, 국립영재학회(National Association for Gifted Children, http://www.nagc.org)에 연락을 취한다.
- 자녀의 성취수준에 관해 과도하게 집착하지 않는다.
- "만일 네가 영재라면 어째서 … 과목에서 D를 받니?" 또는 "모든 것을 해 주었는데 넌 왜 그러니?" 등과 같이 기를 죽이는 말을 삼간다.
- 어떤 학생들은 중, 고등학교에서 매우 잘 지내지 못하고 학교 성적도 좋지 않을 수 있음을 염두에 둔다(부분적으로 조직과 구조 때문에). 그러나 이들 학생들은 꽤 독립적으로, 다른 조직구조를 갖는 학습 환경에서 공부하거나 적합한 대학에 입학할 경우 성공적으로 잘 지낼 수 있다.
- 어떤 학생들은 알고 있는 것을 사용할 기회가 없어 미성취를 보이기도 한다. 대개 기술적인 능력을 가진 학생과 음악가에게 빈번한 일이다. 만약 십대 학생들에게 이러한 점들이 나타난다면, 성공했다는 느낌을 가질 수 있도록 환경을 조성해 준다.
- 학생들이 즐기고 특히 흥미를 다루는 적절한 여름 활동을 찾아본다. 어떤 미성취 영재학생들은 여름 과정과 활동을 통해서 학습에 대한 애

정을 발전시키고 점수와 달리 학습에 대한 애정을 일생 동안 지속한다.

- 십대 학생들을 직업 환경에 노출시킴으로써, 적절한 대학 및 진로 지침을 제공한다. 만일 학생들이 작업을 하는 장소와 시간을 통제할 수 있다면, 대개 인턴십 활동을 잘 하게 된다. 어떤 학생들은 대부분 학교에서 제공하는 기숙 대학진로 세미나의 혜택을 보기도 한다.
- 칭찬과 인위적인 축하는 피한다. 이와 같은 말들은 학생들이 속으로 느끼는 방식과 일치하지 않을지도 모른다. 최종 산출물보다는 오히려 노력과 향상을 인정해 준다.

주) 미성취에 관한 정보는 Fairfax County Association for the Gifted, a Parent Advocacy Group, 그리고 영재교육 컨설턴트인 Felice Kaufmann이 실시한 Northern Virginia Council on the Gifted and Talented Education(annual conference, 1987)의 워크숍에서 살펴볼 수 있다.

여자 영재

어릴 적부터 전형적으로 여자 영재들은 같은 또래 여자들에 비해 학문 및 진로에 흥미를 나타낸다(Fox, 1977; Wolleat, 1979). 그러나 대학을 졸업할 때쯤, 여자 영재들은 지적 성취 및 진로에 대한 열망이 감소하는 경향을 보인다(AAUW Educational Foundation, 1992). 여러 연구들에 의하면, 초기 여자 영재들의 진로에 대한 열망은 사회의 기대로 인해 제약을 받는다(Callahan, 1981; Kerr, 1983, 1985a, 1985b, 1991; Silverman, 1993c). 여자 영재의 포부 수준은 사춘기 및 초기 성인기 동안 자아형성과정을 통해서 보다 감소된다.

이와 같은 포부 수준의 감소로 인해 여학생들이 대학 및 진로선택에 어떤 제한을 받는가? 사춘기 대학과 진로선택이 성인기 만족감에 영향을 미치는가? 여러 연구들에 의하면, 직업만을 선택하였거나 결혼과 직업을 모두 선택한 여성 영재들이 결혼과 가족을 선택한 여성에 비해 삶에서 보다 만족하는 것으로 나타났다(Rodenstein & Glickhauf-Hughes, 1979). 그러므로 여자 영재들이 직면하게 되는 학문 및 진로문제와 그 장애에 대해 상담자와 부모들은 관심을 기울이고 있다.

많은 연구자들은 남자와 여자 간 성취에서의 차이를 설명하는 방법에 대해 모색하고 있다. 몇몇 연구들은 남자와 여자 영재의 성취와 만족에서 차이가 나타나는 이유를 개관적으로 설명하고 있으며, 다음과 같은 연구들이 있다.

Terman의 50년간의 종단연구(Terman, 1925, 1959; Terman & Oden, 1935, 1947)와 Sears와 Barbee(1977)의 추후연구에 의하면, 1921년 IQ 점수로 판별된 지적으로 우수한 여학생들은 심리적으로 또래보다 건강하였으나 남학생에 비해 자신의 진로목표를 비교적 덜 추구하는 것으로 나타났다. 직업에서, 여자가 받는 임금은 남자에 비해 훨씬 낮았다.

1950년대 출생한 영재에 초점을 두고 1964년에서 1968년까지 실시한 Kaufmann(1981)의 연구에 의하면, 대통령 장학생은 National Merit Scholarship 자격시험 및 그에 상응하는 시험에서 0.001%에 해당하는 학생들로 나타났다. 172명의 남자와 150명의 여자가 대학생활에 대한 질문에 응답하였다. Kaufmann은 대부분 성공을 나타내는 측정치에서 남자와 여자의 차이가 거의 없음을 발견하였다. 그러나 예외적으로 Terman의 연구와 마찬가지로, 여성의 경우 사무직과 무직이 과도하게 많은 것으로 나타났다.

인터뷰에서 Kaufmann은 남자와 여자가 고용과 임금수준이 동일할 때, 여자가 자신의 재능을 개발해 주고 격려해 주는 멘토와 성공적이며 협동적으로 지낸다는 점을 보여 주는 최근 연구를 언급하였다(Kaufmann, Harrel, Milam, Woolverton, & Miller, 1986).

여자 영재의 진로 발달에 관심을 기울이는 심리학자 Kerr 역시 여자 영재와 이 학생의 고등학교 친구들을 대상으로 대학생활 경험에 대해 연구하였다. 그 결과 『Smart girls, gifted women』(1985b)의 책에서 여러 사례를 분석한 바, Beverly Sills, Margaret Mead, 그리고 Eleanor Roosevelt와 같이 뛰어난 여성들의 공통된 성격을 볼 수 있었다. Kerr의 연구는 여자 영재들이 초기의 열망과 꿈을 실현할 때 방해가 되는 외부 및 내부의 장벽을 구분하였다. Kerr는 모든 나이대의 여성을 위한 특별한 조언을 제공하였다. 이 책의 전반에 걸쳐서 영재학생들이 어떻게 진로 목표를 계획하는지에 대한 Kerr의 관심을 엿볼 수 있다.

Horner의 획기적인 연구인, 『Fear of success syndrome』(1972)에서 높은 성취를 보이는 여학생들이 자신의 능력보다 수준이 낮은 남자 또래와 경쟁하는 것을 밝혀내었다. 여자 영재들은 매우 민감하기 때문에, 성이 혼합되어 있는 경쟁상황에 대한 사회적 기대를 감지할 수 있다. 여자 영재들은 비의도적으로 경쟁에 대해 난색을 표현하지만, 실제 자신의 능력으로 할 수 있는 것보다 낮게 수행하는 것으로 나타났다.

다른 조사 보고에 의하면, 자신감이 있고 비전통적 태도를 가진 독립적인 여학생들은 또래 압력 및 기타 외부의 영향에 저항을 하기 때문에 비교적 덜 상처를 받는다.

대부분 연구자들은 스스로 남자 영재보다 능력이 낮다고 생각하는 여자 영재의 경향성과 자신의 성공을 설명하려는 욕구에 대해 연구하였다. 일부 여자 영재들은 성공을 행운 같은 외적요인 탓으로 돌린다. 반면, 자신의 목표에서 약간이라도 떨어지면, 실패를 자신의 능력 및 기타 내적 요인의 부족으로 돌린다(Deaux & Emswiller, 1974). (남자의 경우 대개 이 반대이다.) 자신의 성공을 믿으며 높은 성취를 보이는 일부 여성들은 과대평가되고 소위 "지적 사기꾼"으로 비춰질까봐 두려워한다(Clance & Imes, 1985; Harvey & Katz, 1985).

여러 관련 연구들에 따르면, 많은 여자 영재들은 사회적으로 수용되는 여성다운 행동("똑똑한 것은 여성적이지 않다")을 끌어들이고 자신의 뛰어난 능력을 밀어내는 것 사이에 메여 있다. 여러 경우에서, 여자 영재들은 미래 진로에 대한 흥미보다 사회적 욕구를 우위에 두기 시작한다.

이 책에서 인터뷰하였던 청소년 영재들은 연구자들이 도달한 결론을 지지해 주고 있다. 남학생들은 자신의 요구를 충족시킬 자료를 찾고자 시도할 때, 정교하고, 자유롭게 개인적인 사항을 드러내 보여 주었다. 남학생들은 영재성 그 자체를 언급하지 않았고, 자신의 비범한 능력을 불편해 하지 않았다. 대조적으로, 여학생들은 남학생에 비해 보다 주의를 기울이고 간접적이면서 덜 자세하게 질문에 대답하였다. 여학생들은 보다 신중하였다.

고도 영재의 교사와 어머니를 개인적으로 인터뷰하였을 때, 연구 결과를 보다 분명하게 볼 수 있다. North Carolina School of Science and Mathematics의 한 사회과목 교사는 아래와 같이 여자 영재에게서 볼 수 있는 과묵함을 강조하였다:

> 여학생들은 남학생들처럼 위험을 감수하지 않는다. … 여학생들은 나와 어떤 요지에 대해 논쟁을 하지 않는다. … 너무 똑똑한 여학생이 오명을 받는다고 생각한다. … 대답을 알지만 만약 이름을 지목하지 않는 한 자발적으로 대답하지 않는다. 너무 똑똑해 보이려고 하지 않으며, 너무 공격적으로 보이는 것도 원하지 않는다. … 만약 방법이 있다면 그것은 모든 사람들이 자신을 주시하고 있다고 의식하지 않는 것이다.

3명의 영재 아들을 키우고 있는 한 어머니는 그 자신이 많은 여학생 영재들이 직면하는 문제를 보여 주는 좋은 예가 된다: "아버지, 고모, 그리고 남동생들이 Terman의 연구에 참여하고 있지만, 난 영재가 아니야. 엄마와 할머니는 대학에 다니셨고 나는 졸업 우등상을 받았지." 미국계 인디언에 대한 분야에서 유명한 전문가인 45세의 삼촌에게 다음과 같이 말하였다. 할아버지는 "매력적인 사람"이며, 새로운 땅에 처음으로 나무 집을 지은 사람이고, 동부에서 피아노를 가져왔으며, 교육체계를 시작한 분이라고 말이다. 영리한 소녀는 데이트를 하지 않고, 고등학교에 다닐 적에 '주변인'처럼 보였다는 것을 회상하면서, 인기를 얻으려고 하였던 자신의 청소년기 소망에 대해 솔직하게 이야기 하였다. 대학 전공(초등 교육)을 선택할 때도 융통성에 대한 자신의 희망에 근거하여 결정하였다. 사실, 그녀는 자신의 가족을 부양하기 위해 집에 머물기를 원했다. 자신의 결정에 대해 안도감마저 느꼈다.

인터뷰하였던 학생, 교사, 그리고 부모는 대표적인 인구표본이 아니다. 그럼에도 불구하고 인터뷰는, 여학생들이 여성의 역할과 영재성 사이에서 경험하는 갈등을 보여 주며, 이 같은 결과는 종단연구의 결과와 일치하는 것이다.

여학생 영재는 아동기와 초기 사춘기동안 서로 상충되는 메시지를 받는다. 일반적으로 영재성은 가치 있고 강화를 받는다. 즉, 이 여학생들은 영재이며 "무엇이든 할 수 있다." 그러나 동시에, 사회적으로 수용되는 여성의 역할 행동을 지향하며(Rodenstein & Glickauf-Hughes, 1979), 문화적인 기대로 인해 강요를 받는다고 느낀다(Callahan, 1981; Kerr, 1983, 1985b; 1991; Silverman, 1993c). 그 결과로서, 여성 정체감 형성의 중요한 시기인 초기 사춘기 동안에, 사회적인 요구는 자존감 및 성취에 대한 여학생의 요구와 상충되는 것으로 나타난다. 이와 같은 갈등은 장기적으로 계획을 세우고, 중요한 선택을 보다 자유롭게 하지 못하도록 방해할 수 있다.

여학생 영재들은 지각한 기대대로 심리적으로 건전하지만 자신의 선택을 제한하는 방식을 채택하는 법을 배운다. 여학생 영재들은 진로에 장애가 되는 것을 인식하고 전적으로 진로계획하는 것을 피하거나 시간과 노력 투자를 덜 요하는 진로를 선택한다(Kerr, 1985b; Wolleat, 1979).

문화적인 기대와 기타 환경적인 요인을 치료하고 중립화할 수 있다는 희망은 비현실적인 것이다. 그러나 만일 여자 영재들이 자신의 삶을 의미있고 효과적으로 계획하며, 선택한 목표를 향하여 경주한다면, 여러 이용가능한 선택안들을 볼 수 있을 것이다. 또한 여자 영재들은 자신의 열망을 낮추며, 진로 목표를 타협하고, 초기 잠재력을 실현할 기회를 빼앗는 등의 자신이 선택한 것을 제한하는 내적 및 외적 장애를 인식해야만 한다(Callahan, 1981; Kerr, 1985b).

일단 상담자와 부모가 이상의 장애를 인식하면, 여자 영재를 이해하고 지지를 보낼 수 있다.

상담자가 할 수 있는 것. 여자 영재를 지원하기 위해, 상담자가 할 수 있는 것들:

- 적절한(성차별 없는) 진로지도를 제공한다.
- 어떻게 성공을 성취하는지 그리고 가족과 진로목표를 통합하는지에 대해 서로 경험을 나눌 수 있는 여성 역할모델과 멘토를 제공한다.
- 4년간 수학과 과학 과정을 수강하도록 격려하고 촉진한다. 만일 여자 영재가 수학과 과학에 직업적으로 흥미를 가진다면, 직업 역할 모델과 멘토로서 사용할 자원을 조사하고 제공한다.
- 여자대학을 찾아보도록 권장한다. 여자 교수진 비율이 높은 여자 대학은 보다 많은 여성 학자와 지도자를 배출한다.

교사가 할 수 있는 것. 다음과 같이 활동함으로써, 여자 영재의 긍정적인 발달에 도움을 줄 수 있다:

- 수학과 과학 교사는 보다 높은 수준으로 나아갈 수 있도록 여자 영재를 격려한다. 만일 여자 영재들이 진로로써 수학과 과학에 흥미를 가진다면, 왜 자신이 그 과목을 가르치려고 선택하였는지 이유를 설명해 준다.
- 특정 학과가 진로와 어떤 관련이 있는지 설명하고, 설명할 때 창의성을 발휘한다. 예를 들어, 만일 수학과 과학을 가르친다면, 1983년 심리학과 의학에서 노벨상을 수상한 Barbara McClintock과 같은 사람의 자서전 읽기를 과제로 내어 준다.
- 언어예술, 과학, 수학, 시각 및 행위예술, 또는 흥미 있는 기타 분야에서 열리는 경쟁에 참여해 봄으로써, 자신의 능력을 발견할 수 있도록 격려한다.

부모가 할 수 있는 것.

- 의사결정 기술을 강조하면서 단기계획뿐 아니라 장기계획을 권장한다.
- 비전형적이며 건설적인 행동을 강화한다.
- 노력과 결과를 직접적으로 연결짓도록 특별한 지침을 제공한다. 행운은 일차적인 요인이 아니다.
- 바람직한 행동에 대한 역할 모델이 된다. 여성 영재들이 얼마나 중요한지 보여 준다.

주) 여자 영재에 대한 정보는 다음의 상담자들과의 인터뷰에서 제공받은 것이다(학생과 부모의 이름은 사생활 보호를 위해 생략하였다): Lexington, Kentucky의 상담자인 Felice Kaufmann, Iowa 대학 교육학과 상담심리 교수인 Barbara Kerr, North Carolina 과학 및 수학과, 인문사회 단과대학장인, Virginia S. Wilson.

자택학습(homeschool)을 한 영재

Matt. Matt는 학교과제를 쉽게 학습하는 우수한 아동이다. 2학년이 되자, Matt가 지겨워하는 공립학교가 더 이상 Matt의 능력에 맞지 않는다는 것이 분명해졌다. 처음에 Matt의 부모는 Matt와 Matt의 형을 집에서 교육하는 것을 꺼려하였다. 왜냐하면 부모 모두 대학교육을 받지 않았기 때문이다. 그러나 부모는 형제를 자택에서 교육시키기로 하였고, 필요할 때, 특히 부모가 거의 경험이 없는 교육과정 영역에 대해서는, 기꺼이 외부 도움을 구하였다.

12살에, Matt는 지역 주니어 대학에 등록한 가장 어린 학생이 되었다. 몇 년 동안 Little League 운동경기에 참여하였다. Matt의 농구팀은 자택학습을 하는 학생들로 구성되었다. 형제가 모두 자택학습을 하고 그들의 학습속도대로 교육과정을 따라갈 수 있으므로, 가족은 많은 융통성을 가지고 여러 유형의 활동을 할 시간이 있었다. 일련의 주니어 대학과정을 마치고, Matt는 고등학교를 졸업하기 전에 18시간의 대학과정을 마칠 수 있었다. Matt의 엄마는 Matt가 받은 과정과 활동에 대한 매우 상세한 기록들을 보관해 놓았다. 첫 번째로 선택한 학교인 Baylor 대학은 큰 사립대학으로 Matt의 지원을 받아주었다.

Matt는 자택학습으로 대학에서 필요한 독립성을 기를 수 있었다고 말하였다. 자택학습을 하는 현재 고등학생에 대해 Matt가 주는 조언은 "공립학교 또래의 속도대로 여러분이 꿈꾸는 것을 기술하고, 대학 3학년이 될 때까지 기다려서, 여러분의 재능과 꿈을 파악하고 꿈을 달성하려고 목표를 설정하지 말라"는 것이다. Matt는 4년 후에 학업은 물론 사회적으로도 우수하여, 대학 학생회의 한 일원으로 Baylor 대학을 졸업하였다. 지금 Matt는 법대에 다니고 있다.

여러분은 자택학습을 하는 학생인가? 만일 그렇다면, 미국에서 자택학습을 하는 백만 명 이상 되는 학생 중 하나이다. 고등학교에 다니는 사춘기 학생이라면, 여러분은 대학진학을 생각할 것이다. 대학 입학이 너무 경쟁적이라면, 자택학습을 한 학생들이 이를 어떻게 헤쳐 나가도록 도움을 줄 것인가?

일지 작성. 자택학습을 하는 고등학생의 부모라면 자녀가 일지를 쓰게 하는 것이 바람직하다. 왜냐하면 자택교육으로 대학에 지원하려면 4년에서 6년의 학교교육을 받았다는 기록을 마련하기란 불가능하기 때문이다. 일지는 원하는 것 그 어떤 것이든 될 수 있지만, 에세이, 독서, 수학문제 활동지와 실험활동을 보여 주는 사진처럼 자녀가 활동한 것, 수강한 과정과 사용한 교과서 등을 기록해 놓아야 한다. 만일 여러분이 잘 알지 못하는 한 두 학문영역에서 상급수준의 과목이 필요하다면, 멘토로서 역할을 해 줄만한 사람을 찾아봐야 한다. 또한 가능하다면, 일지를 작성해 주거나 고등학교 동안에 자녀의 경로를 문서로 기록해 주는 사람도 도움이 될 것이다.

교육과정 외 활동 혹은 외부 활동. 학생이 경쟁력이 있는 대학에 입학하거나 장학금을 받으려 한다면, 교육과정 외 활동에 참여해야 한다. 자택학습을 한 학생들은 이 영역에서 이점이 있다. 자택학습을 한 학생들은 전통적으로 학교에서 제공하는 활동은 물론, 기타 활동에 참여하는 시간적 여유를 보다 많이 가질 수 있다. 예를 들어, 정치학에 관심이 있는 자택학습을 한 학생은 주 대표부에서 인턴으로 활동하고 미국 연방의회에서 로비활동을 하였다. 학교신문에서 활동하는 대신에 자신의 잡지를 시작한 학생도 있다. 그러므로 대학 관련 자택학습을 한 학생들이 대학 및 장학금에 지원하려면, 좋은 인상을 심어 줄 수 있도록 개별화된 학습에 여분의 시간을 활용하여 실제 경험을 쌓고, 무언가를 얻어야 한다.

검사 치루기. 대부분 자택학습을 한 학생들은 시험을 보는 연습을 많이 하지 않았으므로, 시험을 치르는 데 관심이 있다. SAT는 지난 몇 년 사이 급격히 달라졌으므로, 복잡한 검사가 수반하는 채점상의 변화 외에도 개정된 검사에 익숙해지는 것이 좋다. Barnes & Noble Sparknotes 웹 사이트에서는 쉽게 화면을 검색할 수 있는 21장으로 구성된 온라인 교재, 「The New SAT」가 있다. 이것은 SAT에 대한 모든 것을 설명해 준다. 웹 사이트 또한 에세이를 점수화하여 그 결과를 즉시 분석하고, 어떻게 점수를 보다 향상할지 피드백을 해 주는 진단 소프트웨어가 들어 있는 연습 문제 세 개도 제공한다. 보다 많은 정보를 위해서는 http://www.sparknotes.com을 참조하길 바란다.

SAT와 ACT 대학 입학 시험에서 얻은 통계(Rudner, 1999)에 의하면, 자택학습을 한 학생들이 전통적인 학생과 비교 경쟁할 때, 수행을 잘 하는 것으로 나타났다. 1999년, 자택학습을 하는 학생들은 SAT에서 1600점 만점 중 1083점을 받아, 국가 평균보다 67점 높게 나타났으며, 국가 평균 ACT가 21점인 것에 비교해서, 평균 22.7점을 받았다. 자택학습을 한 학생의 69%가 대학에 입학을 하였는데, 이는 공립 고등학교 졸업생의 71%와 사립학교 졸업생의 90%가 대학에 입학하는 것에 비견되는 것이다. 어떻게 성적표 없이 대학에 들어갈 수 있는가? 부모는 자녀 활동의 예나 성취 목록을 포트폴리오에 넣어둔다. 성적표를 집에서 만들고, 표준화된 검사 점수를 포트폴리오에 첨가한다.

자택학습을 한 학생들이 직면하는 문제 중 하나는 대학 입학 대표자들과 만나는 기회가 더 적을 수 있다는 점이다. 대학 대표자들은 일반적으로 고등학교에 방문하여 학생에게 정보를 제공하고, 학생 중에서 공부를 잘하는 학업스타, 음악가, 운동선수 등을 찾는다. 고등학교에 다니는 학생들은 학교, 생활스타일, 학교등급과 기타 중요한 사항에 대해 질문을 함으로써 대학 교직원과 접촉하는 이점을 누릴 수 있다. 자택학습을 한 학생들은 여러 대학 교직원과 접촉할 다른 방도를 찾아야 한다. 대학에서 개최하는 대회에 참여하는 것이 한 방법이다. 국립 대학 입학 상담협회(National Association for College Admission Counseling, NACAC)의 웹 사이트(http://www.nacacnet.org)를 참조하면 대학에서 개최하는 대회, 위치와 날짜목록을 얻을 수 있다.

대학들은 자택학습을 한 학생의 대학 준비도를 평가하는 합법적인 방법으로서, 부모가 준비해 놓은 포트폴리오, 성적표와 SAT 및 ACT 결과를 검토하고 있다. 비록 어떤 대학의 입학 사정위원들은 자택학습을 한 지원자에게 이들의 능력을 평가하기 위해 필수적인 맥락을 제공해 줄 GED 혹은 부수적인 표준화된 검사점수를 제출하도록 요구하고 있지만, 미국 대학 중 2/3 이상이 부모가 만든 성적표를 인정하고 있다(NACAC, 2005). 그러므로 학생들은 자신이 관심을 갖는 대학이 객관적인 정보를 통해서 기대하는 바가 무엇인지 질문하는 것이 가장 좋다(예: GPA, 학급성적, 검사 점수). 자택학습을 한 학생들은 지금 9000개에 달하는 여러 유형의 대학에 다니고 있다. Harvard 대학은 대략 매년 10명 정도 자택학습을 한 학생의 입학을 수용하고 있다. 어떤 학교들은 오히려 자택학습을 한 학생을 유치한다. 왜냐하면 자택학습을 한 학생들은 매우 집중력이 좋고, 목표 지향적이기 때문이다. Harvard 대학, Purdue 대학과 Texas 대학은 모두 자택학습을 환영하는 곳이며, 이들 학교에 입학하는 데 관심 있는 학생들에게 좋은 조언을 주고 있다.

장애를 가진 영재

과거를 돌아볼 때, 임상학자와 전문가들은 학습장애 및 기타 장애를 가진 영재를 판별하는 단서를 부모와 교사에게 제공하려고 많은 시간과 에너지를 할애해 왔다. 그러나 부모는 대개 상담 심리학자 및 학교로부터 통보를 받기 전까지 자신의 자녀가 약간 다르다고 생각할 뿐이다.

장애는 여러 분야에서 예를 들어, 난독증(dyslexia)처럼 주의를 집중하고 혹은 과제를 할 때, 영재에게 영향을 미칠 수 있다. 집에서나 학교에서 시간을 감지하지 못한다. 즉, 게으르게 보이고, 잘 잊어버리며, 준비하지 못하고, 실제 시작하지 않았는데도 프로젝트 및 허드렛일이 끝났다고 믿는다. 장애를 가진 영재들은 반복적인 과제에 집중하여 완수하는 데 어려움을 느낄 수도 있으나, 흥미 있는 주제에 대해 연구할 경우에는 몇 시간을 참여한다. 자료를 읽고 이해하는 데 어려움이 있는 경우, 테이프처럼 듣는 책을 통해서, 오랫동안 읽기 과제를 할 수 있도록 도움을 줄 수 있다.

그러나 만약 학습장애와 영재성을 모두 가지고 있다면 무슨 일이 생길 것인가? 학습장애를 가진 영재(대개 이중적인 예외성으로 불리는)는 다른 영재와 마찬가지로 여러 공통점을 가지고 있다. 전형적으로 장기 기억력이 뛰어나며, 어휘가 광범위하고, 추상적인 개념을 파악하며 복잡성을 추구한다. 학습장애 영재는 매우 창의적이며, 상상력이 풍부하고, 지각력과 통찰력이 있으며, 세밀하게 관찰을 한다. 또한 다른 학생들과 마찬가지로 학습장애 영재는 단기 기억력이나 조직적인 기술 같은 것이 부족하다. 이들의 필체는 알아보기 힘들고, 에세이를 쓰는 데 어려움이 있으며, 연속적인 자료와 반복적으로 기억하는 것은 거의 불가능하다. 만일 주제에 흥미가 없다면 학습할 수 없을지도 모른다. 그러나 학습장애를 가진 일부 소수만이 그들이 지닌 한계를 보완하는 방식으로 영재성을 활용하기 때문에 이를 판별할 수 있다. 따라서 영재성이 학습장애를 가장하고 장애가 영재성을 가장하여 학급에서 어느 것도 눈에 띄지 않을 수도 있다는 것이다.

영재성은 정신지체를 수반하는 장애를 제외하고는, 거의 모든 영역에 관련을 지을 수 있다. 각 영역에 대한 관계는 독특하지만 대부분 이중 예외적인(twice-exceptional) 특징을 갖는 사람들은 매우 뛰어난 업적을 이룬다. 예를 들어, 재즈 피아니스트로서 국제적으로 알려진 자폐 아동인 Matt Savage를 들 수 있다. Matt는 2005년에 미국 작곡가, 작가와 출판사 재즈 작곡가 협회상(American Society of Composers, Authors, Publishers-ASCAP-Young Jazz Composer)을 수상하였다(참조: http://www.savagerecords.com). 의학과 발달 문제를 야기하는 희귀한 유전상태인, 윌리암스 증후군(참조, http://www.williams-syndrome.org)을 가진 아동도 그들의 어려움에도 불구하고 뛰어난 음악성을 가지고 있어 전문적인 음악가가 될 수도 있다. 아스퍼거 증후군(Asperger's syndrome)을 가진 아동은 지식을 빨아들이는 것처럼 보이며 흥미 영역에서 전문성을 발달시킨다. 난독증을 가진 아동은 대개 높은 공간 지능을 가지고 있다(West, 1997). 주의력결핍 과잉행동장애(Attention Deficit/Hyperactivity Disorder, ADHD)를 가진 아동은 여러 재능과 강점을 가지고 있다. 이들은 머릿속으로 두 자리 수 뺄셈을 할 수 있지만 대부분의 학생들처럼 쉬운 것을 배우려고 오랫동안 집중할 수는 없다.

장애를 가진 영재에게, 보다 어렵고 복잡한 과제는 가장 쉬운 것처럼 보일 수 있다. 그러나 단순한 과제는 이들의 능력을 넘어설지도 모른다. 어떤 학생들은 낮은 학점을 게으름 혹은 나쁜 태도 탓으로 돌리는 영재 프로그램에 배정된다. 또 어떤 학생들은 문자 그대로 반복적으로 수학을 연습하고 너무 단순한 책만을 읽기 때문에 지루한 특수교육 학급에서 고통을 받는다. 이처럼 영재성과 장애를 가진 학생들의 특이한 불균형으로 이들을 보통이라고 가정하고 주류화학급(mainstream class)에서 스스로 노력하도록 남겨 두고 있다(Baum, 1990).

부모는 자녀가 학습장애 혹은 여러 정보를 처리할 때 결손을 보여 주는 일종의 징조로서 일련의 긴 행동목록을 만든다. 학생과 이들 부모들은 혼란, 염려, 그리고 부단한 걱정 때문에 고통을 받는다. 이와 같은 학생은 특히 스스로 부모, 학교, 사회의 목표에 도달하지 못하였다는 부적절함으로 인해 좌절을 겪게 된다. "나에게 무엇이 잘못되었나요? 왜 나는 다른 건가요?" 반복해서 물어보면서 절망적으로 불행해 한다.

어떤 행동적인 뉘앙스에 주시하여 부모, 교사 혹은 진로상담자들이 단서를 제공할 수 있는가? 일단 학생이 영재로 판별되면, 부모, 교사 및 진로상담자들이 이 학생들을 위해 어떤 발달적 및 교육적 경험을 보장해야 하는가? 어떻게 무기력을 해결해야 하는가?

다음의 사례와 대학 및 진로계획과정을 통해서 사춘기 영재들이 학습장애를 가지고 있을 때, 보다 복잡한 과정을 어떻게 명확히 하는지 살펴볼 것이다.

Anthony. 유아였을 때, 큰 대학 병원에서 Anthony는 출생 시 외상성 장애로 인해 뇌가 비정상적이라는 진단을 받았다. 부모는 이런 문제를 일찍 발견해서 다행이라 말했다.

여러 의학 전문의들이 Anthony를 정신지체, 뇌 손상, 난독증, 미세뇌기능, 또는 학습장애를 가진 것으로 진단하였다. Anthony의 IQ는 평균 이상, 평균 정도 혹은 그 이상으로 다양하였다. 치료를 받는 일일보육원, 특별한 교육시설, 주류화 교육환경에 배정하는 것을 고려하였다. 부모는 Anthony가 혼자서 해 보는 학급, 자료실 등의 환경이 필요하다는 말을 들었다.

한 전문가는 Anthony가 정말 정상이며 너무 걱정하는 부모로 인해 고통을 받는다고 말하였다. 어떤 사람들은 Anthony의 문제를 유별난 심리적 경험의 탓이라 하였지만, Anthony의 출생 시 외상성 장애 및 학습장애와 연결짓는 사람은 없었다. Anthony는 기대했던 바대로 발달 단계를 거쳐 발전하였지만 독특한 속도를 보였다. 18개월이 되어서, 걸었고, 3살이 되어서도 말을 거의 하지 못하였고, 4살이 되어서도 여전히 배변훈련에 문제가 있었다. 유아원에서 Anthony는 운동기술과 읽기 준비도에서 진척을 보였다. 소근육 운동기술은 매우 낮았으며 사회화 기술 또한 없었다.

5살이 되자, Anthony는 읽기 시작하였다. 많은 단어를 습득하고, 갈겨쓴 말을 보면 통찰력을 보였으며, 읽기기술이 급속도로 진전되었다. 전학령기 교사는 이상의 징후를 파악하지 못하고 대신 배변훈련에 집중하고 이름을 읽을 수 없게 쓴다고 이에 주의를 기울였다. 교사와 심리치료사는 특수교육 시설을 추천하였다. Anthony는 학습장애를 가진 학생들과 함께 활동하는 특수 사립학교에 입학하였다. 환경이 부적절하였다. 집에서 아동용 책을 읽지만 학교는 Anthony가 이번 학기에 3개의 새로운 문자를 학습하였다고 자랑스러운 듯이 가정통신문을 보내왔다. 2년째가 되어서야, Anthony의 학업적 발달에 방해가 되었음을 인정하였다.

초등학교에 갈 준비가 되었을 때, Anthony는 공립학교에 대해 물었다. Anthony는 자신에게 어려움이 있다는 점을 이해하고, 중간정도의 결과를 달성하기 위해서도 또래보다 더 많이 노력을 해야 한다는 점을 인식하였다. 몇 시간 동안 도움을 주었어도, 최근에 학습한 사실을 기억하지 못하고 단순한 지시를 따르는 것도 힘들어 하였다. 산수계산에 특히 어려움이 있었다. Anthony는 특수아동의 자립 활동을 강조하는 학급에서는 우수하지만 정규교실에서 하는 비개인적인 접근식 수업을 따라갈 수 없었다. 사회화에 문제가 있었다.

고등학교 때, Anthony의 읽기 수준은 뛰어났고, 이해하는 내용이 정확하고 훌륭하였다. 사회 연구에 대한 흥미는 또래보다 높았으며, 컴퓨터와 컴퓨터 게임에 매우 흥미를 보였다. Anthony의 말은 여전히 이해하기가 어려웠으며, 기억이 산발적이고, 계산할 줄 모르며, 일관적인 문장을 적지 못하였다. 학업 프로그램을 계획할 때, 학교는 Anthony의 강점과 희망에 근거하여 최대한의 주류화 교육을 허용하고 활용하였다. Anthony의 선호에 따라 필요한 과목 혹은 중요한 과목 혹은 잘하거나 실패하거나 도움이 필요한 것에 대해서 가족과 협상을 이끌어내었다. Anthony는 특별교육을 받지 않는 학생들이 수강하는 과정을 들었다(예: 외국어 3년 과정, 컴퓨터 2년 과정). 학교의 주장과는 달리, 전통적인 특수교육과정의 수강을 거부하였다. 이상의 접근에도 불구하고, 몇몇 교사는 학급에서 그의 존재를 거부하였고, 어떤 교사들은 무의미한 짐을 그에게 지웠다("만일 네가 정확히 철자를 쓸 수 없다면, 너는 과학에서 통과점수를 받을 수 없다" 또는 "만일 네가 쓴 것을 읽을 수 없다면, 너를 영어에서 통과시킬 수 없다").

Anthony가 3학년이 되었을 때, 특별한 학습 분야에서 예외적인 능력을 나타내었다. 그의 읽기기술과 어휘는 학년수준 이상이었고, 컴퓨터 과학에서 요령을 터득하였으며, 정치학에 대한 관심과 이해를 발전시켰다. 그는 여전히 산수, 철자, 읽기를 쉽게 하지 못했으나 좋은 학과 성적으로 고등학교를 마쳤고 National Honor Society에 선출되었다. Anthony는 확실히 학습장애를 가지고 있었지만, 영재성과 관련 있는 성격과 특징을 분명히 보여 주었다.

Anthony 같은 학생을 지원하는 지원 프로그램을 가진 대학을 집중적으로 탐색한 후에, 모든 기준을 충족하는 한 곳을 찾을 수 있었다. Anthony는 전체 학생들이 수강해야 하는 과정을 들어야 하였지만 모든 과목 영역에서 튜더의 도움을 받았다. 2학년이 되던 해, 컴퓨터에서 심리학으로 전공을 바꾼 후 Anthony는 우수학생의 목록에 올랐고, National Scholastic Honor Society에 뽑혔다. Anthony는 대학을 졸업한 후, 3년 반 만에 실험심리학 석사학위 과정을 완수하였고, 교수는 다시 내용보다

> 는 법에 집중하도록 도전을 주었다. 지금 Anthony는 연방정부 내 컴퓨터 기술 전문직을 얻었고, 결혼하여, 자신의 집을 가진 한 아이의 아빠가 되어 있다.

특별한 관심. 학습장애를 가진 학생을 대학에 보내는 결정을(영재성에도 불구하고) 가볍게 여겨서는 안 된다. 사회성, 학습 및 조직적인 기술에서 결손이 있는 학생에게 이것은 중대한 결정이다. 고등학교에서 조심스레 실행되는 지지체계로는 학생들이 대학에 가도록 할 수 없다. 부모가 옹호해 주던 것을 스스로 옹호하는 것으로 대체해야 한다. 독립적인 생활기술을 개발하면서 친구도 찾고, 집과 가족으로부터 순조롭게 떨어져서 학습을 추구해야 한다. 대학을 염두에 두고 있는 학생은 이러한 어려움을 모두 인지하고, 스스로 이것을 감수할지 안할지 결정해야 한다.

한번 대학에 입학할 수 있음을 깨닫게 되면, 개인(나는 누구인가?)과 대학(그들은 누구이며, 내게 무엇을 기대하는가?)에 대한 평가를 시작한다. 또한 진로상담자와 대학에서 조언을 주는 사람들과 함께 토론을 시작한다. 입학할 대학, 살펴볼 진로와 방향, 방문할 곳, 작성할 지원서 등이 있다.

모든 영재처럼, 학습장애를 가진 학생들도 자신의 능력과 한계를 이해해야 하며, 고등학교 졸업 이후 여러 선택안을 살펴봄으로써, 스스로 전환하는 계획을 이끌어내야 한다. 학습장애를 가진 학생을 위해서도 전형적인 학생을 위한 대학진학계획과 여러 면에서 유사한 기본적인 대학진학 단계와 스케줄이 있다. 어떻게 하면 최선의 것을 배울 수 있는지 학생들은 친숙해 져야 한다. 학습장애를 가졌지만 성공을 거둔 대부분의 학생들은 자신이 그간 축적해 온 지식을 사용하고, 프로젝트를 계획하며, 보상하고 평가하며, 자신의 환경을 조성하는 데 적극적으로 역할을 감수하는 보상적인 학습

책략을 획득하였다. 학생들은 어떻게 학습 책략을 융통적으로 적용하고, 새로운 학습 상황에 맞게 책략을 유창하게 수정하고 창출하는지 배워야 한다. 예를 들어, 보상적 책략에는 다음과 같은 것이 포함된다.

- 테스트, 보고서 및 기타 프로젝트를 완성할 보다 많은 시간을 허용해 준다.
- 읽는 동안 테이프로 교과서 내용을 녹음해서 듣게 해 주고 이전 지식을 사용할 수 있도록 상기시켜 주는 단어를 구성해 준다.

학습장애를 가진 학생은 기본적인 진로계획을 확대함은 물론 특수하고 독특한 문제에 집중해야 한다.

- 특별 프로그램을 제공함으로써 학습장애를 가진 학생이 등록할 수 있도록 적극적으로 지원하는 학교와 단지 연방정부의 지원을 지속적으로 받는다는 조건 하에 학습장애 학생을 받아들이는 학교를 구분해야 한다.
- 학교가 제공하는 지원이 비구조적(필요할 때 제공하는) 혹은 구조적(학생기록을 유지하고 발달사항을 관리하는)인지 그렇지 않은지 결정하기 위해 학교의 지원을 조사해야 한다.

대학 기준의 모든 목록을 조합하고 나면, 학생과 부모는 학생의 요구에 대해 각자가 지각한 바에 정직해야 한다. 집으로부터의 거리, 집 방문을 위해 필요한 교통수단, 한 쪽 성만을 위한 교육 혹은 남녀공학, 학생신체의 크기와 학문적 입지 같은 기본적인 사항들은 물론 다음과 같은 문제를 포함하여 확장해야 한다.

- 학습장애를 가진 학생을 돕는 조직화된 프로그램이 있는가?

- 활동을 관리해 줄 전일제 디렉터뿐 아니라 프로그램 상에서 전일제 직원이 있는가?
- 학급에서 사용할 수 있는 녹음기, 모든 학과에서 시간제한 없는 시험, 작문 연습, 개인교습 및 졸업을 위해 시간을 연장해 주기 등과 같은 학생을 위한 특별한 배려가 있는가?
- 졸업 이후 학생의 선택분야에서 성공적으로 진로 배정을 해 주는가?

대학을 조사하면서, 목록은 5~7개로 좁혀진다. 그러고 나서 학교에 연락을 하고, 인터뷰를 주선하며, 방문계획을 세운다. 캠퍼스 투어와 교실에 앉아보는 기회에 특별히 관심을 기울여야 한다. 왜냐하면 학생이 개인적으로 수업의 난이도 수준을 판단하고 여러 학생들의 상호작용을 관찰하며, 학생과 교수진 사이의 관계를 알아보는 매우 중요한 기회이기 때문이다.

입학 인터뷰를 통해서 학생을 위해 마련해 놓은 프로그램에 대해 모든 답을 얻을 수는 없다. 만일 그렇다면, 학생과 부모는 학습장애 프로그램 스텝 멤버들을 찾아서 만나봐야 한다. 가족의 관심사에 기초하여 질문 목록을 작성하고, 고등학교 진로 관련자와 함께 대학 디렉터리와 진로 및 토론을 살펴볼 수 있도록 대학방문 전에 미리 준비해야 한다. 질문에는 다음과 같은 것들이 포함된다:

- 장애를 가진 학생에게 어떤 유형의 지원이 가능한가?
- 전일제 전문직원이 프로그램을 관리하는가?
- 프로그램을 평가하는가? 그렇다면 누가 평가하는가?
- 프로그램의 미래에 대해 어떤 관심을 기울이고 있는가?
- 등록, 오리엔테이션 및 과정 선택에서 누가 학생을 상담하는가?
- 어떤 과정에서 개인교습을 제공하는가?
- 어떤 유형의 개인교습이 있으며 누가 담당하는가?—또래 혹은 직원?

- 개인교습을 자동적으로 제공하는가 아니면 학생이 도움을 요청해야 하는가?
- 학습장애를 가진 학생을 교수진이 얼마나 잘 수용하는가?
- 전통적인 12~15시간 대신 각 학기에 좀 더 적게 수강신청을 할 수 있는가?
- 학습기술 혹은 작문기술에서 이에 대한 과정을 제공하는가?
- 이들 학생들과 활동할 특별히 훈련을 받은 상담자가 있는가?
- 학생들은 교정에서 어떻게 여가시간을 사용하는가? 흥미 있는 프로그램에 참여할 수 있는가?
- 졸업하기 위해 보다 많은 시간을 가질 수 있는가?
- 학기 동안에 관심이 있어 연락을 해야 한다면 누구에게 해야 하는가?
- 강의실에서 기술적인 도움을 주거나 허용해 주는가?(예를 들어, 학생의 특수한 장애에 따라 문자를 언어로 전환해 주는 워드 소프트웨어, 개요잡기, 단어 수정 및 단어인식 기능이 있는 기술적인 도움)

청소년기에서 성인기로 옮겨 가면서 학생들은 계속적인 딜레마로 곤경에 빠진다. 단편적인 지식과 지각 혹은 왜곡된 기억에 근거하여 결정 및 선택을 내려야 한다. 학생들이 직면하는 딜레마, 특히 학습장애를 가진 대부분 영재의 딜레마는 부모, 상담자, 교사 및 튜더로부터 독립하고자 하는 욕구와 이들로부터 존경과 지원을 받고자 하는 욕구에서 비롯된다. 자신이 비현실적이거나 할 수 없을지 모른다는 것을 감지하고 있음에도 불구하고, 미래를 그려낼 결정을 내리길 바란다.

장애를 가진 영재를 위한 대학과 진로를 계획할 때는 실용적이면서도 특별한 참여, 협동과 인내를 요한다. 다음은 학습장애를 가진 영재를 지도할 때 도움이 되는 제안들이다.

1. 대부분의 학생들은 정상적 혹은 평균속도로 성취를 하며 가지고 있는 장애를 가장할 수 있기 때문에, 학습장애를 가진 것으로 진단받지 않는다. 사실, 영재이기 때문에 성취할 수 있는 것이다. 특히, 5학년 혹은 6학년 때 어려움에 빠진 학생의 경우, 전반적인 검사를 받아보도록 제안하는 바이다. 실제 수행상황에서 검사를 받는다면 결과가 보다 정확할 것이다.
2. 『Smart kids with school problems』의 저자인 Vail(1987)은 학습장애를 가진 영재를 돕기 위해 그들의 학습 약점보다는 강점에 주목해야 한다고 말하였다.

법적 문제. 2004년에 개정한 장애아교육법(Individuals with Disabilities Education ACT, IDEA, 1990)에 의거하여, 학생들이 약 14세에 고등학교에 입학할 때 학교 목표를 미리 고려하는 개별화 교육프로그램(Individualized Education Program, IEP) 팀이 있다. 16세에 시작하여(혹은 적절하다면 좀 더 일찍), 학생이 필요로 하는 전환서비스를 IEP에 언급해 놓아야 한다. 일단 장애를 가진 학생이 고등학교를 졸업하면, IEP를 포함하여 학교 조직에서 제공하는 서비스를 더 이상 받을 수 없다. 미국장애법(American with Disabilities ACT, ADA, 1990)은 대학 입학과정 동안 장애 학생에 대한 차별을 금지한다. 입학하게 되면, 학생들은 수업, 시험과 기타 활동에 참여할 수 있도록 적절한 이동수단을 요구할 수 있다. 대부분의 대학과 대학교에는 이동수단을 제공하는 장애지원서비스 사무실이 있다.

다음 제안점들은 장애를 가진 영재를 지도하는 사람들에게 도움이 될 것이다.

- 수강과목에서 잘 하는 것뿐 아니라, 장애학생들이 요구하는 이동수단을 파악하고 마련하기 위해 학생의 강점과 학습 요구를 이해해야

한다.

- 대학들은 지원 서비스를 제공하고, 고등학교 시기 때 충분히 명시되지 않은 IEP 혹은 Section 504 계획을 파악하기 위해 장애를 보여 주는 문서를 요청한다(예: 장애를 나타내는 검사 결과).
- 학생들에게 여러 형태의 SAT, ACT와 여러 표준화된 테스트가 있다는 것을 알려야 한다. 시간제한이 없는 SAT 혹은 ACT 버전으로 시험을 치르도록 요청을 할 수 있지만 사전에 미리 약속을 잡아야 한다. 보다 많은 정보를 얻으려면, 장애아를 위한 SAT는 http://www.collegeboard.com/ssd/student 사이트에서, ACT에 대해서는 http://www.act.org/aap/disab를 참고하길 바란다.
- 문서 혹은 타이핑해서 대학 지원서를 제출하는 데 어려움이 있는 학생은 대학 지원서를 컴퓨터화 방식으로 지원할 수 있는지 조사해 보아야 한다.

제 3 장

대학탐색: 적합성의 문제

영재에게 대학계획은 자신의 목표, 흥미와 요구, 그리고 대학에서 제공하는 것 사이의 적합성을 만드는 것에 관한 것이다. 자아를 알기는 이 적합성 과정에서 중요한 부분이다. 사춘기 학생들이 고려할 대학 목록을 수집하기 시작할 때, 대개 11학년에서 자신에 대한 지식과 경험으로 선택을 결정해야 한다. 비록 상투적인 말처럼 들리겠지만, 부분적으로는 원하고 원하지 않는 것을 어떻게 찾아내야 하는지 모르고 있기 때문에, 대부분의 학생들은 대학을 임의적으로 결정한다. 대학의 크기, 위치, 학생밀도, 교육과정 외 활동과 연구 프로그램마다 다양하다는 것을 깨닫지 못한다. 대부분의 십대들은 자신의 강점, 흥미와 요구에 비춰서 생각하지 못한다. 흥미와 선호하는 것에 적합하기 때문에 대학을 결정할 수 있도록, 모든 주요 대학 목록을 작성하기 전에, 사춘기 학생들은 아래 질문에 대답을 시작해야 한다.

- 나는 누구인가—나의 가치, 태도, 신념과 흥미는 무엇인가?
- 나에게 중요한 것은 무엇인가—가족, 진로, 종교, 권력, 돈, 사회적 생활, 음악, 예술, 스포츠?
- 4년 동안 어디에서 살고 싶은가—대도시, 소도시, 지방
- 가장 좋아하고 싫어하는 학과목은 무엇인가?
- 내가 가장 잘 학습하는 방법—읽기, 말하기, 독립적으로, 자기-속도에 맞는, 세미나, 강의, 직접 조작하는?
- 대학에 가려고 하는 이유?

마지막 질문이 가장 중요하다. 파티에 가려고 대학에 가는 학생은 유명한 교수 밑에서 공부하려고 대학에 지원하는 학생과는 다르다. 영문학에 열정이 있는 학생은 미생물학을 전공하려는 학생과 비교할 때 다른 학교를 선택할 것이다. <표 3-1>에 있는 "대학에 가려고 하는 이유"에 관한 설문지를 통해서, 학생들은 자신이 찾는 대학유형에 대한 아이디어를 얻을 수 있다.

자신에 대해 알기

7학년을 시작으로 12학년에 이르기까지 몇 년은 특히 영재에게 힘든 시기이다. 이 결정적인 기간 동안, 정확하고 현실적인 자아개념을 발전시키려고 한다면 여러 유형의 도움을 받을 수 있으며, 자신의 재능을 건설적이고, 만족스런 방식으로 활용하여 지역사회에 대한 이해를 개발할 수 있다. 바라기는, 십대들이 구조적이며, 만족스런 방식으로 자신의 재능을 활용하는 법을

〈표 3-1〉 학생 설문지: 대학에 가는 이유?

많은 대학과 대학교들은 가정에서 벗어나, 균형 잡힌 교육, 능력과 흥미를 추구하는 기회와 시간을 제공합니다. 그러나 왜 대학에 가는지 그 이유를 자세히 들여다보면, 대학을 어떻게 선정해야 하는지 보다 좋은 생각을 얻게 될 것입니다. 아래에 25개 문항을 제시하였습니다. 이 중 대학에 가는 이유를 가장 정확하게 기술한 문항을 5개 표시하면 됩니다. 특별한 순서로 문항을 배열하지 않았습니다.

대학에 가는 이유는 …

______ 1. 여러 지역에서 살아 보려고
______ 2. 새로운 생각을 접해 보려고
______ 3. 보다 흥미로운 사회생활을 하려고
______ 4. 문화적인 활동을 가까이 하려고
______ 5. 나의 선택 분야에서 실제적인 경험을 하려고
______ 6. 특별한 전문학교를 준비하려고(예: 법, 건축, 치의학 혹은 의예)
______ 7. 순수 교양과목에 대한 배경을 얻으려고
______ 8. 운동 활동에 참여하려고
______ 9. 학업적으로 도전을 받으려고
______ 10. 나의 수준에서 다른 사람과 경쟁하려고
______ 11. 높은 지위의 학교에 가려고
______ 12. 특별한 직업 혹은 진로훈련을 받으려고
______ 13. 좋은 직업 및 진로를 얻는 데 도움이 되므로
______ 14. 나와 다른 사람을 만나려고
______ 15. 연구하고 해외에서 살려고
______ 16. 유명한 교수로부터 수업을 들으려고
______ 17. 능력, 잠재력, 재능과 흥미를 개발하려고
______ 18. 특별한 교육 프로그램에 참여하려고
______ 19. 내 자신으로부터 벗어나려고
______ 20. 교육과정 외 활동에 참여하려고
______ 21. 보다 나은 생활을 영유하고 보다 나은 생활스타일을 가지려고
______ 22. 부모님을 만족시키려고
______ 23. 친구가 가는 곳에 가려고

〈표 3-1〉 학생 설문지: 대학에 가는 이유?

_______24. 더 잘 할 것이 없기 때문에
_______25. 재미있고 향후 2년 내지 4년 동안 너무 열심히 일하지 않으려고

만일 2, 3, 8, 17, 19, 22, 24 혹은 25번에 표시를 하였다면, 거의 모든 대학들은 여러분에게 올바른 기회를 제공할 수 있습니다. 만일 1, 4, 5, 7, 9, 10, 12, 13, 14, 15, 18, 20, 21 혹은 23번을 선택하였다면, 보다 생각을 많이 해야 할 것입니다. 선택한 것 중에서 6, 11, 혹은 16번이 있다면, 매우 경쟁적이며 학업적으로 명망 있는 학교를 찾아봐야 할 것입니다.

배우고, 지역사회에 대해 감사하는 마음을 발전시키는 것이다. 학생들은 여러 유형의 활동, 지적 아이디어, 학과목, 교육과정 외 활동과 사회적 관계를 발견, 탐색, 조사 및 참여해야 한다. 또한 이상의 목표를 달성하기 위해, 여러 활동 유형을 접해 보고 참여해야 한다. 중학교와 고등학교에서 탐색하고, 지적으로 성장하며, 흥미와 열정을 발견하고, 도전을 수용하는 법을 배운다는 뜻이다. 또한 고등학교와 대학에서 효과적인 작문기술과 에세이 기술을 개발하기 시작하는 것이 중요하다. 학생들이 새로운 것에 참여하고 새로운 기술을 개발할 적마다 스스로에 대해 많은 것을 배운다.

부분적으로 자신에 대한 이해는 자신이 좋아하는 것과 싫어하는 것을 알게 됨으로써 깊어지고 넓어지는 경험에 의해 좌우된다. 본 섹션에서는, 자신에 대한 자각을 확대하는 탐색여행에 학생을 보내는 식의 학문과 비학문적인 기회를 포함해 두었다. 거의 모든 활동이 자녀에게 심화 기회가 될 수 있다. 그러나 매우 풍부한 활동은 자아 확신감을 형성하고 자아의식을 향상하는 외적 보상뿐만 아니라, 내적보상도 가져올 것이다. 여름은 대개 십대 학생들이 과정을 수강하고 새로운 주제를 조사하는 가장 편리한 시간이다. 대학은 사춘기 학생들이 여가시간을 어떻게 사용하는지에 대해 매우

관심이 있다. 왜냐하면 두 명의 동등한 지원자의 차이를 보여 주는 방식이기 때문이다. 만약 대학 입학 관계자가 학생이 자유 시간을 현명하게 사용하였다고 생각한다면—학습, 공유한 재능과 리더십 발휘, 관계자는 여분의 점수를 부여할 것이다. 그러나 선탠을 하는 데 여름을 허비하였다고 생각한다면, 이 학생은 호소력이 없을 것이다. 만일 학생이 여름동안 대학 학비를 벌기 위해 일을 해야 한다면, 지원서에 이를 언급하여 오해가 없게 해야 한다.

다중잠재력과 기대가 주는 압력, 삶의 개발과정에서 직업의 중요성 및 자기를 표현하는 방법을 다룰 수 있도록 학생들에게 도움을 주고(Gysbers & Moore, 1987; Sanborn, 1979), 이 장에서 제시한 과정들을 대학탐색 및 진로 프로그램으로 연계해야 하다. 진로상담자와 부모는 영재가 자아발견의 기회에서 자연스럽게 대학계획 및 진로탐색을 한다고 가정하지 말아야 한다. 즉 대개 강력한 지원이 필요하다. 상담자와 교사는 필요한 도구, 지도, 그리고 격려를 제공함으로써 영재에게 도움을 주고, 부모는 과제의 복잡성을 이해하고 자원과 지원을 제공함으로써 도움을 준다.

조사와 인터뷰에 의하면, 다음과 같은 방법을 통해서 상담자, 교육자 및 교사는 자신, 지역사회와 진로선택에 대한 사항을 학생들로 하여금 파악하도록 도움을 주게 된다.

- 상담자는 적절한 검사 도구를 사용하여 영재의 요구를 평가하고 학업계획, 효과적인 학습활동 습관, 시간-관리체계와 의사결정 기술을 발전시킬 수 있도록 돕는다.
- 효과적인 작문 기술을 개발하여 사고를 명확하게 하고 의미 있는 경험을 하도록 돕는다.
- 넓은 범위의 학문 주제를 접하고 다양한 경험을 통해서 자신이 가진

강점에 대해 알 수 있도록 사회적 환경에 노출시킨다.

- 지적 또래와 함께 하는 집단 진로상담과 토론을 통해서 지적 및 사회/정서적 경험을 명확하게 하고 방향감각을 세우며, 단기 및 장기적 목표를 설정하도록 돕는다.
- 직업탐색 및 자아발견 과정을 통해서 학교와 진로 사이의 관계를 이해하고, 현실적인 진로선택안에 익숙해지며, 단기 및 장기적인 목표를 설정하고, 미래를 계획할 수 있도록 돕는다.

자아-지식의 목표

사춘기에 자아-지식을 구성하는 요소는 자아-탐색, 학업계획, 지적 및 사회/정서적 심화, 의사결정 기술(대안을 분석하고 평가하는 방법), 그리고 시간 관리를 포함하여 효과적으로 활동하고 연구하는 기술 등이 있다. 학생들이 대학계획을 하는, 즉 대학을 적극적으로 찾기 전에, 자신이 대학에서 특별하게 원하는 것과 흥미에 대한 것을 알아야 한다. <표 3-2>와 <표 3-3>에 있는 질문지는 이러한 것을 결정할 때 도움을 줄 것이다. 학생들이 나이가 들면서 대답을 바꿀 수 있고, 바뀌어도 괜찮다.

대부분 학생들은 진정 자신에게 흥미로운 것에 대해서는 생각하지 않는다. 물론 흥미는 나이가 들면서 변화하지만 흥미 있는 주제와 활동을 알고 추구한다면, 미래를 형성할 때 도움이 된다. 중학생들은 <표 3-2>의 중학교 흥미검사도구를 작성하는 한편, 고등학생은 <표 3-3>에 제시한 것을 작성할 수 있다.

또한 좋은 대학탐색과 진로지도 상담 프로그램은 일관성이 있고, 예측가능하며, 개별 학생의 요구와 지역사회에 대한 지식에 기초한다. 프로그램

〈표 3–2〉 중학생용 개인흥미 검사(Personal Interest Inventory for Middle School Students)

다음 질문은 여러분 자신을 보다 잘 알 수 있도록 도움을 줄 것입니다. (만일 질문을 생각해 보고, 대답을 적는다면 보다 효과적일 것입니다.) 옳고 그른 대답은 없으며, 대답은 시간에 따라 변할 수 있습니다. 이 목록에 자신의 질문을 첨가할 수도 있습니다.

1. 어떤 종류의 책을 읽고 싶은가요?

2. 신문의 어느 부분을 읽나요?

3. 어떻게 세상 주변에서 일어나는 것을 알고 있나요?

4. 어떤 TV 프로그램을 좋아하나요?

5. 자유시간이 있을 때 무엇을 하나요?

6. 좋아하는 학과목은 무엇인가요? 왜?

7. 학교에서 좋아하지 않는 것은 무엇인가요? 왜?

8. 어떤 종류의 것을 수집하기 좋아하나요?

9. 5년 내에 여러분 자신이 무엇을 하고 있다고 생각하나요? 10년 내는?

〈표 3-2〉 중학생용 개인흥미 검사(Personal Interest Inventory for Middle School Students) (계속)

10. 역사적 인물과 이야기를 나눌 수 있다면, 어떤 분을 선택할 것인가요? 여쭤볼 세 가지 질문은 무엇인가요?

11. 올해 학교에서 무언가를 배울 것이라면, 무엇을 선택할 것인가요?

12. 여러분이 가장 자랑스러워하는 기술에 대해 생각해 보세요. 어느 기술을 올해 향상하고 싶은가요?

13. 여러분의 홍미에 대해 생각해 보세요: 무엇을 하고 싶은가! 여러분이 좋아하였던 경험에 대해 생각해 보세요.

14. 어떤 종류의 학교, 종교, 사회 혹은 운동경기 활동을 좋아하나요?

15. 지난 4년 동안 활동하기 좋아하였던 것 열 가지를 적어 주세요.

16. 여러분이 활동에 대해 좋아하는 것이 무엇인지 생각해 보세요. 좋아하는 활동이 어떤 도전을 주었던가요? 앞으로 이 활동을 계속하려면 어떤 기술을 보다 개발해야 할까요?

사실 여러분은 흥미와 기술이 어떻게 여러분과 관련이 있는지 이해할 것입니다. 모든 사람은 다릅니다. 여러분은 여러분 자신의 길을 찾아야 합니다.

〈표 3-3〉 고등학생용 흥미도구(Interest Inventory for High School Students)

이 활동은 여러분의 흥미를 통합하는 직업을 정의하거나 창출하는 방법을 보여 주기 위해 개발한 것입니다. 다음 몇 달 내에 여러분이 정말 하고 싶고, 배우고 싶은 것에 표시를 합니다.

____ 특징 연구
____ 문 밖에서 하는 일
____ 가구 재배치
____ 물건 장식
____ 물건 수집
____ 음악 듣기
____ 새로운 장소로의 여행
____ 어린 아이 돌보기
____ 문제해결
____ 수를 가지고 활동하는 것
____ 명분을 위한 기금조성
____ 기계/자동차에 대한 활동
____ 식물과 꽃의 성장
____ 사람 만나기
____ 성경 읽기
____ 물건 만들기
____ 시스템 분석
____ 언어와 단어 연구
____ 사업 활동에 참여
____ 다른 사람을 가르치기
____ 기록보관/책 기록
____ 새로운 곳 탐색
____ 노래하기
____ 대중 앞에서 연설
____ 아이디어 교환
____ 천연자원 보존
____ 색칠하거나 스케치하기
____ 예술 연구
____ 상세하게 하는 활동
____ 동물 주위에 있는 것
____ 과학적 연구를 하는 것
____ 매체 주위에 있는 것
____ 즐거움을 위해 책을 읽기
____ 영화 분석
____ 물건 디자인
____ 예산 계획
____ 명분에 참여
____ 정치학에 관한 이야기
____ 전기 활동
____ 주식과 투자 연구
____ 자료 처리
____ 소설 읽기
____ 과학 공상소설
____ 숲과 시내에 가기
____ 시와 이야기를 쓰기
____ 물건 팔기
____ 사람들 관리
____ 컴퓨터 조작
____ 인간 행동 관찰
____ 교회 활동
____ 손으로 활동하는 것
____ 어떻게 사물이 작동하는지 이해하기
____ 새로운 것을 만들기
____ 철학책 읽기
____ 유기체 해부
____ 춤추기
____ 발레하기
____ 새 관찰
____ 다른 사람의 요구를 예상
____ 나이든 분들 방문
____ 파티에서의 사회생활
____ 아픈 사람을 돌보기
____ 조언을 주기
____ 이벤트 계획
____ 공예품 연구
____ 현미경 사용
____ 연극 공연
____ 개인 운동경기
____ 팀 운동경기
____ 기타
____
____

〈표 3-3〉 고등학생용 홍미도구(Interest Inventory for High School Students) (계속)

여러분이 표시한 흥미를 다시 살펴보고, 앞으로 직업으로 가지고 싶은 것을 선택해 주십시오. (어떤 흥미는 진로로 발전될 수 있고, 또 어떤 흥미는 여가 활동이나 취미로 발전됩니다.) 여러분이 각각에 대해 가지고 있는 활동과 상황을 떠올리면서, 한 번에 한 개의 흥미에 대해 이야기 해 주십시오. 머릿속에 상을 떠올려 본 후에, 여러분이 모든 네 가지 흥미를 한 개의 직업으로 결합하는 방법을 상상해 보십시오. 이 시점에서는 직업이 갖는 타이틀로 여러분 자신을 생각하지 마십시오. 네 가지 모든 관심을 결합하는 과제를 기술하는 데 집중하십시오. 옳고 그른 대답은 없습니다. 이것은 여러분에 관한 것일 뿐입니다.

나의 직업에서 원하는 네 가지 흥미는
( ), ( )
( ), ( )

예 1: 여러분의 흥미가 물건 디자인하기, 다른 사람의 요구를 예상하기, 시를 쓰고 이벤트를 계획하는 것을 포함하고 있다고 가정해 보세요. 미래에 어떤 직업 상황을 상상할 것인가요?

예 2: 여러분의 흥미가 음악듣기, 영화 분석하기, 테니스 치기와 파티에서의 사회생활을 포함한다고 가정해 보세요. 미래에 어떤 직업 상황을 상상할 것인가요?

의 강조점은 매해마다 변할 수 있지만, 프로그램의 기초가 되는 요소는 그대로 유지되어야 한다. 교사 및 상담자는 다음과 같은 질문 "나의 학생이 필요로 하는 것은 무엇인가"로 시작하여 진로 프로그램을 논리적으로 계획한다. 학생과 함께 사용할 목적으로 학생요구평가 설문을 복사하여 사용한다(<표 3-4> 참조). 이 목록에 새롭게 항목을 추가할 수 있으며, 학생요구평가를 소집단 학생들과 함께 사용하고 토론할 때 가장 효과적이다.

심화와 여름 활동 기회

여러분 자녀가 미생물학자와 하루에 8시간 정도 함께 활동하려고 하거나 새로운 희곡을 만들려고 희곡작가나 디렉터와 공동 작업을 하려는 열정을 가지고 있는가? 음악의 세계에 빠져 사는가? 단편 이야기, 시, 수필 혹은 주간 신문을 쓰면서 하루 12시간 동안 글을 쓰는가? Caribbean에서 다이빙을 하며 산호의 생태계를 연구하는가? 나무로 바다 카약을 만들고 3주 동안 Main 해안을 따라 노를 저어 항해하는가? 아랍어, 중국어 혹은 포르투갈 언어를 배우는가? 여름 몇 달 동안에 이 모든 것을 추구하기란 가능한 것인가?

향후 몇 년 동안, 영재는 심리학, 창의적인 작문, 고고학 혹은 가계학처럼 완전히 새로운 무언가를 배우게 된다. 전형적으로 학교생활에서는 깊이 있게 주제를 다루고, 생각하며, 탐색할 여지를 남겨 두지 않는다. 교사는 주에서 인증해 준 계획서를 따라야 한다. 만일 학생이 영재지만 영재 프로그램에 참여하지 않는다면, 영재인 또래를 만나는 순연한 기회가 거의 없을 것이다. 적절한 여름 심화 기회를 찾아주어 바람직한 해결방안을 제공해야 한다.

앞서 살펴본 자아에 대한 지식, 즉 자신을 이해하는 것은, 부분적으로

〈표 3-4〉 학생요구평가 설문

지시문: 다음의 각 질문에 대해 5점 척도로 반응해 주십시오.

1. 나에게 중요하지 않다.
2. 나에게 중요하지만 도움이 더 필요하지는 않다.
3. 약간 도움을 받고 싶다.
4. 중간 정도의 도움을 받고 싶다.
5. 많은 도움을 받고 싶다.

진로 발전

____ 1. 어떻게 여러 직업이 나의 생활 스타일에 영향을 줄 수 있는지 탐색하는 것

____ 2. 내가 어떤 진로영역에 흥미가 있는지 인식하는 것

____ 3. 내가 흥미를 가지는 진로영역에서 직업 기회가 어떤지 아는 것

____ 4. 내가 좋아하는 직업에서 어떤 훈련이 필요한지 아는 것

____ 5. 나의 진로 흥미영역에서 제공하는 훈련을 인식하는 것

____ 6. 나의 진로 흥미영역에서 일하고 있는 사람과 이야기를 나누는 것

____ 7. 나의 진로 흥미영역에서 얼마간 직업경험을 갖는 것

____ 8. 남성과 여성을 위한 진로패턴의 변화를 이해하는 것

____ 9. 파트파임 혹은 여름 일자리를 잡기 위해 도움을 얻는 것

____ 10. 어떤 직업이 지역에서 유용한지 아는 것

____ 11. 직업에 지원하는 방법을 아는 것

____ 12. 직업을 갖기 위해 인터뷰하는 방법을 아는 것

____ 13. 부모님께서 나의 진로계획에 관심을 보이는 것

____ 14. 사람들이 나의 진로선택에 얼마나 중요한 영향을 주는지 아는 것

____ 15. 내가 흥미를 갖는 직업에 대해 준비하는 방법을 아는 것

____ 16. 실제 고용되어 일하는 것이 어떤 것인지 아는 것

____ 17. 어디서 어떻게 직업을 찾아야 하는지 아는 것

____ 18. 나의 진로계획에 대해 상담을 받는 것

____ 19. 가능한 진로와 직장세계에 대해 보다 자세하게 아는 것

____ 20. 내가 하고 싶은 진로에 대해 자세히 탐색하는 것

____ 21. 진로계획에서 나의 성별이 미치는 영향을 이해하는 것

____ 22. 나의 진로 흥미영역에서 직업과 관련되어 어떻게 과목을 수강해야 하는지 아는 것

____ 23. 나의 가치가 진로계획과 어떻게 관련이 있는지 아는 것

____ 24. 나의 성격과 선호하는 학습방법이 진로계획과 어떻게 관련이 있는지 아는 것

〈표 3-4〉 학생요구평가 설문 (계속)

____ 25. 사람들이 나의 진로선택에 어떻게 영향을 미치는 지 아는 것
____ 26. 흥미로운 진로를 준비하는 방법에 대해 아는 것

생활스타일 발전

____ 27. 학습기술과 습관을 향상하는 것
____ 28. 시험 치르는 기술을 개발하는 것
____ 29. 친구, 교사, 가족 혹은 내 자신으로부터 받는 압력을 조절하는 방법을 배우는 것
____ 30. 의사결정과 문제해결 방법을 배우는 것
____ 31. 나의 삶에서 목표를 세우는 방법을 배우는 것
____ 32. 시간을 보다 잘 관리하는 방법을 배우는 것
____ 33. 돈을 보다 현명하게 사용하는 방법을 배우는 것
____ 34. 정신적, 신체적으로 건강하게 지내는 방법을 배우는 것
____ 35. 술, 약물과 의약품의 효과에 대해 보다 잘 이해하는 것
____ 36. 지역사회 문제를 다루는 방법을 배우는 것
____ 37. 정부기관에 참여하는 방법을 배우는 것
____ 38. 여가시간을 통해서 삶에서 벗어나는 방법을 배우는 것

자아를 알기

____ 39. 자신의 강점과 능력을 파악하는 것
____ 40. 자신에 대한 확신을 보다 발전시키는 것
____ 41. 자신의 개인적인 가치를 이해하는 것
____ 42. 긴장을 유지하는 방법을 아는 것
____ 43. 성취와 능력검사 점수를 보다 잘 이해하는 것
____ 44. 걱정스런 일들을 다루는 방법을 아는 것
____ 45. 개인적인 관심사에 대해 보다 잘 아는 것
____ 46. 내 자신의 관점을 긍정적으로 수용하는 것
____ 47. 수줍음을 극복하는 방법
____ 48. 내가 가장 잘 배울 수 있는 방법을 이해하는 것
____ 49. 그 날의 사회적 문제에 대한 나의 위치에 대해 보다 잘 아는 것
____ 50. 다른 사람의 기대가 나의 삶에 어떻게 영향을 미치는지 아는 것
____ 51. 나의 성취검사 점수를 보다 잘 이해하는 것
____ 52. 나의 음악적 능력을 개발하는 것
____ 53. 나의 예술적 능력을 개발하는 것
____ 54. 보다 좋은 학습습관을 위해 내 자신을 훈련하는 법

〈표 3-4〉 학생요구평가 설문 (계속)

교육적 계획

____ 55. 내가 학교에 다니는 이유에 대해 이해하는 것
____ 56. 고등학교 졸업의 중요성을 이해하는 것
____ 57. 고등학교 졸업 요구사항에 대해 보다 잘 아는 것
____ 58. 나에게 적절한 과정을 선택할 때 도움을 얻는 것
____ 59. 고등학교 졸업 후(대학, 직업기술, 군대 등) 나의 교육선택 방안에 대해 보다 잘 인식하는 것
____ 60. 고등학교 졸업 후 학업을 계속하기 위한 재정보조에 대해 보다 아는 것
____ 61. 나에게 적당한 교육 혹은 훈련 프로그램을 선택하고 평가하는 방법을 배우는 것
____ 62. 나의 진로 흥미영역에서 직업과 관련되어 어떻게 과목을 수강해야 하는지 아는 것
____ 63. 어떻게 언제 대학전공을 선택해야 하는지 아는 것
____ 64. 특정 과정을 수강하지 않고도 학점을 얻는 방법을 아는 것
____ 65. 학업계획을 위해 상담을 받는 것
____ 66. 대학 방문을 위한 적절한 단계를 아는 것
____ 67. 어떤 대학이 나에게 적절한지 결정하는 방법을 아는 것
____ 68. 나의 진로계획에 대해 대학 입학 상담자와 이야기를 나누는 것
____ 69. 나의 대학과 진로계획에 대해 대학생들과 이야기 나누는 것
____ 70. 스스로 학교 과정을 선택하는 것
____ 71. 나의 미래와 관련 있는 과정을 보다 많이 찾는 것
____ 72. 대학 방문을 위한 적절한 절차를 아는 것
____ 73. 어떤 대학이 나에게 적당한지 결정하는 방법을 아는 것
____ 74. 진로계획에 대해 입학 상담자와 이야기 나누는 것
____ 75. 현실적으로 달성할 수 있는 것을 이해하고 수용하는 것

다른 사람들과 잘 지내기

____ 76. 교사와 잘 지낼 수 있는 방법을 아는 것
____ 77. 다른 학생과 잘 지낼 수 있는 방법을 아는 것
____ 78. 상담자 및 조언자와 활동하는 방법을 아는 것
____ 79. 부모님과 잘 지낼 수 있는 방법을 아는 것
____ 80. 형제자매와 잘 지낼 수 있는 방법을 아는 것
____ 81. 나와 같은 성인 친구를 사귀는 방법을 아는 것
____ 82. 나와 다른 성인 친구를 사귀는 방법을 아는 것

〈표 3-4〉 학생요구평가 설문 (계속)

___ 83. 사랑과 성에 대해 보다 잘 이해하는 것
___ 84. 결혼과 가족생활에 대해 보다 자세하게 배우는 것
___ 85. 오늘날 사회에서 변화하는 남성과 여성의 역할을 이해하는 것
___ 86. 다른 인종과 문화적 배경을 갖는 사람들을 보다 잘 이해하는 것
___ 87. 내 문제에 도움을 줄 수 있는 학교 및 지역사회의 위치에 대해 아는 것
___ 88. 어른의 요구를 이해하는 것
___ 89. 나와 다르게 느끼거나 생각하는 사람을 수용하는 것
___ 90. 문제가 있을 때 나의 말에 귀를 기울여 주는 사람이 있는 것
___ 91. 내가 어떻게 느끼는지 다른 사람에게 말할 수 있는 것
___ 92. 직장 상사와 잘 지내는 법을 아는 것

선택적 요구평가 항목들

___ 93. 여름에 있는 기회에 대해 보다 잘 아는 것
___ 94. 멘토 관계 및 어떻게 멘토를 찾는지 보다 잘 아는 것
___ 95. 인턴십에 대해 보다 잘 아는 것

도움을 받고 싶은 자신의 목표를 적어 주세요.

___ 96. ______________________
___ 97. ______________________
___ 98. ______________________

주) *River City High School: High School Student Service, A Conceptual Model*, 1982, The American College Testing Program에서 발췌함.
이 학생요구평가 설문을 복사해서 사용할 수 있다. From *College Planning for Gifted Students* (2nd ed.) by Sandra L. Berger, 1994, Reston, VA: The Council for Exceptional Children.

그 사람의 지식의 넓이와 깊이에 좌우된다(Sawyer & Webb과의 개인적인 서신교환, 1987년 8월). 사춘기 영재들은 여러 유형의 활동, 지적 아이디어, 학과목, 교육과정 외 활동 및 사회적 관계를 발견하고, 탐색하며, 조사하고, 참여해야 한다. 선택한 활동의 속성은 대개 학생의 특징과 요구에 달려 있다.

영재들이 폭넓게 지적 아이디어를 탐색하고, 흥미영역에서 깊이 있는 지식을 획득하며, 지적인 또래와 상호작용을 하고, 어떤 면에서 멘토를 찾을 때 여러 방법이 있다. 문자 그대로 심화 기회가 다양하다. 모든 주에는

여름 동안 고등학생에게 심화 프로그램을 제공하는 대학들이 있다. 지역 재능발굴 프로그램도 좋은 자료이다. 대부분 학군들은 약간의 교육비를 받는 여름 심화반을 운영한다. 어떤 학군은 해외여행을 지원하기도 한다. 때로 할 것이 너무 많아서 우리가 원하는 것을 결정하기 어려운 세상에서 살고 있다. 우리도 아이와 마찬가지로 결정할 것이 산재해 있다. 기술을 향상하고 싶은가? 새로운 기술을 개발할 것인가? 가난한 누군가에게 도움을 줄 것인가? 재능발굴기관에서 제공하는 것 외에 여름 심화 프로그램을 찾고자 한다면, Johns Hopkins 대학 Center for Talented Youth 웹 사이트(http://www.jhu.edu/gifted)내 디렉터리 목록을 참고하길 바란다.

이 책에서 인터뷰하였던 상담자 및 부모들은 집중과정과 교육과정 외 활동에 폭넓게 참여하려는 학생의 경향에 대해 우려를 표명하였다. 상담자와 부모는 특히, 너무 많은 스트레스에 대해 염려를 나타내었고 어느 정도 자신의 염려를 정당화하였다. 사춘기 영재를 위한 여름 활동을 계획할 때 몇 가지 주의가 필요하다. 영재는 지적 자극, 활동, 그리고 사회화에 대한 요구에 따라서 학기 동안 자신을 과도하게 확장시킨다. 여름활동에 대해 철저하게 학생과 토론하여, 스트레스를 수반하지 않는 방식으로 학생들이 기회를 활용할 수 있게 한다.

부모, 상담자, 그리고 학생은 심화 기회에 대해 토론할 때, 다음 질문을 고려해야 한다:

- 학생의 지적, 사회적 및 정서적 요구는 무엇인가?
- 학생의 요구에 심화 기회를 어떻게 맞출 것인가?
- 새로운 기회가 학생에게 주는 이점은 무엇인가?
- 학생이 하고자 하는 것은 무엇인가?
- 제공한 서비스 및 자료와 비교해서 프로그램은 어떠한가?

아래 발행물들과 기관들은 영재를 위한 심화 프로그램 목록과 설명을 기술해 놓았다.

- *Educational Opportunity Guide*

  A Directory of Programs for the Gifted(http://tip.duke.edu)

  Duke University Talent Identification Program(TIP)

  P. O. Box 90747

  Durham, NC 27708-0747

이 자료는 영재, 부모, 교사, 그리고 상담자에게 특히 학문적 및 예술적으로 재능 있는 학생을 위해 개발해 놓은 여러 여름 프로그램과 학교기반 프로그램을 소개한다. 프로그램을 주별로, 소수민족 학생을 위한 프로그램 같은 범주별로, 주가 아닌 곳에서 지원하는 프로그램별로 나눠서 소개한다. Duke University Talent Identification Program(TIP) 및 지역 재능발굴 프로그램과 연계하여 대학에서 실시하는 여러 프로그램도 수록하고 있다.

- *Summer on Campus: College Experiences for High School Students*

  The College Entrance Examination Board

  College Board Publications

  Dept. J 45, P. O. Box 886

  New York, NY 10101

이 자료는 국가 전역의 대학 캠퍼스에서 열리는 100개 이상의 여름 기숙 프로그램을 소개한다. 프로그램은 영화, 컴퓨터, 과학, 수학, 그리고 예술을 포함하여 다양한 흥미를 다루며, 대부분 2학년과 3학년 학생이 대상이다. 다루는 주제는 학문적 그리고 사회적 활동으로 재정보조가 가능하다.

- *Summer Opportunities for Kids and Teenagers 2006*
  Peterson's Guides(http://petersons.com)
  Dept. 7101, 166 Bunn Drive
  P. O. Box 2123
  Princeton, NJ 08543-2123

- *Directory of Science Training Programs*
  Science Service
  1719 N Street, NW
  Washington, DC 20036

- *Teenager's Guide to Study, Travel, and Adventure Abroad*
  Council on International Educational Exchange
  205 East 42nd Street
  New York, NY 10017

- *Gifted Child Today(G/C/T)*
  Prufrock Press
  P. O. Box 8813
  Waco, TX 76714-8813

- *National Association for Gifted Children(NAGC)*
  여름 프로그램 데이터베이스(http://www.nagc.org 내 자원 폴더)

그 외 각 주의 영재교육 관련 주요 상담원에게 여름 심화 프로그램에 대한 정보를 문의한다.

학년수준 이상에 대한 검사(Above-grade-level testing)

학년수준 이상에 대한 검사는 상당히 나이든 학생용의 표준화된 검사를 말한다. 어린 학생이 학년수준 이상에 대한 검사를 봄으로써, 자신의 능력을 나이든 학생과 비교하고 평가할 수 있다. 주요 대학 입학시험으로 SAT와 ACT 같은 시험은 대개 7학년과 8학년 학생들이 치른다. 일부 재능발굴 프로그램에서는 7학년 이하의 학생에게 맞는 표준화된 검사, 예를 들어 미국대학시험(American College Testing, ACT) 프로그램의 EXPLORE 검사와 교육검사 서비스(Educational Testing Service, ETS)의 PLUS 검사 등을 제공한다. 이 두 검사 모두 학생에게 자신의 인지 및 학업적 강점과 약점을 이해하게 해 줄 뿐 아니라, 고등학교에 들어가기 전에 보다 약한 영역을 향상할 시간을 가질 수 있도록 해 준다. 이 검사에 대한 정보는 지역재능발굴 프로그램 혹은 ACT와 ETS에 문의하길 바란다.

지역 재능발굴 및 협동 프로그램

재능발굴이란 미국 내에서 영재와 우수한 학습자를 위해 개최하는 특별한 유형의 교육 프로그램을 말한다. 모든 재능발굴은 지역적으로 위치해 있으며, 서비스 지역은 한 개 주에서 발굴하는 것에서부터 꽤 큰 것까지 다양하다. 가장 큰 지역 재능발굴 프로그램은 Johns Hopkins 대학의 Center for Talented Youth(CTY), Duke 대학의 Talent Identification Program(TIP), Northwestern 대학의 Center for Talent Development(CTD), 그리고 Denver 대학의 Rocky Mountain Talent Search(RMTS)이다. 4개 프로그램마다 독특한 특징을 가지고 있지만, 기본적으로는 같은 방식으로 재능을 발굴한다. 표준화된 성취 검사에서 95 퍼센타일 혹은 그 이상의 점수를 받는 7학년과 8학년 학생들이 그 해 가을 SAT 혹은 ACT를 보려고 등록한다. 이상의 검사는, 일반적으로 대학 입학을 준비하는 고등학교 학생들이 치루며, 연령 기준에 메이지 않은(out of level) 혹은 학년수준 이상의 검사(above-grade-level)라고 부르기도 한다. 중학교 수준용으로 개발한 표준화된 성취 검사보다 재능발굴 프로그램은 보다 높은 지적능력을 측정하기 때문에, SAT와 ACT를 사용한다. 이들 검사를 봄으로써 어린 십대 학생들은 자신의 능력을 평가하고, 고등학교 저학년 학생들의 능력과 비교할 수 있다. (9등급보다 낮은 점수는 학생이 선택하지 않는 한 대학에 보고되지 않는다.) SAT 혹은 ACT 학생 점수에 기초하여, 높은 수준의 심화과정에서부터 과목과 학년 속진까지, 여러 다양한 교육 선택안과 경험을 추천해 준다.

재능발굴은 세 가지 주요 요소를 포함한다. (1) 재능수준의 진단과 평가, (2) 교육적 배정과 지도, (3) 여름 프로그램, 장거리 학습 프로그램, 대회 및 경진대회를 포함한 재능개발 기회가 그것이다.

150,000명 이상의 13~14세 학생을 위하여 이상의 모든 것을 실시하고 있다(Olszewski-Kubilius, 1995). 자격을 갖춘 학생들은 여름 기숙 프로그램 혹은 통학 프로그램에 참여할 수 있으며, 다른 학업적 기회를 갖기도 한다. 프로그램은 또한 대학 및 진로계획에 도움을 제공한다. 재능발굴 기회는 여러 상이한 형식을 취한다. 즉, 빠르게 학습하는 여름 학급 프로그램과 토요일 프로그램, 조기 AP과정, 고등학교 저학년 과정의 등록, 고등학생이 대학과정에 등록하는 이중 등록, 고등학교와 대학 수준의 과정을 위한 통신과정 및 대학 조기입학 프로그램 등이 있다. 지역의 재능 있는 학생을 탐색하는 4개 대학의 재능발굴 프로그램은 각 지역 내에서 교육프로그램 일람표를 작성하며 해마다 많은 프로그램을 개발하고 있다.

지역 재능발굴의 부산물로는 Johns Hopkins 대학에서 제공하는 Young Students Talent Search(5학년과 6학년)뿐 아니라, Carnegie Mellon 대학, Northwestern 대학, Iowa 대학과 Duke 대학 초등학생 재능발굴에서

제공하는 Elementary Student Talent Search(3~6학년 대상) 등이 있다. 이상의 프로그램에 참여하기 위해서는 학년수준의 표준화 검사에서 95퍼센타일의 점수를 요한다.

모든 재능발굴 프로그램의 목표는 다음과 같은 것을 포함한다:

- 학문적으로 재능 있는 학생을 판별한다.
- 학생들에게 자신의 능력과 학문적 선택안에 대해 알린다.
- 도전적인 교육 프로그램을 제공한다.
- 효과적인 연구노력을 개발하여 학문적으로 재능 있는 사춘기 학생의 속성을 이해하도록 도움을 준다.

부가적인 목표와 특수한 규정은 개별 프로그램에 따라 좌우된다.

재능발굴 프로그램이 제공하는 과정들은 특히 높은 능력을 가진 학생들에게 도전을 주고자 개발된 것이다. 국립 재능발굴 디렉터들은 프로그램의 지적, 사회/정서적 이점으로서 다음과 같은 것을 지적한다.

- 예를 들어, 수학 및 과학 같은 특별한 학문에 집중하고자 하는 학생을 격려하여 철학, 인류학 혹은 심리학과 같이 아직 발견하지 못한 과목을 탐색하게 한다.
- 학문적으로 속진이 필요한 학생은 자신이 속해 있는 그 지역 고등학교에서는 여의치 않았던 여러 다양한 과목을 선택할 수 있다.
- 학생들은 다른 사춘기 학생들과 자신의 능력, 관점 및 흥미를 공유할 수 있도록 관계를 형성하고 유지한다. 이는 특히 고립감을 자주 느끼는 영재들에게 중요하다.
- 학생들은 대학 및 진로계획에 대한 정보를 얻는다.
- 지역 재능발굴 프로그램에 참여하는 학생들과 다른 대학기반 연구소

에 참여하는 학생들은 여름 동안에 우정을 키우고 이후에도 계속 관계를 지속할 수 있다.

왜 학생들은 재능발굴에 참여해야 하는가? 재능발굴은 학생들에게 자신의 능력을 보다 잘 측정하고 교육 기회를 접할 수 있게 해 주며(여름 학급, 우편정보 및 진로 심포지엄 등), 교육적 배정과 지도에 유용한 정보를 제공한다.

만일 학생이 지역에서 실시하는 재능발굴에서 교육적 기회 및 여름 심화 프로그램을 접할 수 있다면, 이상의 프로그램에 반드시 참여해야 하는 것은 아니다. 여러분은 "학생이 참여할 수 있다는 것을 알고 있어"라고 스스로에게 말하고 이 생각을 버린다. 그렇지만 학생들이 고등학교 시간표를 바꿔서 과정에 참여하고 수강을 해야 한다면, 학생 시간표를 짜기 전에 고등학교에 이야기를 해야 한다. 예를 들어, 여러분의 학생이 여름 동안 대수를 수강하였고 가을에 기하를 들어야 할 것이라면, 학생의 지도 상담자에게 지체하지 말고 이야기를 해 주어야 한다.

그 외 지역 재능발굴과의 협조를 통해서 일부 합숙 여름 프로그램을 제공한다. 지원조건은 SAT 혹은 ACT 점수에 기초한다. 정보를 얻고자 한다면 프로그램 소장에게 연락하길 바란다. 다음과 같은 협동 프로그램이 있다:

- *The ADVANCE Program for Young Scholars*
  Northwestern State University
  Programs for the Gifted and Talented
  P. O. Box 5671
  Natchitoches, LA 71497
  (318)357-4500

- *Center for Gifted Studies*
  Western Kentucky University
  Bowling Green, KY 42101
  (502) 745-6323

- *The Center for Gifted Studies*
  University of Southern Mississippi
  Southern Station Box 8207
  Hattiesburg, MS 39406-8207
  (601) 266-5236

- *Talented and Gifted Institute*
  Southern Methodist University
  P. O. Box 750383
  Dallas, TX 75275-0383
  (214) 768-5437

Governor 학교 프로그램

Governor 학교 기숙 프로그램은 다양한 영역에 주안점을 두고 집중적인 양질의 프로그램을 제공한다(예: 예술 혹은 과학 같은 학과목). 대부분의 주에서 중, 고등학년 사이에 있는 학생들에게만 기숙 Governor 학교 프로그램을 제공한다. 학생 선발 기준은 주마다 다르다. 어떤 주에서는 지역 교육자들이 학생을 지명하여 선택하지만, 대부분 주에서는 학생이 교사 및 진로상담자에게 지명받고 싶다는 것을 알린다. 또 어떤 주에서는 학생들이 프로그램에 직접 연락하고 지명을 요청하기도 한다. 특별 프로그램의 목적은 주마다 다양하지만 다음과 같은 일반적인 목표를 고수한다(Press, 개인적인 서신 교환, 1987년 8월).

- 학문적 수월성 및 예술 혹은 리더십 능력을 인식하기
- 자신의 능력을 인식하기
- 개인 및 학문적 성장을 증진하기
- 학문적으로 심화를 제공하고 학습에 대한 열정을 주입하기
- 자아-확신감을 고양하기
- 재능과 리더십을 키우기
- 개인적인 책임감을 제공하기
- 지역사회, 주, 국가의 요구를 인식하기 위해 학생의 관점을 확대하기
- 개인과 지구촌의 연계성에 대한 인식을 증진하기
- 방향감각을 찾고 노력에 집중하도록 돕기
- 학생들이 되고자 하는 것에 대한 비전을 제공하기

보다 일반적인 정보를 위해서, National Conference on Governor's Schools 웹 사이트(http://ncogs.org)를 참고하길 바란다.

멘토 관계

영재가 가질 수 있는 가장 가치 있는 경험 중 하나는 개인적 가치, 특별한 흥미, 시간, 재능 및 기술을 공유해 줄 멘토를 만나는 것이다. 경험을 적절하게 구조화하고 학생과 멘토가 잘 맞을 때, 이 관계는 멘토와 학생 모두에게 격려, 영감, 새로운 통찰과 기타 개인적 보상을 제공한다. 많은 학생들은 재능발굴 프로그램에 참여하거나 인턴십을 하며 고등학교에 다니면서도 멘토를 찾는다. 인턴십을 통해 학생들은 잠재적인 진로 흥미를 탐색해 볼 수

있어 유용하다. 반면에, 멘토십은 일종의 관계로 가치, 태도, 열정 및 전통이 한 사람에게서 다른 사람으로 전달되고 내면화된다(Boston, 1976). 이처럼 멘토라는 용어는 학생이 성인의 감독 하에 시간을 보내고 정보를 전수받는 인턴십 혹은 무작정 맺는 관계를 말하는 것이 아니다.

멘토를 가진다는 궁극적인 이점은 학생의 진로선택과 봉급에 영향을 준다는 데 있다. 멘토와 멘토십에 초점을 맞춘 연구 및 사례에 의하면 특히, 여성을 위한 진로개발에서 멘토의 효과를 보고하고 있다(Kerr, 1983). Kaufmann(1981)의 1964년에서 1968년에 걸친 대통령 장학생에 대한 연구를 보면, 이들 장학생에게 가장 중요한 멘토의 영향, 역할 및 특징에 대해 질문하였다. 멘토와의 관계에서 역할 모델, 지지 및 격려를 받는 것이 가장 자주 볼 수 있는 이점으로 나타났다(Kaufmann, 1981; Kaufmann, Harrel, Milam, Woolverton, & Miller, 1986). 응답자는 또한 지적 자극을 제공하고, 학습과정에서 흥미진진하고 재미있게 의사소통하며, 학생과 학생의 요구를 이해하는 멘토로부터 혜택을 받았다고 말하였다.

Kaufmann의 연구는 또한 여학생 영재에 대한 멘토의 중요성을 보여준다(Kaufmann et al., 1986). 이들 여학생들이 고등학교를 졸업한 이후 15년 동안 실시하였던 연구를 보면, 남자들과 동등한 수입을 받을 경우, 이 여성들이 한 명 혹은 그 이상의 멘토가 있었음이 나타났다. 다시 말하면, 멘토의 존재는 소득을 남자와 동등하게 하는 효과를 가진다(Kaufmann, 1981; Kaufmann et al., 1986).

교육가, 상담자 및 부모들은 모두 영재에게 멘토를 제공할 수 있다. 다음의 질문은 멘토 접근법을 실시할지 그렇지 않을지 결정할 때 도움이 될 것이다.

- 학생이 멘토를 원하는가? 또는 단순히 특별한 주제 및 직업분야에

노출되는 것을 원하는가?
- 학생들은 어떤 유형의 멘토를 원하는가?
- 학생이 상당한 시간을 멘토와 보낼 준비가 되었는가?
- 학생이 멘토십의 목적, 이익 및 제한점을 이해하고 있는가?

멘토로서 지원할 사람을 파악하기 위해서, 지역 사업체, 대학, 전문가 협회 및 미국 은퇴자 협회 같은 조직에 연락한다. 학생들은 자신의 멘토와 함께 의미 있고 특별한 프로젝트 활동에 집중하고자 한다. 이와 같은 프로젝트에서 활동한 것을 경시 및 경진대회에 제출할 수 있으며 프로젝트에서 활동한 경험은 대학 지원서, 에세이와 인터뷰에서 중요한 자산이 된다.

또한 합법적인 조직체에서 멘토를 찾는 한, 인터넷상에서 멘토를 찾을 수도 있다. 만약 몇 명의 지원자를 파악하게 되면, 다음과 같은 질문을 한다:

- 사춘기 영재를 이해하고 같이 활동하는 것을 좋아하는가?
- 기꺼이 역할 모델이 되어 학습에 대한 기쁨과 흥미를 공유할 것인가?
- 멘토의 교수스타일이 학생의 학습스타일과 양립하는가?

지역 사회 서비스와 자원봉사 활동

영재는 재능을 다른 사람과 자유롭게 나누는 방법을 배워야 한다. 다른 사람을 도울 때, 우리는 우리 자신에 대해 보다 잘 알게 되고 우리의 삶을 보다 의미 있게 만들게 된다. 여러 방법으로 재능을 다른 사람과 나눌 수 있다. 부모는 지역 보육원이나 병원에서 학생의 자원봉사를 제의하거나 어린 아동들과 함께 특별한 재능을 나누도록 제안할 수 있다. 예를 들어, 학생들은 지역 운동 팀을 코치하거나 저소득층 학생에게 컴퓨터로 프로그램 만드는 것을 가르칠 수 있다. 요지는 학생의 흥미와 이용 가능한 자원에 달려 있다. Virginia magnet school에서 해마다 개최하는 것처럼 학교는 학생들로 하여금 자신의 재능을 공유하는 기회를 찾을 수 있도록 자원봉사 프로그램을 조직한다. 다양한 기회를 제공할 때 학생들은 진정으로 열정을 보이게 된다. 어린 학생들을 가르치고, 노인들에게 책을 읽어 주며, 정치활동에 참여하는 등 자원 봉사에 참여한다. 또한 학생들은 이상의 활동과 비영리 조직체에서 자원 봉사를 함으로써 여러 직업에 대해서 배울 수도 있다.

여 행

미국 혹은 여러 국가의 환경과 문화에 학생들을 노출시키는 것 또한 여러 면에서 이롭다. 학생들에게 다른 문화와 직접적으로 접촉을 하게 함으로써 지식이 축적된 역동적인 학습 환경을 소개할 수 있다. 국가에서 후원하는 학교 체계를 통하여 여름 동안 해외로 여행을 가며, 학생들은 몇 주 동안 학급에서 여행갈 국가의 문화와 역사에 대해 공부한다. 인솔 교사로 뽑힌 교사는 대개 보호자의 역할을 한다. 여름 여행 전과 후에 수업을 제공하여, 방문할 나라에 대해 소개하거나 돌아왔을 때 자신의 경험을 토론할 수 있도록 격려한다. 어떤 학교 체계에서는 연구기관에 참가한 것으로 학점을 주기도 한다. 보다 많은 정보를 위해서는 http://studyabroad.com을 참고하길 바란다.

우수 학업과정

학생들이 외부 심화 기회에 참여하여 자신의 흥미를 탐색하였는지 이에 관심을 기울이는 한편, 대학은 학업 조건에 도전을 주면서, 학생들이 스트레스 하에서도 성공할 수 있는지 학생의 능력에 관심을 두고 있다. 상급 수준의 수업을 듣고 스스로 학업적으로 도전한다는 점을 통해서 학생들이 대학 수준에서 공부할 준비가 되었음을 알 수 있다.

어떤 영재학생들은 학생을 모두 수용하기보다는 일부 거부하는 최상위의 명문대학에 이끌릴 것이다. 명문대학들은 많은 노력이 필요한 과정에서 좋은 학점을 받아 학생의 동기와 성취가 높음을 보여 주는 증거를 찾는다. 만일 학생의 고등학교에서 AP 과정을 제공한다면, 성적표에서 AP 과정을 볼 수 있길 기대한다. 상급과정에 대한 계획은, 특히 수학같이 계열성이 있는 과목의 경우에, 8학년과 9학년 정도부터 일찍 시작해야 한다. 예를 들어, AP 미적분을 하려면, 대수로 시작하여 몇 년에 걸쳐 사전에 요구하는 선수과목을 들어야 한다. 동일한 종류의 계획이 언어와 과학에서도 필요하다. 어떤 학생들은 8학년 때까지 상급 수준의 수학, 외국어 혹은 과학계열을 시작할 준비가 되어 있지 않거나 할 수 없을 지도 모른다. 이런 경우에, 지역 재능발굴 프로그램이 후원하는 여름 과정 혹은 통신 과정을 실제적으로 활용할 수 있다.

Advanced Placement(AP) 과정

AP 과정은 영재 고등학교 학생에게 하나 또는 그 이상의 주제에서 학습의 깊이와 범위를 넓히는 기회를 제공하며, 고등학교 과정 중에서도 대학 수준의 학습을 추구하고, 대학 수준의 활동을 다루는 능력을 보여 주는 기회를 제공하기도 한다(Hanson, 개인적인 서신 교환 1987년 8월). AP 과정에 등록한 학생들은 대학교 1학년생에 버금가는 학습기술을 개발한다(Alvino, 1988). AP 과정을 듣고 학점을 이수하기 위해서, 3시간 정도 소요되는 집중적인 주제영역 AP 시험을 치러야 한다. 좋은 시험결과를 받으면 보다 높은 수준의 과정에 직접 등록하도록 허가를 받고 대학 학점으로 전환할 수 있다. 시험을 치를 때 학생들은 주의 깊게 선택해야 한다. 각 시험마다 비용을 지불하고 AP 시험을 위해 공부하는 데 많은 시간이 걸린다. 학생들은 각 시험을 치룰 때, 얻을 것이 무엇인지 생각해 봐야 한다. 만일 학생들이 이미 세 번 혹은 네 번의 시험을 치렀다면, 아마 다섯 번째로 보는 시험은 납득이 되지 않을 수 있다.

대학을 찾을 때, 학생들이 염두에 두어야 할 것은 어떤 대학들은 AP 시험에서 3, 4, 5점을 얻으면 대학 학점으로 인정을 해 주어 대학 필수과목에서 제외해 준다는 것이다. 대부분 고등학교는 학생의 전반적인 GPA를 산출하기 때문에, 대부분 대학들은 GPA를 다시 계산하여 성적표에 있는 학과목을 엄격하게 고려한다. 학생이 만일 심각하게 어떤 대학에 관심이 있다면, 과목 학점과 대학 입학 위원들이 AP 시험에 어떻게 부가점을 주는지 질문해야 한다.

매년 5월, 영어, 미적분, 과학, 컴퓨터 과학, 역사, 외국어, 미술, 음악 같은 분야에서 대학 수준의 시험을 치르고자 학생에게 AP 시험을 제공하고 있다. AP 과정과 시험은 현재 예술사, 경제학(미시와 거시), 스튜디오 예술(2-D와 3-D 디자인)을 포함하여 35개 과목을 망라하고 있으며, 세계 여러 나라를 포함하여, 11,000개 공립 및 4,000개의 기타 학교에서 백만 이상에 달하는 학생들이 시험을 본다(Mollison, 2006). 시험을 보기 위해 반드시 AP 과정에 등록해야 하는 것은 아니다. AP 시험은 1~5점까지 점수를 부여하며(5점이 가장 높은 점수이다), AP 시험에서 3, 4 혹은 5점을 받으면 대학 학점으로 인정을 해 주거나 대학에서 들어야 하는 필수과목을 듣지 않아도 된다. 예외 혹은 AP 학점은 대학마다 다양하므로 각 대학의 규정을 살펴봐야 한다(College Board AP Central, n. d.).

대부분 주에서는 부분적으로 혹은 AP 시험 등록비용 전액에 대해 저소득층 학생에게는 환불해 주는 기금을 마련해 놓고 있다. 보다 많은 정보를 원할 경우, 주 교육부 혹은 교육청에 요청하기 바란다.

각 대학 혹은 대학교는 검사 점수에 따라 학생에게 얼마나 많은 학점을 부여할 것인지 결정한다. 어떤 명문대학은 5점의 점수만을 학점으로 인정하기도 한다. AP 학점 및 배정을 제공하는 대학을 찾으려면, College Board의 웹 사이트(http://www.collegeboard.com)를 참고하길 바란다. 만약 학생이 AP 시험을 치렀다면, 학생들은 그 점수를 대학에 보고할 책임이 있다. AP 프로그램에 대한 부수적인 정보에 대해서는 College Board의 AP Central 웹 사이트(http://apcentral.collegeboard.com)를 참조하길 바란다.

College Board는 과정 내용에 대한 폭넓은 개관과 시험 방법을 소개한다. 그러나 AP 과정의 특별한 내용은 각 학교 혹은 학군에서 결정하는 것이며 고등학교 교사가 지도하는 것이다. 이 말은 비록 모든 사람들이 특별한 주제에 대해 동일한 AP 시험을 본다고 해도, 그 과정의 질과 교사의 준비성이 동일하지 않다는 것이다. 이에 특히, Duke 대학 Talent Identification Program(TIP)은 새로운 AP 과정을 개발하고 조직하며, 기존의 AP과정을 증진하고, 우등생 과정에 신선한 아이디어를 제공하며, 정규 교실 교수법에 교육적으로 풍부한 단원을 제공할 목적으로 지역 교육자에게 도움을 주는 AP 교사 매뉴얼을 개발하여 출판하였다(Duke University, TIP, 2005).

우등생(honors) 대 Advanced Placement(AP) 과정

대부분 고등학교는 AP와 우등생 프로그램 모두를 제공한다. 대개 학생들이 프로그램을 선택하기 때문에, 학생뿐 아니라 부모가 이 차이를 이해하는 것이 중요하다.

AP 과정은 College Board의 후원 하에 고등학교와 대학 교수진이 개발한 다양한 과목영역으로 구성된다. 과정은 정보, 기술과 상응하는 대학 과정에서 볼 수 있는 과제의 폭을 커버한다. 대부분 미국 대학과 대학교는, 28개국의 대학 및 대학교와 마찬가지로, AP 시험 점수에 기초하여 수강하는 학생에게 학점을 부여하고, 배정하는 AP 정책이 있다. 대부분 기관들은 충분한 그리고 우수한 AP 학점을 취득한 학생에게는 전학년 대학 학점(3학년 기준)으로 인정해 주기도 한다. 학생이 AP 과정과 AP 시험을 치러서 얻는 것이 무엇인지 조사한 여러 연구가 있다. 과정을 듣고 시험에서 성적이 좋은 학생이 대개는 대학과 대학 졸업 이후에 성공할 가능성이 높은 것으로 나타났다(Mollison, 2006). 그러나 과정을 수강하고, 시험을 본 학생의 점수가 좋지 않다면 어떠한가? 놀랍게도 연구자들은 심지어 이 학생들도 시험을 준비하면서 도움을 받는다고 보고하였다. 비록 점수를 잘 받지는 못하였지만 시험을 준비할 때 기울였던 노력으로 학생들은 대학 시험을 준비할 가능성이 있다(Mathews, 2005).

우등생반은 AP 과정과 여러 방식에서 다르다. 첫째, 높은 성취를 보이는 학생의 요구를 충족시켜 주기 위해 학군 교사들이 지역적으로 개발한 것이다. 둘째, 대부분 우등생반은 학교의 정규 및 비우등생반에 상응하는 같은 교육과정을 제공한다. 그러나 우등생반은 깊이 있게 부수적인 주제 혹은 어떤 주제를 첨가시킴으로써 보다 도전을 줄 수 있도록 개발된 것이다. 대부분 학생과 부모들은 AP 과정이 우등생반보다 어려운지 알고 싶어 한다. 대개 대답은 그렇다 이지만 어렵다는 것은 상대적인 개념이며, 따라서 대답은 그 과정을 다루는 기준과 우등생 과정의 속성에 좌우된다.

AP 과정과 달리 우등생 과정에서는 대학학점을 딸 수 없지만, 여전히 중요한 이점이 있음을 학생들은 이해해야 한다. 예를 들어, 우등생반을 들었다면, 대학들은 스스로에게 학업적으로 도전을 주려는 학생의 의도를 인식할 것이다. 우등생반 또한 학생들로 하여금 대학 수준의 활동을 준비하게 해 주기 때문에, 보다 준비가 잘 된 학생일수록 대학에서 성공할 가능성이 커진다. 학생의 고등학교 성적표가 우등생반 과정-특히 만일 우등생 과정이 과목 성적을 기술하지 않는다면, 명시하고 있는지 확인하고 대학이 수월하게 학생이 수강한 우등생 과정을 인식할 수 있도록 한다.

상급 수준의 과정이 갖는 이점은 결점보다 많다. 어떤 경우 너무 도달하기 어려워서 앞으로 지원할 대학에 좋은 인상을 줄 정도가 아닌 경우도 있다. 일부 고등학교에서는 AP 과정을 수강한 학생에게 여분의 학점을 수여한다. 또한 대부분의 엄격한 고등학교 학습을 받은 학생이-우등생과 AP 과정-대학에서 직면하게 될 어려움에 잘 대처할 준비가 되어 있으며, 학점도 보다 잘 받고, 다른 또래보다 낙제를 비교적 덜 할 것이라고 생각한다.

국제 학사학위(International Baccalaureate) 프로그램

1968년 만들어진, 국제학사 학위(International Baccalaureate, IB) 프로그램은 동기가 부여가 된 학생과 교사에게 포괄적이며 최선의 도전적인 사전 대학 과정을 제공한다. 2년의 교육과정은 폭넓게 학과목을 다루고 1968년 이래 119개 국가 500,000명 이상의 학생들이 시험을 치러왔다. IB 교육과정이 엄격하다고 잘 알려져 있어, 세계를 주도하는 대학들은 IB를 졸업한 학생을 환영한다. 학위를 취득하기 위해서는 약 4,000단어의 에세이를 작성하고 독창적인 연구를 수행해야 한다. 이 프로젝트는 특별한 흥미 주제를 조사하는 기회를 제공하며, 학생들로 하여금 독립 연구에 익숙해지고, 대학에서 기대하는 작문기술을 습득하게 한다. 이 프로그램을 졸업한 학생은 대학 학점을 이수하거나 여러 대학 혹은 대학교에서 우수한 입지를 갖게 될 것이다. IB 졸업장을 받은 사람은 세계를 주도하는 대학에서 입학을 허가받는 등, 프로그램의 엄격한 평가로 명성을 얻고 있다. 30년 과정 동안, 기관은 학생들이 대학 활동에 잘 준비가 되었음을 보여 주고 있다(Boyd, 1999). IB는 웹 사이트(http://www.ibo.org)에 대학 인증 정책을 수록해 놓고 있으며 기타 정보를 제공한다.

또한 IB 프로그램은 기초 중학교 과정을 포함하고 있다. 11~16세 학생을 위한 Middle Years Programme은 영어, 수학, 과학, 외국어와 사회과학의 핵심적인 교육과정 프로그램으로 구성된다. IB 기초 프로그램을 마치는 데는 5년이 걸린다.

대학 조기 입학

일부 사춘기 영재들은 심지어 상급 수준의 과정을 수강하지만, 고등학교 교육의 조직적인 패턴과 보통 수준의 속도 때문에 어려움을 겪는다. 영재의 요구를 충족시키지 못하는 고등학교 교육 체제와 학업구조를 참지 못하고, 사춘기 영재들은 고등학교를 일찍 떠나 자신의 과정을 속진한다. 대부분의 대학들은 고등학교 3년을 마친 학생을 받아 줄 것이다. 많은 대학들은 정서적으로 성숙하다는 점을 보여 주는 증거가 없다면, 보다 어린 학생을 수용하길 꺼려한다. 조기 입학 프로그램(부록 A 참조)은 예외적인 어린 영재에게 보다 적절히 대응하기 위해 고등학교와 대학 교육과정을 결합하여 제공한다. 이러한 프로그램에서, 영재들은 처음으로, 학습에 대한 열정을 공유한 진정한 또래 혹은 여러 사람들을 발견하게 될 것이다.

급진적으로 속진하려는 학생들은(즉, 한 학년 이상을 속진) 만일 고등학교에서 2년 혹은 그 이상을 뛰어넘게 되면 잃어버릴 것이 무엇인지 생각해 보고, 조기 입학을 고려해 봐야 한다. 급진적인 속진은 부분적으로 가족이 대학학비를 부담해야 하기 때문에 가족의 결정이 필요하다. "제때" 대학에 입학한 학생보다, 조기 입학의 경우 장학금 기회가 더 적다. 그러나 이점도 있다(Robinson & Davidson Institute, 2005). 학습하는 것을 좋아하고, 보다 깊은 세상에 대한 이해를 갈구하며, 글로 의사소통하는 것을 좋아하는 학생은 대학에서 잘 지낼 것이다. 직업으로 가는 학업적 경로를 오랫동안 생각하던 학생들은 일찍 시작하는 것을 원할 것이다. 예를 들어, 자신이 여러 학위를 원한다는 것을 알고 있는 학생(예: 석사와 박사)은 여러 해 동안 학교에 다닐 것이라고 생각할 수 있다. 고도 영재의 경우, 조기 입학이 모든 문제의 해결이 되는 것은 아니지만, 고등학교보다 더 적합할 수 있다.

조기 입학의 단점도 인식하고 토론해야 한다. 학생들에게 중요한 고등학교 운동경기, 음악, 저널리즘 혹은 기타 고등학교 활동들을 포기하기 어렵다면, 최소한 한동안은 고등학교가 더 잘 맞을 수 있다. 어린 학생들은 교정에서 자신이 가장 어리다는 것을 알고, 대학에 다니면서도 집에 있고 싶은 요구를 가질 수 있다. 이 학생들은 집을 떠나 함께 생활하는 학생들과의 유대감이나 대학경험을 잃어버릴 수도 있다. 다양한 선택안과 대안들(예: 온라인 과정, 대회, AP 혹은 IB 수업)에 대해서 가족 전체와 토론을 해야 한다. 왜냐하면 어린 학생이 대학에 다닐 적에, 전체 가족은 그 영향을 느끼기 때문이다(Robinson & Davidson Institute, 2005). 조기 입학을 결정한 다른 학생과 이야기를 나누고 지침서와 여러 주제에 대한 정보를 보면, 학생과 부모가 선택안에 대해 생각하는 데 도움이 될 것이다.

계획을 발전시키기

8학년이 될 때까지 모든 영재들은 대학진학을 계획하기 위해 필요한 과목과 졸업할 때 요구하는 과정을 포함하여 4년간의 학업 계획을 세워야 한다.

또한 계획은 고등학교 교실에서 보내는 시간, 교육과정 외 활동으로 보내는 시간, 숙제하는 데 필요한 시간과 가족 활동을 하는 시간, 휴식을 하는 시간을 나타내는 시간-관리기술을 포함해야 한다. 주의 깊게 시간 계획을 세우고 계획을 매해 관리하여 살펴볼 때, 학생들은 시간을 효과적으로 관리하는 법과 우선순위를 부여하는 방법을 배우게 된다.

효과적인 활동/학업기술과 시간 관리

어떤 학생의 경우 특히 자신의 시간을 관리하는 데 어려움을 느낀다. 예를 들어, 프로젝트를 시작하지만 시간궤도를 잃어버린다. 너무 집중을 해서 저녁을 먹으라는 소리도 정확하게 듣지 못한다. 학생이 흥미를 부여받거나 자극을 받을 때, 학교 프로젝트와 방과 후 프로그램에 쉽게 압도될 수 있다. 과도하게 동기가 부여된 학생들은 완벽주의와 이상주의를 추구하게 되고, 대부분 영재들이 스스로 과잉 집착력을 갖게 되어 심지어 소진감을 느낄 수도 있다. 여러분의 자녀를 가장 잘 지원하려면, 지금 시간 관리 전문가가 되어 부드럽게 학교 일상으로 돌아가서 시작해 본다. 활동 궤도를 유지할 것과 그렇지 않을 것을 기록하여, 자녀가 대학에 가거나 집을 떠날 때 까지 매년 일상적으로 시작할 수 있다. 시간 관리를 잘하는 것은 효과적인 학생과 비효과적인 학생을 구분짓는 가장 중요한 방법이다(Robinson & Davidson Institute, 2005).

대부분의 학생들은 거의 생각하지 않고 새로운 수업과 활동을 하면서 학교에 왔다 갔다 할 수 있다. 7학년이 될 때까지 이들에게 학교는 상대적으로 쉽다. 대부분 영재들은 또래보다 정확하게 의미를 해석하고 정의할 수 있으므로, 효과적으로 학습하고 현명하게 시간을 관리할 필요가 없었다. 영재는 프로그램에서 숙제를 하는 데 얼마만큼의 시간이 필요할 것인지 과소

평가하는 경향이 있다. 고등학교 및 대학교에서 뒤늦게 도전을 받을 때, 질적으로 높은 활동을 조직하고, 학습하며, 산출하기 위해 필요한 기술을 갖추고 있지 않음을 발견하게 된다. 고등학교를 졸업할 때까지, 학생들은 학과목과 평가 유형에 대해 여러 방식으로 학습하는 법에 대한 생각을 가지고 있어야 한다.

사춘기 영재들로 하여금 자신의 시간을 관리하도록 돕는 것은 많은 부분 학생의 사고 스타일에 좌우된다. 어떤 학생들은 체계적이어서, 노트 정리를 잘 하고 조직하는 것을 좋아한다. 책상과 사물함은 정리정돈이 잘 되어 있고 유사한 항목을 함께 묶어 모든 것을 정리해 놓는다. 대개 이 학생들은 시험, 특히 사지선다형 문제일 때 시험을 잘 본다. 어떤 학생들은 보다 창의적으로 다르게 조직한다. 모든 것을 침대 바닥에 늘어놓지만 필요할 때 어디에 있는지 정확하게 알고 있다. 특히 시험을 잘 보지는 못하지만, 훌륭한 에세이를 쓰는 경향이 있다. 다음 섹션에서는 (학생용) 학습을 위해 효과적으로 시간을 관리하는 요점을 다룰 것이다.

여러분의 시간을 관리하는 한 가지 방법은 시간 관리차트를 만들고, 학교생활, 수면과 연습 등의 활동별로 각 주마다 시간의 양을 분배하는 것이다. 학기가 시작하면, 각 활동별로 매주 여러분의 시간을 쪼개 놓는다. 〈표 3-5>와 같이 차트에 쪼개놓은 것들을 기록한다. 매시간 여러분이 활동을 첨가하고 싶거나 혹은 활동에 배정한 것보다는 더 혹은 덜 시간이 걸린다는 것을 발견하게 된다면, 차트로 돌아가서 숫자를 다시 조정한다.

기타 활동(일생에 한 번 컨선트에 참석하는 등) 혹은 매주 축구 경기에 참석하기 위해 다른 활동(전화통화하거나 인터넷 검색하는 등)을 바꿀 수 있다. 중요 학교 프로젝트 혹은 숙제가 있을 때, 얼마나 그 과제가 걸릴지 예상하고 단계로 나눠서 시간을 할당한다(예: 초안을 잡는 데 2시간 그리고 개정을 하는 데 1시간 등). 그러고 나서 프로젝트를 마칠 때까지 매주 숙제

〈표 3–5〉 학생용 시간관리 차트

다음 차트는 평균 주별로 여러 활동에 대해 시간을 할애하는 방법을 보여 준다. 만약 여러분이 하는 모든 것을 포함하지 않았다면, 현실적으로 여러분의 시간을 생각하고 활동에 참가하였는지 확인해 본다. 각 항목에 대해 사용하는 시간의 양을 예상한다. 일단 시간의 양을 예상한 후에, 적어 놓은 수를 곱한다(어떤 질문은 곱하기를 요하지 않는 것도 있다). 이것은 여러분에게 1주일에 그 활동에 대해 사용하는 전체 시간을 보여 줄 것이다. 각 항목의 주별 시간을 계산한 후에, 전체 총시간을 계산하기 위해 모두 더한다. 168, 즉 주별 총 시간에서 이 총 시간을 뺀다. 나머지 시간은 여러분 스스로 연구를 할 수 있는 시간이다. 만약 연구할 시간이 없다면, 다시 뒤로 돌아가서 줄일 수 있는 것 혹은 제거할 수 있는 것이 있는지 살펴본다.

1. 매일 밤 잠자는 시간: ( ) × 7 = ( )
2. 매일 빈둥거리는 시간: ( ) × 7 = ( )
3. 매일 식사/간식 먹는 시간: ( ) × 7 = ( )
4. 학교로 오가는 전체 시간: ( ) × 5 = ( )
5. 정규적으로 계획한 활동 시간: ( )
   (음악레슨, 운동경기, 가정에서 하는 허드렛일, 종교활동, 아기 보기 등)
6. 계획으로 잡아놓은 교육과정 외 활동 시간: ( )
7. 허드렛일, 심부름 등을 하는 시간: ( ) × 7 = ( )
8. 주당 학교에서 보내는 시간: ( ) × 5 = ( )
9. 전화 혹은 친구와 보내는 사회활동 시간: ( )

전체 합산 시간: ( )

168, 일주일 전체 시간에서 전체 합산 시간을 뺀다.

168 − ( ) = ( )

를 위해 보다 많은 시간이 필요한지 아닌지 결정한다. 매주 혹은 매달 차트를 조직할 때, 특별한 시간을 별도로 빼놓을 수 있다. 계속 업데이트를 하고 시간 차트를 관리한다면 시간을 가장 효과적으로 사용하고, 참여하고 싶은 활동을 즐겁게 할 수 있으며, 숙제를 마치거나 대학 에세이를 쓰는 것처럼 책임을 다 할 수 있다.

시간을 관리하는 또 다른 방법은 그림을 그리는 것이다. 이 경우는 시각적 학습자인 경우 더욱 좋다. 좋아하는 음식 혹은 주제처럼 보이는 시간 차트를 만든다. 여러 층으로 된 햄버거([그림 3-1] 참조)가 한 예이다.

가운데 고기가 있다. 고기가 나타내는 것은 무엇인가? 학교? 집? 고기가 나타내는 것이 학생 혹은 학습이라고 해 보자. 24시간 중에, 얼마큼 양상추, 치즈 혹은 케첩이 필요할 것인가? 치즈가 숙제인가? 여가시간은 소스인가? 서로 다른 크기의 층이 있는 것 혹은 조각이 있는 것 등으로 생각할 수 있다. 이상과 같은 시간 관리는 임의적으로 조언을 주는 시간표보다는 이해하기 용이하다.

한편 일반적으로 7학년 또는 8학년에서 하는 전통적인 학습기술 과정은 대부분의 영재에게 부적합하다. 이들 과정에서, 학생들은 어떻게 자신의 우수한 지적능력을 관리하고 어떻게 다른 방식으로 여러 학업과목을 학습할지 배우지 못한다. 예를 들어, 매우 확산적인 사고를 하는 학생은 대부분 학습기술과정에서 사용하는 직선적-계열적인 방법을 따를 수 없다. 이와 같은 경우에, 교사는 "mind mapping"과 같은 비계열적인 방법으로 가르칠 수 있다(Note. 일부 확산적 사고를 하는 학생들은 사고를 거꾸로 혹은 뒤로 함으로써 계열성을 학습할 수 있다). 학습기술에 대한 개요를 보면 영재를 위한 작문과정이 특히 부족함을 알 수 있다. 어떤 학교는 그 나름의 과정을 개발하고 있다. 예를 들어, Maryland의 한 Magnet School에서는 인문 영재들에게 시간 관리와 과제분석(예: 과제를 특정한 단계로 나누면 얼마나 오래 걸리는지 예측하는 것)을 포함하여 활동/학습-기술과정을 받도록 요구하였다. 따라서 학생들은 학생이 책임을 지는 모든 것을 포함하여 시간 관리 계획을 세워야 한다. 즉, 학교에서 보내는 시간, 아기돌보기, 집안 허드

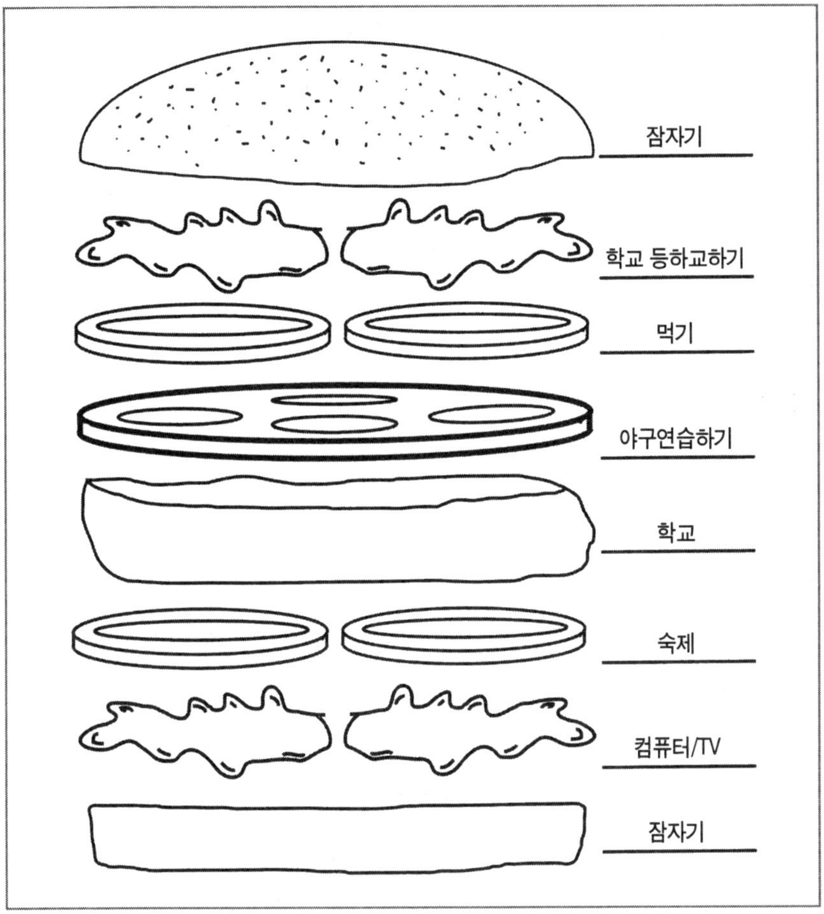

[그림 3-1] 시간 관리 햄버거

주) Adapted from "Time management for gifted kids," by the Council for Exceptional Children Family Education Network, 2005, http://school.familyeducation.com/organization/gifted-education/38344.html. Copyright © 2005 by the Council for Exceptional Children. Used with permission.

렛일, 교육과정 외 활동 등등. 인터뷰 동안, 한 행정가는 "이 똑똑한 아이를 한번 보세요, 시험을 잘 치루지만 제출하는 것을 보면 아주 형편이 없어요" 라고 말하면서 우리에게 찾아오는 부모들 때문에 이것을 하게 되었다고 말하였다. 이 학교에서는 그 때까지 학생들이 고등학교에 진학하고, 지적능력 수준에 적합한 도전적인 과정을 숙달하는 데 필요한 기술을 갖출 것으로 기대하였다.

의사결정 기술

의사 결정에 대한 연구는 정보 및 대안 해결방안의 주의 깊고 합리적인 평가, 판단 및 해결책에 대한 점검 같은 수렴적 사고기술을 강조한다(Kolb, 1983; Maker, 1982). 의사결정기술은 영재에게 있어 2번째 속성이지만 결과를 예측할 수 없는 사람들에게는 가르쳐야 한다. 학생들은 선택한 것과 대안적인 해결방안을 평가하는 법, 판단을 하고 자신에게 가장 흥미 있는 것에 따라 의사결정을 하였는지 아닌지 그 방안을 검증하는 법을 배워야 한다. 대학계획과 관련하여, 학생들로 하여금 자신의 결정을 평가할 수 있도록 도움을 주어야 한다. 매우 창의적인 학생도 여러 대학들 간의 차이를 찾아보는 동안 평가기술을 배워야 한다. 이들 학생들은 대학으로부터 많은 우편물을 받는다. 만일 유용한 정보와 그렇지 않은 정보를 구분할 수 없다면 학생들은 모든 것을 엉망으로 만들고 필요할 때 아무 것도 찾을 수 없을 것이다.

학생들은 의사결정이 위험감수로 시작하고 끝나는 조직적인 과정으로, 자신의 삶에 대해 보다 많은 통제력을 부여한다는 점을 알아야 한다. 특히, 의사결정기술을 지도한다는 점은 모든 학업영역에서 수행을 잘하며 다양한 교육과정 외 활동에 참여하는 다중잠재력을 지닌 학생들에게 중요하다. 다중잠재력을 지닌 학생들은 집중할 영역을 선택하고 우선순위를 부여하기 위해 의사결정을 내릴 수 있도록 배워야 한다. 의사결정 기술은 다른 사람의 기대에 매우 민감한 학생들에게도 마찬가지로 중요하며, 특히, 다른 사람의 기대가 자아-완성과 상치될 때 더욱 그러하다. 결정을 내리지 않기로 선택하는 것 역시 한 사람의 미래를 결정짓는 일종의 선택임을 배워야 한다.

능숙한 의사결정자는 다음의 단계로 의사결정을 내린다:

- 자신에 관한 무언가를 알기(예: 개인적인 목표)
- 내릴 결정을 인식하고 정의하기(수강할 학교과정, 대학전공을 선택하는 방법, 생각하고 있는 대학 및 대학교)
- 가지고 있는 정보를 평가하고 평정하기
- 다음과 같이 "어떤 사실과 아이디어가 빠져 있는가?"라고 질문함으로써 필요한 정보를 평가하기
- 부가적인 정보를 얻기 위해 책략을 창출하기
- 목표와 관련이 있는 부수적인 정보, 사실과 아이디어를 수집하기
- 다음의 질문을 제기함으로써 각 대안들이 갖는 이익, 불이익 및 결과(위험과 비용)를 평가하기:
    - 이 선택에 만족할 수 있는가?"
    - 이 선택에 난 행복할 것인가?"
    - 다른 사람들(부모)도 이 선택에 동의하는가?"
    - 6개월 동안 내가 내린 결정에 대해 어떻게 느낄 것인가?" 1년 동안? 5년 동안?
- 선택하고 적고, 큰 소리로 말하기. 결정을 잘 한 것 같은가? 만일 그렇지 않다면, 다른 선택안에 대해 이상의 과정을 반복하기

- 바람직한 목표를 획득하기 위한 책략과 계획을 개발하기
- 결과를 돌아보기. 만일 이해가 되지 않는다면 다시 시작하기. 과정 그 자체가(예: 정확한 단계에 따른) 결정에 도달하는 방식에 의한 것인지 확인하기
- 결정과 결과를 구분하기(예: 좋은 결정이 형편없는 결과를 가져올 수 있고, 그 반대일 수도 있다)

우선, 영화 혹은 음악을 구매할 때 이 과정을 시도해 본다. 잘 적용되는가? 이 과정을 대학계획에 적용해 본다.

진로상담

부모는 자녀의 중학교 및 특히 고등학교 진로상담자와 긍정적인 관계를 형성하고 유지해야 한다. 진로상담자는 교육과정, 속진 과정, 심화 학급, 여름학습 기회와 여러 교육적 대안에 대한 정보를 제공한다. 자녀의 진로상담자는 학교, 가정 및 지역사회와 친숙하기 때문에, 진로상담자의 관점과 전문성은 고등학교와 대학 학부교육을 계획할 때 매우 중요할 것이다. 적절하고 도전적인 과정을 선택하는 것 외에, 상담자는 자녀의 재능을 키워줄 프로그램과 자료를 추천할 수 있다.

자녀의 상담자는 자녀의 친한 친구나 조언가가 되어 줄 수 있다. 그러나 8학년 학생 중 60%는 학교 상담자와 과목 선택에 대해 의논하지 않고 고등학교에 진학하는 것으로 나타났다(Frome & Dunham, 2002). 얼마나 자주 상담자를 만나는지 물어보았을 때, "충분하지 않다. 가끔 일 년에 2~3번 정도"라고 대답하였다.

보통 상담자는 500~1,000명 정도의 학생을 담당하게 되며, 이 학생 상

당수는 심각한 개인적인 문제를 겪고 있다. 이 책에서 인터뷰를 한 영재에 따르면, 지도 상담자는 최선을 다하지만, 수적으로 너무 많은 학생의 요구에 반응을 해야 하므로, 상담을 충분히 한다는 것이 불가능해 보인다고 하였다. 그러므로 민감하고 통찰력이 있는 영재들이 자신이 가진 문제나 미래의 계획에 대해 상담자와 의논하지 않는다고 놀랄 일은 아니다. 영재들은 논리적이기 때문에 다른 학생이 경험하는 것에 비교하면, 자신의 관심사는 중요하지 않다고 생각하고, 스스로 해결책을 찾으려고 한다. 불행히도, 영재들은 뭐든 스스로 해야 한다는 통설을 믿는 경향이 있다.

올해도, 미국 전역에서 가을에 등록할 곳을 결정하고 자신이 선택한 대학으로부터 입학 허가서를 받는 고등학생들이 있다. 또한 학업 성취가 상위권에 속하지만, 가난한 가정환경으로 인해 대학에 등록하지 못하는 학생들도 있다. Johns Hopkins 대학의 사회학자들이 실시한 최근 연구에 의하면, 모순되게도 소득 수준이 낮은 가정에서 벌어지는 "재능 손실"은 가정의 재정적인 위축과 상대적으로 거의 관련이 없었다. 대신 대개 이 학생들은 고등학교 진로상담자 혹은 다른 어른들로부터도 대학 지원에 대한 실제적인 조언을 받지 못한 것으로 나타났다(Plank & Jordan, 2001). 저소득층 학생들은 대학계획을 잘 하지 못한다. 대부분 2학년 2학기가 될 때까지 대학을 찾아보려고 시작도 하지 않았다. 종종, 이 학생들은 꼭 해야 할 때까지 ACT, SAT 혹은 다른 성취 검사도 보지 않았거나 과정 선택도 잘 하지 못하는 것으로 나타났다. 많은 학생들이 재정적 지원, 장학금을 받을 수 있다는 것을 알지 못하고 대학에 갈 수 없다고 생각한다.

자녀가 4년 동안의 대학생활을 계획하고, 과정을 선택할 때 이를 논의할 진로상담자를 찾아보고 확인하는 것은 부모의 책임이다. 가능하다면, 또한 그 회의에 참석해야 한다. 그리고 자녀가 매년 상담자를 만나는지 확인하고 대학추천서를 작성할 때까지, 상담자는 대학에서 학생들이 과연 성공할 것인지 그 이유를 상세히 기록할 정도로 충분히 그 학생을 잘 알고 있어야 한다(상담자의 추천서는 5장에서 살펴볼 것이다).

그러므로 영재는 정체감과 적응, 관계 변화 및 진로 같은 사춘기 성장과 발달에 기초한 문제에 대해 혁신적인 상담을 받아야 한다. 문제는 그들이 영재이므로 복잡해진다. 영재는 자신의 말을 들어 주고, 능력과 경험을 해석하고 명확하게 해 주며, 자신의 변화하는 생각과 자아개념에 대해 토론하고, 미래를 계획할 때 도움을 주는 상담자가 필요하다. 부분적으로는 영재가 자신의 관심사에 대해 어른이나 또래와 이야기하고 정보를 수집할 기회를 주는 구조적 혹은 비구조적 워크숍 토론과 지도를 통해서도 상담을 실시할 수 있다. 그러나 단지 토론을 위한 정보나 포럼을 제공하는 것만으로는 충분하지 않다. 목표가 자신 및 지역사회를 바로 아는 데 있다면, 교육과정은 학생들로 하여금 자신의 생각을 변화시키고 새로운 생각과 개념을 형성하는 방법을 포함해야 한다(Buescher, 1987a).

이 책에서는 괄목할 만한 상담자와 프로그램을 다루지 않았다. 그러나 영재의 사회, 정서적 요구를 잘 충족시키는 프로그램은 여러 가지 방법면에서 다르며, 다음과 같은 독특한 특징을 가지고 있다:

- 프로그램은 일관적이며 예측이 가능하다.
- 7~8학년에 시작하여, 고등학교 수준에서 학생들이 이용할 수 있다.
- 영재의 특별한 지적, 사회적, 정서적 요구를 충족시키기 위해 개발되었다.
- 프로그램은 정규적으로 계획을 세워 실시하는 집단 토론, 개별 토론 및 적절할 때 실시하는 작문 활동으로 구성된다. 집단 토론은 조직적이거나 비조직적일 수 있으며, 다루는 주제에 따라 다르다.
- 프로그램에 학생들이 자신과 다른 사람을 이해하도록 개발한 특별한

계획을 포함한다.

- 영재로 판별된 학생(일반적으로 IQ 점수로)을 프로그램에 포함하지만 학문적으로 성취를 잘 하지 못하는 학생들도 포함한다.
- 적성, 흥미 및 여러 평가 검사를 실시하였을 때 그 기능과 한계점을 설명한다.
- 교장, 교사 및 다른 직원들이 상담 프로그램을 매우 지지한다.

정규적으로 계획해 놓은 집단 토론은 여러 면에서 영재에게 도움을 준다. 인터뷰하였던 한 상담자는 대부분 집단 토론을 융통적으로 구성한다고 하였다. 매년 자아-인식과 자아-탐색을 연습으로 시작하여 학생들로 하여금 스트레스, 변화하는 자아상 및 사회적 관계를 다룰 수 있도록 도움을 주었다. 인터뷰한 대부분의 상담자는 대학 이전 혹은 진로상담을 위해 집단 토론 시간을 활용하였다. 모든 사람들이 집단 토론을 중요한 지도 교육과정의 일부분으로 특히, 작문 과제와 함께 적용하였을 때. 더욱 효과적이라고 하였다. 교사들은 토론할 주제가 무엇인지 알기 위해, 상담자와 회의를 하고 지도 프로그램을 지원한다. 다음의 지도에 대한 상호 접근법이 학생들에게 도움이 된다.

- 자신에 대해 배우고 영재라고 하는 것이 자신의 삶에 미치는 영향을 건설적으로 다룬다.
- 기대, 다중잠재력 및 미성취와 같은 문제를 명확히 한다.
- 교육 목표를 설정한다.
- 의사결정기술을 습득한다.
- 사회적 관계를 토론하고 연습한다.
- 인턴십 및 여름 프로그램같이 이용할 수 있는 기회에 관해 안다.

진로탐색

> 노력 없이 완벽하게 할 수 있는 일은 나에게 없다. 그러나 내가 할 수 없을 만큼 어려운 것도 없다. 이것이 앞으로 나의 위치를 정하기 어렵게 만드는 이유이다.
>
> — 한 영재학생

만약 수학을 가르치려고 하지 않는다면, 어떻게 수학이 직업으로 전이되는가? 행위 예술가 혹은 건축가로서 직업을 가지려면 어떤 준비를 해야 하는가? 박물관 혹은 역사를 가르치는 것도 아닌데, 왜 역사를 배우는가? 사춘기 학생들이 묻는 몇 가지 질문이 있다. 일부 학생들이 직면하는 문제는 유명 대학에 다니는 22세의 다재다능한 대학원생의 인터뷰에서 잘 볼 수 있다. "학교는 나에게 합리적인 선택을 하라고 하지만 선택할 것이 끝도 없고, 분명하지도 않은데 어떻게 합리적으로 결정을 내릴 수 있는가? … 어떤 때는 본능에 조율할 필요가 있다. 경험이 필요하다."

멘토 혹은 인턴십으로 경험에 대한 얼마간의 요구를 충족시킬 수 있다. 예를 들어, Ashley는 9학년 때 토크쇼 사회자가 되고 싶다고 결정하였다. Ashley는 자원을 하여 지역 텔레비전 방송국에서 인턴십을 받아 몇 달 동안 방과 후에 방송국에서 시간을 보냈다. 인턴십 동안에, Ashley는 토크쇼 사회자가 되기엔 몸매가 좋지 않다는 것을 알게 되었고, 학교교육에 대해서 전문가와 이야기를 나누었다. 인턴십이 끝날 쯤에, Ashley는 광고를 좋아하게 되었고, 이 분야에서 결국 성공을 거두었다.

진로탐색, 자기발견 과정은 학생들로 하여금 학교와 직업 간의 관계를 이해하고, 현실적으로 진로를 선택하며, 단기 및 장기적인 목표를 설정하고 미래를 계획할 때 도움을 준다. 공통적으로, 활동세계를 준비하는 영재에게는 특별한 힘이 있을 것으로 생각한다. 그러나 일반적인 생각과는 달리, 영재의 특성과 직업에 있어 장기적으로 그 진로를 개발해야 되므로, 영재도 활동세계를 준비할 때 특별한 도움이 필요하다. 영재는 진로계획을 할 때 덜이 아닌 더 많은 정보와 지원이 필요하다. 왜냐하면 현실적으로 고려할 수 있는 것보다 많은 선택과 대안이 있으며, 어떤 학생들은 자아 완성과 다른 사람을 기쁘게 하는 것 사이에서 갈등을 겪기 때문이다. 사람들은 자주, 영재들이 혼자서도 성공하고 직면하는 어떤 상황에서도 적응할 것이라 기대한다. 따라서 진로계획을 우연에 맡긴다(Frederickson, 1979, 1986; Kerr, 1981).

고등학생 영재는 진로계획을 신중하게 받아들이지만(Colangelo & Zaffrann, 1979; Frederickson, 1979; Kerr, 1981), 연구와 인터뷰에 의하면, 많은 고등학교는 영재의 진로계획에 대한 요구를 우선적으로 고려하지 않는다. 예를 들어, Project Talent에서 영재로 판별된 1,000명의 고등학생 영재를 대상으로 실시한 종단연구에서, 대부분 속이 들여다보이는 교육과정은 고등학교 내에서 진로지도를 제외시키는 것으로 나타났다(Delisle, 1982). 그리고 미국에서 1,894명의 고등학생을 대상으로 실시한 조사에서도, Chapman과 Katz(1983)는 지도 상담자가 교육지원과 유명 대학교에 입학하는 것을 우선적으로 강조하고 있음을 보고하였다(Clark, 1983).

특히, 아래와 같은 문제 상황을 간과할 때, 진로계획의 어려움이 생기게 된다(Buescher, 1985; Delisle, 1982; Herr & Watanabe, 1979; Kerr, 1981, 1991; Marshall, 1981; Sanborn, 1979; Willings, 1986):

- 다재다능하며 어떻게 결정을 내리고 목표를 설정할지 알지 못할 때
- 매우 기대에 민감하며 자아-완성과 다른 사람에 대한 책임 사이에서 갈등을 해결하지 못할 때

- 개인적으로 장기적인 집중력을 요하는 직업을 결정하려는 여학생 영재일 때: 과학과 수학에 적성을 가진 여학생은 특별한 문제에 직면한다(2장 참조).
- 모호한 상황을 참지 못하고 즉각적으로 대답을 찾고, 미성숙하고 임의적으로 진로를 선택할 때
- 학생이 초보이며 미성숙하게도 성장과 발달에 있어 기회가 제한된 흥미영역에 집중할 때
- 감정적으로 덜 성숙하고 장기적으로 계획을 생각할 수 없을 때
- 특별한 능력이 아직 발현되지 않아, 무엇이든 능숙하게 할 수 없다고 믿을 때

자신의 미래에 초점을 맞추기

대부분의 대학과 대학교들은 11~16세 영재학생을 위한 종일 혹은 이보다 길게 학업 및 진로계획 활동을 개최한다. 여러 분야에서 전문가와 상호작용할 기회를 학생에게 제공하며 부모에게는 진로 지향적인 학업 계획에 관해 알려 준다. 대학 교수진 혹은 전문가들은 인문 및 사회과학, 예술, 수학, 과학과 공학에서 진로 워크숍을 이끌어 준다. 부모 섹션에서는 여학생을 격려하여 수학과 과학 분야에 참여하게 권고하며, 대학계획과 재정에 관한 주제, 영재의 사회와 정서적 요구를 포함하여 다룬다.

진로탐색은 학생들로 하여금 학교, 진로와의 관계를 이해하도록 돕고 현실적으로 진로선택안들에 익숙해지며, 단기 및 장기적인 목표를 세우고 미래를 계획하도록 도움을 주어야 한다. 이것은 바로 진로탐색이 일종의 자아-발견 과정인 이유이다. 대부분 사춘기 학생들은 성인으로서 무엇을 하고 싶어 하는지 이에 대한 단서를 가지고 있지 않다. 어떤 학생들은 어린 아

이 적에 하던 것을 할 것이라고 생각하지만 이와 같은 학생들은 소수이다.

고등학교에서 시기적절하게 진로계획에 관한 정보를 제공받지 못하였을 때, 영재들은 미성숙하고 임의적으로 대학 전공 혹은 진로를 선택하거나 성인기에 의사결정을 잘 할 때까지 지연할 수도 있다. 심지어 대학에 다니지 않은 학생들은 졸업 후 5~6년까지 진로를 정하지 못한다(Johns Hopkins University, n.d.; Plank & Jordan, 2001).

고등학교 영재들은 심각하게 진로계획을 고려한다. 그러나 고등학교 교사들은 그 계획서를 다룰 시간이 거의 없으며, 진로지도에도 거의 관여하지 않는다. 고등학교에 진로센터가 있지만 진로를 결정할 때 학생을 돕고자 진로센터에서 활동하는 성인은 없다. 게다가 영재학생들은 대학에 다니는 동안에도 최소 한 번 이상은 전공을 바꾸고, 어떤 학생은 전공을 4번 혹은 5번 변경하기도 하며 인생의 후기가 되어서도 진로선택에 대해 불확실하다고 계속 표현하는 경향을 보이기도 한다(Kaufmann, 1981; Simpson & Kaufmann, 1981).

영재의 가치, 흥미, 요구 및 개인적인 인지 스타일에 기초한 진로계획은 전통적인 방법보다 효과적인 것으로 나타났다(Kaufmann & Kerr, 개인적인 서신교환, 1987, 8월; Kolb, 1983; Myers & Myers, 1980). 영재를 위한 폭넓은 진로 인식 접근법에서는 다음과 같은 문제를 언급한다:

- 자아 인식, 즉, 자신의 개인적인 가치, 흥미, 요구, 그리고 학습스타일에 대한 이해
- 문제발견 및 문제해결을 포함한 의사결정 기술
- 현재와 잠정적인 진로선택에 대한 이해
- 고등학교 과정, 대학 전공과 높은 수준의 학위과정이 진로와 어떻게 관계가 있는지에 대한 이해

- 다양한 흥미가 진로와 어떻게 연관될 수 있는지에 대한 이해
- 인턴십, 멘토십, 그리고 다른 현실 생활 경험에 참여
- 어떤 흥미가 특별한 진로와 연결되고 어떤 흥미가 여가활동과 연관되는지에 대한 이해. 성인 영재가 일을 통해서만 자아-완성을 이루는 것은 아니다.
- 융통적인 생활방식에 대한 훈련

진로센터

대부분 학교는 일종의 학문적 자원을 위한 통합적인 부분으로 진로센터를 생각한다. 이 책에서 실시한 연구에서 진로센터 코디네이터와 2시간의 인터뷰를 하였다. 인터뷰를 진로센터, 보통 크기의 방에서 진행하였다. 인터뷰 동안에, 상담자, 교사, 부모, 그리고 학생을 센터로 불러, 각기 독립적으로 이들을 활용하고 돌려보냈다. 학생들은 컴퓨터 작업을 하거나 책을 읽으면서 점심을 먹었다. 부모 자원봉사자가 도착하였고 컴퓨터에 자료를 입력하고 책을 범주화하며 다시 시간이 걸리는 과제를 수행하였다. 경우에 따라서, 학생, 부모, 상담자 및 교사가 질문을 하려고 코디네이터에게 오면, 센터의 활동과 목적을 다음과 같이 소개하였다:

- 모든 활동을 4년의 계획 하에 융통적으로 실시한다. 적절한 흥미와 평가 검사를 포함하여 학생들에게 매년 과제를 준다. 예를 들어, 9학년 학생은 자료를 사용하는 방법과 적절한 진로집단을 조사하는 방법에 대해 배운다.
- 학생은 시험 결과와 연구 결론을 파일에 보관한다.
- 학생은 지도 상담자 및 진로센터 코디네이터와 함께 집단토론 및 집단상담 워크숍 동안에 검사결과를 토의한다.

진로센터는 진로를 계획하는 프로그램의 질에서 결정적인 차이가 있다. 상담자, 교사, 부모와 학생들은 모든 학교가 이상의 진로센터 자원을 갖추도록 밀어붙여야 하지만 만일 이를 행할 수 없다면, 자녀들이 공립도서관에서 진로에 관한 자료를 사용하도록 지도한다. 다음은 학생들이 익숙해져야 하는 자료들이다. "Bare bones" 진로센터를 시작으로 다음과 같은 것들이 필요하다:

- 『O*net Dictionary of Occupational Titles: The Definitive Printed Reference of Occupational Information』(DOT, 2004; ISBN# 1-56370-962-7)은 거의 1,000개의 직업을 기술해 놓았다. 이 책은 현재 각 직업교육과 훈련 수준, 봉급, 프로젝트화된 성장, 뽑는 인원수, 고용된 사람 수, 기술, 성격 유형과 그 외의 것들을 수록해 놓았다. 각각을 설명해 놓은 것에는 특별히 수행한 과제, 수입, 교육 및 훈련조건과 12개 기술에 대한 평정, 타협, 물리적 조건, 언어와 수학 유창성 그 외 것들도 포함되어 있다. 학생들에게 정신과의사와 심리학자 같은 직업의 차이점을 소개할 수 있다. 또한 각 제목마다 자료, 인물과 기타 사항에 관련된 정보를 나타내는 코드가 있다. 이것은 학생들이 직업을 선택할 때 중요한 것을 소개하는 좋은 시작점이다. 또한 이 분류체계는 많은 다른 자료의 기초이기도 한다.
- 『Occupational Outlook Handbook』(OOH, 2006; ISBN# 1-59357-248-4)은 미국 노동청에서 발행되며, 미국에서 많은 사람을 고용한 직업에 대한 정보를 DOT보다 폭넓게 제시한다. 학생들이 직접 무료로 정보를 요청하는 주소 외에도 특히 지난 10년 동안 간과되어 온 고용, 관련 직업, 직업에 대한 설명, 갖추어야 할 교육조건 등이 포함되어 있다. 이 자료는 하드 혹은 소프트 커버로 2년마다 재발행된다.

- 『New Guide for Occupational Exploration: Linking Interests, Learning, and Careers』(2005; ISBN# 1-59357-180-1)는 제본되어 있지 않은 직업 파일과 중간 규모의 모든 직업 정보를 인덱스로 처리해 놓은 조직적인 도구이다. 이것은 Worker Trait Groups, 즉 DOT 숫자와 Worker Trait Group 숫자를 사용하여, 직업에 대한 각 집단의 원리와 알파벳 인덱스를 수록하고 있다.
- Chronicle Guidance materials(http://www.chronicleguidance.com 참조)는 뛰어나며, 이 자료가 제공하는 3-in-1 Subscription은 어떤 다른 것보다 돈에 대한 것을 많이 제공해 준다. 매달 직업적 신념 문제; 지도 자료; 차트 형태로 비교하기 쉽게 대학에 대한 정보 외에도 전공에 대한 인덱스를 제공하는 『4년제 대학 핸드북(The Four-Year College Handbook)』(ISBN# 1-55631-335-7)과 『2년제 대학 핸드북(Two-Year College Handbook)』(ISBN# 1-55631-334-9); 『무역과 기술학교 핸드북』(Trade, Technical School Handbook) 및 제본해 놓지 않은 파일을 무료로 배포하는 곳을 소개한다. 무역과 기술학교 핸드북은 지역마다 다양하다: Northeast, West와 Midwest. 전체 직업 도서관을 수집하는 데 4년이 걸리지만, 이것은 전체 자료를 수집하는 데 우선 돈을 쓰고 나중에 업데이트하기보다는 예약으로 구독자를 먼저 받는 체계로 운영하고 있다.
- 대학 소개책자가 다음 목록이다: 여러분은 『Peterson's Four-Year Colleges』(2006; ISBN# 0-76891-749-2) 사용을 생각할 것이다. Peterson의 책은 학생들로 하여금 중앙값이 절대적이지 않다는 것을 보여 주는 SAT 퍼센타일별 입학허가 차트를 갖추고 있다. 이 책과 대부분의 다른 대학 핸드북은 매해 발행되므로 매년 구매해야 한다.
- 파일 폴더는 다음의 세 가지 범주에 대해 제본되어 있지 않은 파일

을 정리할 때 사용한다: 고등학교 졸업 후 교육(대학과 무역/기술학교 자료를 따로 분리하여 파일로 만들어 놓지 않는다), 직업과 직업기술.

- 부수적인 지침들
  - Fiske Guide to College(2006; ISBN# 1-40220-374-8; http://www.fiskeguide.com)
  - Greenes' Guides to Educational Planning (http://www.greenesguides.com)
  - Wintergreen Orchard House에서 발간하는 책들 (http://www.wgoh.com)
  - Octameron Associates에서 발간하는 책들 (http://www.octameron.com)

구입하기 전에, 국립진로개발협회(National Career Development Associates) 웹 사이트를 방문한다. 이 웹사이트에는 진로계획과 특별한 진로 정보를 소개하는 사이트에 접속할 수 있는 여러 링크들이 가득하다.

진로탐색을 위한 자원과 평가 도구

학교체계, 상담자 및 교사들은 학생들로 하여금 단기 및 장기적으로 교육과 진로목표를 설정하고 자신에 대해 알 수 있도록 적성검사, 흥미검사, 기타 표준화된 검사 항목, 그리고 여러 부가적인 자원을 사용한다. 이상의 도구들은 단기간에 다량의 정보를 제공하기 때문에 매우 유용하다. 상대적으로 적은 비용으로 몇몇 도구들은 정보를 제공한다. 그러나 대부분 적성검사와 흥미검사는 다음과 같은 이유로 인해 주의를 기울여 활용해야 한다:

- 일반 학생을 위해 개발된 검사도구들은 영재에게 부적절하다. 모든 영역에서 영재는 98에서 99퍼센타일의 점수를 받으며, 위로 올라갈 수 있는 점수 폭(천정)이 너무 낮기 때문이다(Frederickson, 1986; Sanborn, 1979). 대부분 영재학생들은 높고, 변동이 거의 없는 프로파일을 나타내며(Kerr & Ghrist-Priebe, 1988), 모든 척도에서 가장 높은 십분위의 점수를 받으므로, 영재들은 검사의 유용성을 의심한다.
- 대부분의 적성검사는 높은 수행기준들을 구분할 수 없다. 따라서 적성검사는 영재의 상대적인 강점과 약점을 반영하지 못한다.

단기 및 장기적인 계획에서 활용하고, 정보를 제공할 의향으로 여러 도구를 사용하고 있다. 가치 명료화와 흥미, 개인적인 요구 및 학습스타일을 평가하는 적절한 도구가 이상의 도구에 포함된다. 가치 명료화를 통해서 학생들은 자신을 보다 잘 이해하고, 후에 가장 중요한 삶의 결정을 내리는 기초로서 활용하는 신념 체계와 행동코드를 개발하게 된다(Tannenbaum, 1983). 흥미 검사는 학생들로 하여금 자신과 가능한 진로방향, 그리고 여러 직업을 위해 필수적으로 준비해야 하는 사항을 이해할 수 있도록 고안한 것이다. 어떤 도구는 영재에게 몇 년 동안 있었던 진로에 대해 충분한 정보를 줄 수 없다. 그러나 가치 명료화, 의사결정기술과 적절한 집단 및 개별 지도상담과 결부짓는다면, 이들 도구들을 유용하게 사용할 수 있다. 개인적인 요구평가를 통해서 학생들로 하여금 개인적인 특성을 진로에 통합하는 방법을 이해하도록 도움을 줄 수 있다. 학습스타일 검사는 배울 때 선호하는 학습방식을 이해하는 데 도움을 준다.

일부 연구자와 교육자들은 가치와 요구에 기초하여 영재가 대학 전공과 진로에 대해 결정을 내릴 때, 이들의 선택은 비록 흥미가 달라져도 안정적이라고 생각하였다(Kaufmann & Kerr, 개인적인 서신교환, 1987년 8월). Iowa 대학에 있는 National Honors Counseling Laboratory와 연합으로 실시한 영재에 대한 Kerr의 연구에 의하면, 학생의 가장 내부의 가치, 흥미와 요구에 기초하여 결정을 내리도록 설득하는 가치-기반 프로그램들이 장기적으로 계획을 수립할 때 가장 효과적인 것으로 나타났다. National Honors Counseling Laboratory의 영재를 위한 포괄적인 진로-상담 연구프로그램은 가치-기반 진로상담 중재를 사용하여 대학전공과 진로선택을 하도록 조언을 하고 있다(Kerr, 1986; Kerr & Ghrist-Priebe, 1988). 연구자들은 다음의 세 가지 도구를 사용한다:

- **가치 명료화**: Rokeach Values Survey는 18개의 최종 가치 중에서 순위를 선택하는 도구이다(Rokeach, 1973).
- **직업 흥미검사**: 12학년부터 성인까지를 대상으로 실시하는 Vocational Preference Inventory(VPI)는 Holland가 개발한 것으로 Consulting Psychologists Press/Psychological Assessment Research에서 발행한다. 시간제한이 없으며, 대략 30분 정도 소요된다. 160개 유형의 일에 대한 느낌과 태도에 대한 도구는 11개 점수를 산출하며, 이중 6개를 직업흥미 유형척도로써 활용할 수 있다(Holland, 1973, 1974).
- **성격검사**: 대학생에게 사용할 목적으로 Research Psychologists Press inc./Psychological Assessment Research에서 Personality Research Form을 출판한다. 시간제한은 없으며, 표준 양식은 40분, 긴 양식은 70분 정도 소요된다. 자기 보고식의 성격 검사는 사용하는 양식에 따라 15개 혹은 22개 점수를 산출한다. 두 개의 판 모두 성취, 소속, 공격, 자율성, 지배성, 지구력, 전시, 위험 회피, 충동성, 양육, 질서, 놀이, 사회적 인식, 이해와 희소에 대한 점수를 산출한다. 이 검사는

일반적으로 연구를 위해 사용한다.

아래 대부분 검사는 컴퓨터화된 버전으로 사용할 수 있다.

- Allport Vernon Lindzey Inventory. 45개의 상이한 질문에 대한 개인적인 선호를 묻는 질문지로서 6개 동기영역에서 상대적인 강점을 결정하게 한다(Allport, Vernon, & Lindzey, 1951). 이 도구는 개인의 가치연구 혹은 태도를 통해서 개인을 평가할 수 있다는 가정에 기초하며, Spranger의 여섯 가지 가치 유형의 상대적인 강점에 대한 개인의 프로파일을 만든다.
  - 이론적(theoretical): 진리 발견에 가치를 부여하고 지식을 정돈하며 체계화하려는 사람
  - 경제적(economic): 유용한 것과 실용적인 것에 관심이 있는 사람
  - 미학적(aesthetic): 형식과 조화에 흥미가 있는 사람
  - 사회적(social): 자기 자신의 목표로서 다른 사람을 소중히 여기는 사람
  - 정치적(political): 권력과 힘을 소중하게 여기는 사람
  - 종교적(religious): 인류화합에 가장 높은 가치를 두는 사람
- The 4-MAT System, Teaching to Learning Styles with Right/Left Mode Techniques(McCarthy, 1987)은 Excel Inc.에서 출판되었다. McCarthy는 인지 스타일에 관해 Kolb의 개념형성 접근을 사용하였고, 개인의 학습접근법을 (a) 감각(sensing)과 감정(feeling)(구체적 경험), (b)반성적인 관찰(reflective observation)(살펴보기), (c) 사고(thinking)(추상적인 개념화), 그리고 (d) 활동(doing)(활동적인 실험)의 조합으로 범주화하였다. 교사 및 상담자는 가능한 대안 외에도 학생의 지배적인 학습스타일 선호도를 인식할 수 있도록 도구를

실시한다. 자신이 선호하는 학습스타일에 대한 지식은 특히 영재들이 학문 전공과 진로를 선택할 때 유용하다(Kolb, 1983).

- The Dunn, Dunn, & Price Learning Style Inventory(1975)는 학습의 열여덟 가지 요소를 범주로 분류하고(예: 환경적, 정서적, 사회적 및 심리적), 동기, 인내력, 책임감, 그리고 구조 및 융통성에 대한 요구 같은 학생의 정서적 특징과 관련이 있는 항목을 포함하였다. 보다 정보가 필요할 경우, Learning Styles Network에 연락한다.
- The Learning Styles Inventory-III(Renzulli, Rizza, & Smith, 2002)은 특정 교수법에 대한 학생의 선호를 평가한다(예: 강의, 토론, 프로젝트, 독립학습, 프로그램화된 교육, 상술 및 반복, 또래교수, 시뮬레이션과 게임). Creative Learning Press에서 얻을 수 있다.
- Myers-Briggs Type Indicator(MBTI)는 Consulting Psychologist Press에서 출판한 자기보고식 검사로 널리 사용되고 있다. 개발자는 Jung이 정의한 유형에 따라 개인의 지향성을 결정할 때 이 검사를 사용할 수 있다고 하였다(Myers & Myers, 1980). 검사소요 시간은 60분 그 이상정도 소요된다. MBTI는 판단을 내리는 검사가 아니라 4개 연속선에 대한 선호도를 나타낸다: 외향(extroversion) 대 내향(introversion), 감각(sensing) 대 직관(intuition), 사고(thinking) 대 감정(feeling), 판단(judging) 대 지각(perceiving). 점수는 사람들이 사고할 때에 선호하는 방법과 상호작용하는 방식(외적 혹은 내적으로)을 나타낸다. 연구자들은 MBTI 유형과 진로선택 사이에 긍정적인 상관을 설정하였다(MacKinnon, 1960; Myers & Myers, 1980; Tannenbaum, 1983). MBTI를 비전형적인 방식으로 영재에게 활용할 수 있다. 예를 들면, 이 책에서 인터뷰를 한 지도 상담자는 P(지각)가 높은 학생은 조직화할 때 도움이 필요하고 학습기술 과정의 혜택을 볼

수 있음을 발견하였다(Dungan, 개인적인 서신교환, 1987년 8월).

- The Harrington-O'Shea Career Decision-Making System은 American Guidance Service(http://www.agsnet.com)가 개발한 것이다. 이 검사는 실시하기 용이하며 대부분 학생들이 자신의 선호하는 바를 적절하게 해석하도록 돕는다. 그러나 이 검사는 과학 분야들을 잘 구분하지 못한다. 예를 들어, 만일 학생들이 생활과학 활동을 거부한다면, 일차적으로 물리학에 관심이 있는 학생이라도 이 범주의 과학에서 점수를 제대로 받지 못한다. Career Decision-Making System은 영어와 스페인어로 된 다양한 수준의 검사가 있다.
- The Career Occupational Preference System(COPS)은 Educational & Industrial Testing Service(http://www.edits.net/cops.html)에서 출판하였다. COPS는 직업과 흥미를 서로 짝지어 주고, 여러 과학 분야들, 예를 들어, 물리, 과학, 생물과학, 수학 등을 구분하기 때문에, 영재에게 성공적으로 활용할 수 있다.
- Self-Directed Search(SDS, 4th ed.). Holland(1962)는 National Merit 재정담당관의 반응을 분석하여, 영재에게 사용하기 적절한 모델을 개발하였다. 이 모델은 영재에게 본 도구를 사용하는 것이 적절하다는 점을 제안하고 있다. 사춘기 영재들은 Holland의 직업선택이 아래 제시한 것 같은 유형 집단에 기초하여, 3개 편지 "Holland Code"를 만들어 주기 때문에, Holland의 진로선택이 도움이 된다고 하였다.
    - 현실적인 유형(realistic type). 예를 들어, 도구, 사물, 기계 및 동물과 활동하는 것을 선호
    - 연구 유형(investigative type). 호기심, 학구적 및 독립적인 경향이 있어, 창의적으로 문제를 정의하거나 문제해결에 가치를 부여

하는 영역에서 두각을 나타냄

- 예술적 유형(artistic type). 창의적이고 자유분방하여 일상적인 것을 싫어함
- 사회적 유형(social type). 일차적 관심이 다른 사람에게 있어, 이들을 돕는 활동을 선호
- 기업적 유형(enterprising type). 다른 사람을 이끌고 영향을 미치는 활동을 선호한다. 이 유형과 관련 있는 분야에서 대부분의 사람들은 탁월하고, 열정적이며 아이디어를 내는 사람임
- 인습적 유형(conventional type). 명확하고 순차적으로 정보를 조직하는 활동을 선호하고, 책임감이 있으며 믿을 수 있는 사람임

학생들은 파티에 있는 자신과 위 6개 유형을 보이는 사람들이 서로 구분된 공간을 차지하고 있는 한 방에 있다고 상상함으로써 이 도구를 사용할 수 있다. 어느 집단이 여러분을 가장 잡아끄는가? 3개의 집단을 선택하고 시간을 함께 보내고 싶은 각 집단마다 첫 번째 편지를 쓴다. 여러분에게 여러분 자신의 3-편지 코드를 줄 것이다. Missouri 대학의 Career Center 웹사이트(http://career.missouri.edu/students/explore/thecareerinterestsgame.php)에 들어가서 이 코드와 직업 가능성을 맞춰본다.

이 활동을 통해서 학생들은 고려할 직업 가능성에 대한 생각을 얻을 수 있을 것이다. 또한 SDS 웹 사이트(http://www.self-directed-search.com)에서 할 수도 있는데, 피드백에 대해서는 소정의 금액을 지불해야 한다.

중학교/ 중간 학교에서 활용할 수 있는 도구

- 중학생들에게도 진로계획 도구들을 사용할 수 있다. 중학생들이 미래 직업에 대해 생각해 보도록 도움을 주는 도구로는 Fundamental

Interpersonal Relations Orientation(FIRO-B) 척도가 있다. 개별 요구를 측정하는 도구인 FIRO-B 척도는 Consulting Psychologists Press에서 출판한 것으로, 8~16학년에 이르는 학생 및 성인을 대상으로 실시하며, 시간제한은 없고, 대략 120분 정도의 시간이 소요된다. FIRO-B 척도는 자기보고식 검사도구로서 여러 대인적 상황에서 소속, 통제 및 정서에 대한 개인의 요구를 평가한다(Thorndike & Hagan, 1986). 일반적으로 9~10학년 학생을 대상으로 검사를 실시한다. 그러나 영재는 또래보다 일찍 의사결정을 내리는 경향이 있으므로, 초기에 정보를 주어야 한다. 그러므로 FIRO-B 척도는 중학교와 중간 학교 관련자들로 하여금 영재의 정서적 요구를 인식하도록 도움을 줄 때 효과적이다.

- JOB-O는 흥미를 직업과 연계하는 도구로서 능력 및 태도를 측정하는 것이 아니다. JOB-O는 특정 직업을 얻기 위해 필요한 기술에 대한 정보를 제공한다. JOB-O는 대개 나이든 학생에게 사용하지만 7~8학년의 영재학생에게 적절하다. 능력과 적성이 의사결정을 내리는 적절한 기준이 아니므로 JOB-O가 제공하는 정보에 학생들은 준비가 되어 있는 것이다. 앞서 언급하였듯이, 청소년기 영재들은 진로에 대해 생각할 준비가 되어 동시에 진로계획에 대한 적절한 접근법이 필요하다. Job-O는 CFKR Career Materials에서 발행된다.
- Raven Advanced Progressive Matrices는 The Psychological Corporation에서 출판된다. 검사시간은 30~60분 정도 소용된다. 비언어적 일반-능력 검사인 The Raven Matrices는 일련의 패턴을 사용하여 추상적인 추론 능력을 측정한다(Baska, 1986). 여러 버전이 있다. The Advanced Raven은 잘 타당화되지 않았으므로, 넓게 선발하는 프로그램에서는 부분적으로 사용할 것을 제안하는 바이다. 학교 행

정가 및 상담자들은 전형적인 판별 검사로 판별되지 않는 사춘기 이전의 학생을 검사할 때 Raven Matrices의 도움을 받을 수 있다. 즉, 이 검사는 문화적인 영향을 거의 받지 않는다. 중학교 Magnet 프로그램(예를 들어, Chicago와 Maryland에 있는 학교)은 학생용 Advanced Raven 점수가 학생의 추론 능력 정도에 대한 유용한 정보를 제공한다고 보고하였다.

Software

기술발달은 진로상담에 새로운, 즉 컴퓨터에 기반을 둔 진로 정보와 지도 차원을 더해 주고 있다. 비록 예술 상태는 여전히 전개되지 않았지만, 인터뷰에 의하면, 여러 소프트웨어 프로그램을 포함하여, 컴퓨터 기반 진로 정보와 지도를 영재에게 성공적으로 사용할 수 있음이 보고되고 있다.

- DISCOVER는 American College Testing Program(ACT, http://www.act.org/discover)에서 이용할 수 있는 것으로 고등학교 수준에서 진로 개발활동을 돕기 위해 체계적인 진로-지도 프로그램을 개발하였다. 패키지에 가치, 의사결정 교육, 관련 직업 및 직업탐색, 진로탐색과 계획 등이 포함되어 있다.
- System of Interactive Guidance and Information(SIGI)은 Educational Testing Service(ETS, http://www.valparint.com)에서 출판한 것으로, 사람의 가치가 진로선택에서 중요한 요인이라는 가정에 기초한다. 컴퓨터 시스템은 10개의 값(수입, 위신, 독립성, 다른 사람 돕기, 안정, 다양성, 리더십, 흥미분야, 여가와 조기 입사)을 부과하며 어떤 측정 가치를 강조하는 가상의 직업에 대한 조합을 고려함으로써 사용자를 검사한다. 가치가 상충될 때, 컴퓨터는 이 불일치에

대해 경고를 하고 사용자에게 다시 고려할 것을 요청한다. 예를 들어, 어떤 학생이 "만일 나는 사람들을 돕고 싶고 일 년에 100,000달러를 벌고 싶다고 한다면", SIGI는 이를 감지하고, 목표에서 벌어지는 갈등을 인식하여 대안을 제공한다.

상담자가 할 수 있는 것. 진로계획을 11학년 말에, 일관적인 4년 프로그램으로 개발하려고 할 때, 가장 효과적이다. 영재학생들은 다음과 같이 질문하고 대답할 수 있다.

- 학교가 나의 개인적인 진로목표와 어떠한 관련이 있는가?
- 직업상 과제와 평가가 나의 목표와 어떠한 관련이 있는가?
- 나에게 적절한 것처럼 보이는 분야를 탐색하고 조사하기 위한 특별한 단계는 무엇인가? 어떤 유형의 연구가 내가 제기하는 질문에 답을 줄 것인가? 만약 견습공, 인턴십 혹은 멘토 관계를 원한다면, 내가 원하는 바를 얻기 위해 어떻게 나의 적성을 나타내야 하는가?
- 왜 나는 특별한 진로에 흥미가 있는가? 나의 재능 때문인가? 아니면 흥미 때문인가? 나의 진로는 명성과 관련이 있는가? 돈과 관련이 있는가? 내가 알고 있는 사람이 이 분야에 종사하는가?
- 어떤 유형의 작업 활동을 선호하는가?
- 어떤 유형의 작업 상황을 좋아하는가?
- 내가 피하고 싶은 직업은 무엇이며 왜 그런가?

학교에 진로센터가 있다면, 영재들이 직면한 진로계획 문제를 직원과 함께 논의한다. 적절한 평가 도구와 진로계획 책략을 제안한다. 진로센터에서 학생들은 전문가를 만나는 다양한 기회를 갖게 된다. 그러나 사춘기 학생의 능력에 맞는 연사를 주의 깊게 선택해야 한다. 일반적으로 학생들은 다음과 같은 것들에 흥미가 있다:

- 작업의 성격
- 현재 위치를 있게 한 이전의 작업 경험
- 사람들이 이 일에 대해 갖는 흥미
- 일의 이익과 불이익, 긍정적인 면과 부정적인 면
- 전형적으로 근무하는 일
- 공식적인 교육 준비
- 사람이 가장 가치 있다고 생각하는 과정
- 사람이 받고 싶어 하는 과정
- 어떤 분야에서 장기간 동안 하는 직업 기회
- 현재 그리고 잠정적인 봉급 범위
- 특별한 분야에 만족하는 사람의 유형, 즉 가치, 흥미, 학습스타일, 그리고 개인적 목표

교사가 할 수 있는 것. 교사로서, 학생의 진로계획에서 다음과 같이 도움을 줄 수 있다.

- 학생과 함께 나의 분야에 대해 토론한다－교육적 요구사항, 이익과 불이익 및 향후 기회
- 전문성을 가지고 활동하는 사람의 전기 및 기타 자료를 읽어보도록 장려한다.
- 여학생들이 수학 및 과학 분야를 탐색해 보도록 권장한다.
- 남학생들이 특수한 수학과 과학 분야를 추구할 계획이라면 인문학 혹은 교양과목을 탐색하게 권장한다.
- 다른 진로와 나의 과목이 서로 갖는 관련성에 대해 토론한다.
- 비평적으로 글을 쓰고 자신의 진로가 미래에 관련되는 방식에 대해 효과적으로 이야기할 기회를 제공한다.

부모가 할 수 있는 것. 부모는 다음과 같이 함으로써 진로계획 과정에서 도움을 줄 수 있다.

- 자신의 일에 대해 이야기 한다-긍정적인 것과 부정적인 면, 이익과 불이익, 그리고 향후 기회
- 가능할 때마다, 나가서 일하는 곳을 보여 준다.
- 진로에 대해 자녀가 언급하면 개방형의 질문을 한다(무의식중에 부모가 갖는 기대를 전달하는 말은 피한다).
- 가능한 한 많은 직업을 깊게 탐색할 수 있도록 장려한다.
- 인턴십 및 기타 진로를 경험하는 방안을 격려한다.
- 지역 참여 및 특히 자원봉사활동을 장려한다.
- 진로결정과 변화에 대해 유연해질 것을 장려한다(영재는 대개 자신의 진로를 여러 번 바꾼다).

제 4 장

대학에 대해 알기: 내가 원하는 바를 대학이 갖추고 있는가?

미국 내에는 3,500개 이상의 대학이 있다. 학생들이 선호하는 일부 대학들이 있고, 어떤 대학들은 "이름값을 하는" 대학들이지만, 또 어떤 대학들은 국가적으로는 훌륭하지만 잘 알려지지 않은 기관도 있다. 실제 사춘기 학생들은 잠정적으로 적합해 보이는 약 20여 개의 대학 목록을 만들어 놓고, 시간이 지남에 따라 5~8개로 그 목록 수를 줄여야 한다. 학생들은 학교마다 가장 중요하다고 생각하는 것을 적어놓을 수 있다. 예를 들어, 어떤 학생들은 비행기를 좋아하지 않아 집에 올 때 비행기 값을 지불해야 하는 대학에는 지원하지 않을 지도 모른다. 혹은 눈을 싫어하여 10월에서 5월까지 눈이 오는 도시는 피하려고 할지도 모른다. 그 외 대학 동아리에 참여하려는 학생은 이 모임이 잘 되어 있는 대학을 찾을 것이다(<표 4-1> 참조).

〈표 4–1〉 학생들이 일반적으로 피해야 할 함정

"나는 내 친구들이 X 대학에 가지 않으니까, 거기에 지원해야지."
"나한테 맞는 대학은 단지 한 개만 있어."
"모든 대학이 다 똑같지, 그러니까 이 세상이 모두 지겨운 거야."
"나의 어버지/엄마/언니/오빠가 X 대학에 갔으니까, 나도 그곳에 갈 거야."
" X 대학은 너무 비싸."
"떨어질 것이니까 X 대학에는 지원하지 않을 거야."
"내가 가고 싶은 대학이 날 원하지 않는다면, 향후 4년 동안 불행할 거야."

마지막 대학 목록에는 최소한 입학허가를 받을 1개 이상의 대학(안전대학), 대개는 학생보다 입학 기준이 약간 낮은 곳과 입학기준이 학생의 기준과 맞는 3, 4 곳(예: 입학 SAT 혹은 ACT 점수, GPA, 학급석차 등)을 포함해 놓아야 한다. 가족은 마지막 대학 목록에 포함해 놓은 대학 모두를 방문하고, 대학 방문에 대한 이 책의 섹션을 미리 보고 계획하여 상담할 필요가 있다. 대학계획 상담자는 학생들이 흥미를 가지고 있는 대학의 학업 입학기준을 안내해 준다. 비록 어떤 시점이 되면 학비가 눈에 들어오겠지만, 대부분 사립학교는 학생들에게 얼마간의 학비를 지원한다는 것을 염두에 둔다. 학생들이 학교에 오래 다니고, 그곳에서 성적이 좋다면, 장학금 수여의 기회가 보다 많을 것이다.

고등학교와 대학은, 특히 독립성과 개인적인 자유 면에서 큰 차이가 있다. 고등학교는 위임을 받고 교육비가 싸지만, 대학은 자발적이며 학비가 비싸다. 고등학교에서, 학생들은 시간을 보내는 방식에서 통제를 끊어낼 수 없지만, 대학에서는 자유롭게 시간표를 만들 수 있다. 고등학교 교사들은 학업적 문제를 가진 학생에게 다가서지만, 대학 교수들은 학생이 도움을 요청할 때는 친절하게 도움을 주겠지만, 학생에게 잘 다가서지 않는다. 대학

1. 정보를 수집하기
↓
2. 계획하고 선택하기
↓
3. 2번 방문하기
↓
4. 지원하기
↓
5. 인터뷰하고 에세이 쓰기
↓
6. 재정지원서 작성하고 제출하기
↓
7. 입학 결정을 내리기

[그림 4-1] 대학계획 과정 7단계

에서는 아마 학급과 실험실에서 보내는 시간 때문에 강의실 밖에서 여러 시간을 공부해야 한다. 학교의 구조 때문에 고등학교를 싫어하던 학생들은 대학에서 좀 더 행복할지 모른다. 어떤 구조가 부과되더라도 행복감을 느끼는 학생도 대학 1학년 동안의 변화에 힘들어 할 수도 있다.

대학계획에는 여러 단계가 있다([그림 4-1] 참조). 즉, (1) 정보를 수집하기, (2) 계획하고 선택하기, (3) 2번 방문하기, (4) 지원하기, (5) 인터뷰하고 에세이 쓰기, (6) 재정지원서 작성하고 제출하기, (7) 입학 결정을 내리기 등이 있다.

단계 1: 정보를 수집하기

대학탐색과정 단계 1에서는 웹사이트를 탐색하고 지침서를 읽고, 대중매체를 활용하며, 여러 사람들과 이야기를 나누고(질문), 대학을 방문해 보는 것

등이 포함된다. 대학탐색 초기부터, 인터넷은 매우 중요하다. 시작하기 좋은 곳은 웹사이트로서, College Board, Peterson's과 이 책 부록에 수록해 놓은 여러 데이터베이스를 활용한다. 사이트에 대학의 지리적 위치, 크기, 상황, 전공과 학생이 관심 있는 여러 특징을 적어 놓았으므로, 학생의 선호에 맞는 대학 목록을 볼 수 있다. 이들 사이트는 대학에 대해 좀 더 조사를 해야 할 때 유용하다. 심지어 생각조차 하지 못한 대학을 찾을 수 있다. 어떤 사이트는 대학을 목록에 수록해 주는 것으로 대가를 받는 곳도 있으므로 만일 한 사이트만을 고려한다면, 좋은 선택안을 놓칠 수 있다. 개별 대학에 대해 보다 많은 정보를 제공하는 사이트도 있다. 또한 가장 최신의 정보나 대학 마감일 같이 시간이 관련되어 있는 정보를 업데이트하지 않는 사이트도 있음을 기억해 놓는다. 따라서 직접 대학에서 운영하는 웹사이트를 점검해 보는 것이 바람직하다.

대학에 대해 알려고 할 때 학생이 할 수 있는 것

진로상담자와 부모는 학생들로 하여금 자신에 대해 알고 대학을 선택할 때 중요할 만한 것들을 목록으로 만들게 한다. 학생들이 할 수 있는 첫 번째 것은 눈을 감고 대학건물을 향해 걸어가는 자신의 모습을 그려보는 것이다. 눈 감고 본 것을 대학을 찾는 출발점으로 삼는다. 기숙사를 향해 바쁘게 걸어가는 자신의 모습을 보았는가? 아니면 카펫처럼 깔린 초록색 잔디를 친구들과 걸으면서 강의실에 가는 모습을 보았는가? 눈을 감고 본 것을 상세하게 적는다. 왜냐하면 나중에 상세하게 적어 놓은 것이 중요하기 때문이다.

대학과 대학에서 제공하는 것에 대해 알아볼 때 다음과 같은 것을 할 수 있다.

- 여러 유형의 대학 가이드와 다중매체 자료에 친숙해진다.

- 질문을 한다. 대학생, 대학원생, 그리고 대학을 대표할 수 있는 사람들과 이야기를 나눈다.
- 다양한 대학을 방문한다.

대학 지침서와 다중매체 자료

대학 지침에는 두 가지 유형, 즉 객관적 지침과 주관적 지침이 있다. 객관적 지침은 평균 SAT, 학생 수와 같은 데이터베이스 정보를 제공하는 반면, 주관적 지침은 "최고 10개 대학" 같이 의견에 기초하여 정보를 제공한다.

객관적 지침. 미국, 캐나다 및 기타 국가의 2년과 4년제 대학에 대한 범주별 통계자료를 제공한다. 객관적 지침은 대학을 알파벳 순서 혹은 주별로 목록을 작성해 놓고, 대부분 입학처의 전화번호를 달아 놓았다. 아래 지침들은 자료와 정보를 제공한다. 매년 아래 지침서들은 자료를 업데이트 하므로, ISBN 번호와 년도가 수록되어 있지 있다. 그러나 각 현행 판은 지역 서점 혹은 온라인 서점에서 쉽게 찾을 수 있다.

- 『Profiles of American Colleges』 by Barron's
- 『Fiske Guide to Colleges』 by Edward Fiske
- 『Peterson's Four-Year Colleges』 by Thomson Peterson's
- 『The College Board College Handbook』 by College Board
- 『America's Best Value Colleges』 by Eric Owens, Tom Meltzer와 Princeton Review의 직원들

그 외 『Complete Book of Colleges』와 『the Best 361 Colleges』(Meltzer et al., 2006)를 포함해 놓은 Princeton Review의 지침 패키지를 살펴볼 수 있다. 『the Best 361 Colleges』는 자료를 수합하기 위해, 편집자들이

110,000명 이상의 대학생들에게 그들의 학교가 정말 어떤지 질문하였다. "Best Party School" 순위 목록도 많은 관심을 끌고 있으나 단지 일부내용에서 뿐이다. "Dorms Like Dungeons"와 학생의견에 기초한 자료를 학교에 구비해 놓았는지 확인한다(Meltzer et al., 2006). 이 패키지는 객관적 지침과 주관적 지침을 결합해 놓고 있다.

객관적 지침은 자료에 관한 대학 프로파일을 제공하며, 이것은 대학 측에서 작성한 것으로 우호적인 견지에서 각 대학을 조사하고자 개발된 것이다. 그러므로 이러한 점을 염두에 두어야 한다. 객관적 대학지침은 유사하지만 약간씩 다른 정보를 수록해 놓고 있다:

- 객관적 지침은 예를 들어, 진로선택처럼 특별한 지향점을 가지고 있다. 선택이 영재에게 적절하지 않을 수도 있다.
- 객관적 지침은 폭, 깊이 및 다루는 영역에서 자세하게 정보를 제공한다.
- 객관적 지침에는 활동지가 있어 학생들이 대학선택 과정을 지도로 나타내 볼 수 있어 어떤 학생에게는 특히 유용하다.
- 객관적 지침은 수업료, 기숙사와 게시판 비용을 매년 개정하고 정보를 업데이트 한다.
- 객관적 지침을 Index of Majors라는 회사가 제공하기도 한다. 이와 같은 인덱스는 자신이 공부하고 싶은 것을 알고 있지만 어디에서 공부를 해야 하는지 모르는 학생들에게 정보를 제공한다. 인덱스는 특히 학문전공을 결합(예: 물리학과 철학)하려는 학생이나 상대적으로 일반적이지 않은 분야(예: 특수 미생물학)를 전공하려는 학생들에게 유용하다.

객관적 지침에서 제공하는 통계정보를 여러 방식으로 활용할 수 있다.

예를 들어, 대부분 대학 프로파일 자료에는 등록한 학부생 수를 수록해 놓는다. 대학에 방문하였을 때, 대학 크기와 평균 1학년 강의실 크기 간의 관계를 조사한다. 일부 강의실은 너무 크지만 대학에서는 1학년 보충 세미나를 제공해야 한다는 점을 염두에 두어야 한다. 학생크기는 학업전공과 교육과정 외 가능성을 포함하여 여러 기회와 경험에 영향을 미칠 것이다. 크기를 고려할 때, 관심이 있는 학과 크기에 비해 학교에 다니는 학생의 수가 넘치는지 살펴본다. 학부에서 교직원은 학생수에 비해 충분한가?

지침은 또한 학교의 선발기준을 포함하여 입학기준을 목록으로 제시한다. 이 범주에는 평균 SAT 및 ACT 1학년 입학점수가 포함되어 있다. 졸업 전에 학교를 떠나는 학생을 반영해서 평균 점수를 조절하지 않는다. 학업적으로 안정권이 어느 정도인지 결정하기 위해 각 대학 학과별 SAT/ACT 점수를 도표로 그려보는 것이 좋다. SAT와 ACT 점수는 변화가 심하다. SAT와 ACT 모두 사지선다 문제에 작문을 첨가하는 등 얼마간의 조정을 하고 있다. 현재 대학 및 대학교에 등록한 학생점수와 나의 점수를 모두 비교할 수 없지만, 언어와 수학 점수에서는 비교가 가능하다. 이상의 정보에 기초하여, 나의 점수가 상위 혹은 중간 정도에 해당한다면, 어느 정도 안정권이라고 할 수 있다. 만약 점수가 하위 1/3 수준이라면, 과목에서 분발해야 한다.

부수적인 정보는 대학에 방문하였을 때 얻을 수 있다. 생각하고 있는 전공에 등록한 학생의 SAT/ACT 점수를 물어본다. 다시 수집한 점수를 비교할 수는 없지만, 전공을 성공적으로 마친 학생의 점수와 나의 수학이나 언어점수를 어떻게 비교할지 아이디어를 얻어야 한다. 염두에 두어야 할 점은, 전공을 완수한 학생의 SAT 및 ACT 점수는 단지 학교 측이 학생에게 거는 학업기대 측면에서 내가 안정권에 있는지 아닌지 예측하는 방법에 지나지 않는다는 것과 새로운 2400점 SAT나 개정된 ACT를 평가하는 방법에 대해 잘못된 정보를 줄 수 있다는 점이다.

주관적 지침. 객관적 지침과 유사하나 특별한 집단의 대학이나 특별 주제에 집중된다. 대부분 객관적 지침과 달리, 주관적 지침들은 자주 업데이트를 하지만, 매년 하는 것은 아니다. 그러므로 ISBN 번호를 참조하는 것이 각 지침을 찾을 때 도움이 될 것이다. 주관적 지침으로는 아래와 같은 것들이 있다.

- 『Choosing the Right College: The Whole Truth About America's Top Schools』(2005; ISBN# 1-93223-634-1) by Intercollegiate Studies Institute.
- 『The Ultimate College Guide』(2005; ISBN# 1-40220-596-1) by U. S. News & World Report.
- 『The Insider's Guide to the Colleges』(2005; ISBN# 0-31234-157-1) by Yale Daily News.
- 『Colleges That Change Lives: 40 Schools You Should Know About Even If You're Not a Straight-A Student』(2000; ISBN# 0-14029-616-6) by Loren Pope.
- 『Looking Beyond the Ivy League: Finding the College That's Right for You』(1996; ISBN# 0-14023-952-9) by Loren Pope.
- 『Cool Colleges: For the Hyper-Intelligent, Self-Directed, Late Blooming, and Just Plain Different』(2000; ISBN# 1-58008-150-9) by Donald Asher.
- 『The Unofficial, Unbiased Guide to the 331 Most Interesting Colleges』(2004; ISBN# 0-74325-199-7) by Kaplan Inc.

객관적 지침과 주관적 지침은 다르게 사용된다. 사실, 주관적 지침은 객관적 지침을 보충하므로 다음을 염두에 둔다:

- 어떤 주관적 지침은 대학의 순위를 결정할 때 그 기준을 특화하지 않는다. 즉, 한 번 방문했을 때 형성된 사람의 편향된 의견에 따라 기술될 수 있다.
- 어떤 주관적 지침은 명문대학의 학과를 순위로 나타낸다. 그러나 이들 지침들은 자신의 기준을 언급하지 않는다. 대학 방문 동안 순위를 확인해 보고, 특히 만약 교직원 인터뷰를 한다면, 학과 순위에 대한 정보를 비교적 잘 얻을 수 있다.
- 대부분 대학순위는 해마다 변한다. 예를 들어, 어떤 해 2번째 순위였던 대학이 다음 해에 8위로 떨어지거나 혹은 2군에 있던 학교가 상위 20위권에 진입할 수도 있다. 학교가 달라지는 것은 아니지만 순위를 매길 때 사용하는 공식이 달라지는 것이다. 만일 2개의 서로 다른 잡지에서 대학 순위를 다르게 매겼다면(한 곳은 입학지원자수와 입학생 수의 비율을 사용하고 다른 곳은 입학생수와 산출물 혹은 등록학생수의 비율을 사용한 경우), 이 두 방법의 차이 때문에 순위에서 차이가 나타나게 된다.
- 어떤 주관적 지침은 학생의 삶 또는 캠퍼스 생활 스타일의 특정 면에 대해 소개하므로 보다 포괄적인 지침을 사용하고 있는지 확인한다.
- 어떤 책들은 대학방문, 지원서 및 에세이 같은 주제에 집중한다. 이들 책들은 유용하지만 조언을 해 주는 질적 측면에서 다르다고 할 수 있다.

객관적 지침이 화려하진 않지만 대개 화려한 주관적 지침보다 유용하다. 예를 들어, 어떤 책은 대학원생이 학부과정을 가르치지 않는다고 말할 수 있고, 다른 책은 대학교 인구를 여러 사회적 분과로 나눠 언급할 수도 있다. 일화적 정보는 재미있을지 몰라도 편견이 있을 수도 있고 잘못 이끌어 줄 수 있다. 만약 특정 학과 학부에 얼마나 많은 학생이 있는지 알고 싶다면 (통계적 자료), 객관적 자료를 찾아본다. 만일 특정 학과의 사회적 현장에 대해 알고 싶다면, 등록 학생들에게 질문지를 배포하여 실시하고 수집한 반응정보에 대해 언급한 주관적 지침을 찾아본다. 염두에 두어야 할 점은 모든 대학의 사회적 현장은 매년 달라지며, 어떤 것은 그 책이 발행되기 이전에 졸업한 학생이 쓴 것도 있다는 점이다. 만일 온라인 지침을 사용한다면, 가장 최근의 것인지 확인한다.

Jay Mathews(Harvard 대학원생)의 『Harvard Schmarvard: Getting Beyond the Ivy League to the College That Is Best for You』(2003; ISBN# 0-76153-695-7) 같은 입학지침 자료는 객관적 혹은 주관적 범주 어디에도 맞지 않지만 유용한 것이다. Harvard Schmarvard는 대학하면 떠오르는 모든 이미지, 즉 대학에 대한 인식을 반박하고 단순한 사실, 인생에서 재는 것은 대학이름이 아니라 바로 재능과 에너지라는 것을 강조한다.

부수적인 자원

View books. 대부분 대학들이 발간하는 View books는 일반적으로 학생들이 대학에서 받는 첫 번째 책자이다. 이 책은 대학교 외관과 캠퍼스 시설을 소개하는 그럴듯한 출판물이다. 자원이 많은 큰 학교는 기술적인 장비를 강조한다. 자원이 적은 작은 학교는 집 같은 분위기를 강조한다. View books는 피상적인 정보를 제공하므로 대학 방문 중에 확인해 봐야 한다.

대학 웹사이트. 학생들이 대개 처음으로 대학과 접촉하게 되는 대학 웹사이트는 화사한 봄날 학교 나무 아래에서 공부하는 것 같은 이상적인 물리적 환경을 보여 준다. 이런 광경은 잘못된 판단으로 이끌 수 있다. 다시 대학

방문 중에 확인해 봐야 한다. 어떤 학생들은 날씨가 좋을 때 대학을 방문하고, 다시 비가 오거나 눈이 오는 궂은 날씨에 방문하기도 한다.

대학 웹사이트를 살펴볼 때 아래 책략을 적용해 본다.

- 관심 있는 전공의 개별 교수진 홈페이지의 자세한 강의 시간표, 연구 관심영역과 이메일 주소 등을 살펴본다. 만일 전공에 대해 특별한 질문이 있다면, 자기소개를 하면서 간결하고, 예의바른 이메일을 교수에게 보내어 질문을 한다(대학 카탈로그를 찾는 것 같은 질문은 하지 않는다).
- 학교를 소개하는 페이지를 철저하게 읽는다. 학교를 소개하는 페이지를 통해서 대학의 미션과 우선시 하는 것뿐 아니라, 대학에 대한 기초 정보를 얻을 수 있다.
- 학생회 홈페이지를 방문한다. 학생회 홈페이지에서 여러 클럽과 집단 활동 시간표를 점검하고 학회위원들이 학기 동안 다루었던 문제들을 살펴본다.
- 대학 내 현재 학생들이 글을 올려놓은 게시판을 본다. 만약 이메일 주소가 있으면 이들 학생들의 대학 경험에 대해 질문을 하는 간략한 메일을 보낸다. 이때 이 학생 페이지가 좋은 예시인지 살펴봐야 한다.
- 동창회 페이지를 찾아본다. 대학 동창회가 하는 일은 무엇인가? 동창회를 위해 학교가 하는 일은 무엇인가?

컴퓨터화된 데이터베이스를 통해 대학에 대해 알 수 있다. 소프트웨어는 사용하기 쉽고 정보를 빠르게 얻을 수 있다. 정교한 프로그램일수록, 상호작용을 할 수 있고, 메뉴가 있으며, 대학 선택 서비스 및 재정 보조에 대한 정보를 제공한다. 또한 "왜 아닌데?" 같은 옵션을 제공하여, 어떤 대학 및 진로선택안들이 포함되지 않은 이유를 사용자에게 이야기 해 준다. 장학금 찾기를 통해서 인종 및 다민족의 배경을 가지고 있거나, 특별한 재능이 있어, 국립 및 주립 그리고 공립 및 사립 장학금을 받을 수 있는지 알아볼 수 있다. 진로선택안에 대한 정보는 영재보다는 일반적인 학생에 근거한 것임을 기억해야 한다.

카탈로그. 모든 대학들은 기관 및 과정을 소개하는 카탈로그를 발행한다. 어떤 대학은 무료로 카탈로그를 배포한다. 만일 학교에 관심이 있다면, 카탈로그를 읽어보는 것이 좋다. 대학 카탈로그를 통해서 학교가 제공하는 조건, 배우는 과정의 종류, 여러 부서의 크기 등을 평가할 수 있다. 이것으로 특정 대학이 나의 학문적 진로요구에 맞는지 아닌지를 결정할 때 도움을 얻을 수 있다. 염두에 두어야 할 것은 어느 특정 과정에 흥미가 있다고 해도 매 학기마다 배울 수 없고, 심지어 등록한 그 때에 수강하지 못할 수도 있다는 것이다. 특정 과정에 흥미가 있으면, 대학 방문 때 이 과정에 대해 물어본다. <표 4-2>는 대학에 정보를 요청하는 예제 편지이다.

질문하기. 대학에 대해 알 수 있는 다른 방법이 바로 질문하기이다. 직접 지식을 제공할 수 있는 대학 대표자, 대학생, 교사 및 여러 사람들에게 질문을 함으로써, 여러 유형의 정보를 얻는다. 만일 하고 싶은 것이 무엇인지 알고 있다면, 나의 관심분야에 몸을 담고 있는 사람에게 이야기 하여 학과에 대한 평판을 조사해 본다. 얻은 정보에 대해서는 생각하고, 비교하며, 평가한다. 만일 아직 결정하지 못하였다면, 당황하지 말고 여러 전공과 프로그램을 제공하는 학업적으로 잘 균형을 잡고 있는 기관을 선정한다. 대부분 대학들은 여러분이 주안점을 두고 있는 바를 찾을 수 있도록 상담을 해 준다.

대학 대표자들은 다음 질문에 대답을 할 수 있다.

〈표 4-2〉 대학에 정보를 요청하는 예제 편지

입학처
선택한 단과대학
주소

친애하는 ○○

저는 ○○(도시 혹은 시골)에 있는 ○○ 고등학교에 다니는 학생입니다. 저는 ○○년 ○○월에 졸업할 예정입니다. 저의 주민등록번호는 ○○입니다. 저에게 가장 최근의 대학 카탈로그와 지원서 양식을 보내주시기 바랍니다. 또한 모든 유형의 재정보조 양식도 받아보았으면 합니다. 저는 ○○을 전공하려고 생각하고 있으며, ○○에 관심이 있습니다. 따라서 제가 관심 있어 하는 분야에 관련 있는 자료를 보내주셨으면 합니다.

도움에 감사드립니다. 빠른 답변을 기다리겠습니다.

○○ 올림

- 다른 대학과 다른 점은 무엇인가?
- 어떻게 대학은 지원자를 평가하는가? 객관적/수치상의 정보(GPA, 반석차, 표준화된 시험 점수) 대 주관적 정보(교육과정 외 활동, 추천, 에세이 및 인터뷰)에 대해 무엇을 부과하는가?
- 어떻게 대학은 SAT 혹은 ACT 점수를 평가하는가?
- 필수과목을 완수하기 위해 특별히 수강해야 하는 과목이 있는가? (예: 학생이 특별 코스를 들어야 하거나 과목에서 요구하는 특정 코스에 등록해야 하는가? [예: 선택/필수 교육과정])
- 대학은 어떻게 1 학년생을 맞이해 주는가? 오리엔테이션, 광고 및 등록을 하는 절차는 무엇인가?

- 대학은 진로계획을 하는 학생에게 어떠한 도움을 주는가?
- 경제력 불문 입학정책(need-blind)을 준수하는가? 성적장학금(merit-based scholarship)이 가능한가?

대학생은 다음 질문에 대답할 수 있다:

- 대학은 어디에 있는가? 도시? 지방? 위치에 대해 어떻게 생각하는가?
- 왜 그 대학을 선택하였는가? 얼마나 자주 집에 갈 것이며 집을 구하는 것이 용이한가?
- 이 학교를 선택하기 전에 알고 싶은 것은 무엇인가?
- 캠퍼스 생활은 어떠한가? 무엇이 "주된 주제" 인가?
- 대학을 시작하였을 때, 고등학교와 대학 사이에 주목할 만한 차이점은 무엇인가? 일상생활을 어떻게 묘사할 수 있는가?
- 어떻게 살고 있는가? 대학에서는 어떤 종류의 생활 배치를 제공하며, 대학 기숙사에서 생활하는 것이 만족스러운가? 그리고 각 생활 스타일의 장점과 단점은 무엇인가?
- 강의실은 어떤가? 많은 학생들이 함께 듣는 강의실 아니면 작은 강의실인가?
- 누가 대부분의 수업을 강의하는가? 교수 혹은 대학원생?
- 어디에서 공부하는가? 기숙사 방에서 공부할 수 있을 정도로 조용한가?
- 학생과 교수 사이에는 어떤 종류의 관계, 그리고 대학과 대학이 위치한 지역의 관계는 어떤가?
- 학생 신체 및 정신 건강, 안전, 보호를 위해 어떤 규정이 있는가?
- 학교가 진로계획을 할 때 도움을 주는가? 그렇다면 어떻게?

정보를 갖게 되면, 여러 유형의 대학과 대학교를 고려할 수 있는지 확인해 본다.

- Small liberal arts colleges: 수업이 보다 작고 대학원생이 없으며, 학생이 흥미를 가지고 있는 연구 프로젝트가 없을지도 모른다.
- Large private universities: 대개 광범위한 프로그램을 가진 명문학교가 많다. 기숙대학, 전통적인 Ivy 리그 대학들은 학생들에게 보다 큰 대학들 내 소규모 공동체를 제공한다.
- State universities: 공개 입학전형을 실시하며 정해진 날짜까지 그 주 출신의 지원자를 수용해야 한다.
- Women's colleges: 지금은 남녀공학이지만 학생 대부분이 여자이며 교수 또한 주로 여자이다. 대부분 유명 여성들은 여성대학 출신이다.
- Technical universities: 컴퓨터 공학, 수학과 과학을 강조한다. 공학이란 말이 대학 이름 중에 있다(예: California Institute of Technology(CalTech) 혹은 Virginia Polytechnic Institute and State University(Virginia Tech)).
- Comprehensive mid-size schools: 작은 단과대학보다는 중간규모 혹은 보다 크지만, 사립 대학교 혹은 주립대학교보다 작다. 일반적으로 이 학교들은 대학원생 혹은 수업조교가 없다.

지원할 대학유형을 찾는 것 외에, 또한 대학의 입학선택방안에 대한 정보도 찾아봐야 한다. 대학과 대학교들은 조기 결정(early decision, ED), 조기 지원(early action, EA)과 단 한 곳의 조기 지원(single choice early action, SCEA)을 포함하여, 서로 다른 유형의 입학선택방안을 가지고 있다.

조기 결정(early decision)은 학생들이 입학 1순위 기관을 명시하는 지원과정으로서, 입학이 허용되면, 의무적으로 입학을 해야 한다. 조기 지원

(early action)은 선호하는 기관에 지원서를 제출하고 미리 그 기관에서 내리는 결정에 따르는 지원과정이다. 단 한 곳의 조기 지원(single choice early action)은 구속력이 없는 조기 결정이라고 할 수 있으며, 조기 결정과 조기 지원의 중간점으로 가장 잘 기술할 수 있는 입학과정이다(NACAC, 2001, 2004b). 조기 결정(ED)과 유사하게, 학생이 만일 단 한 곳의 조기 지원(SCEA) 대학에 지원하였다면, 이 학생은 다른 대학의 조기 결정(ED) 혹은 조기 지원(EA)에 지원할 수 없지만 그 밖의 정규 입학과정에는 지원할 수 있다. 조기 결정(ED)과는 다르지만 조기 지원(EA)과는 비슷하게, 학생들은 입학이 허가되어도 단 한 곳의 조기 지원(SCEA) 대학에 의무적으로 다녀야 하는 것은 아니다.

학생들에게 이상의 정책들이 제공하는 이점은 해마다 다르다. 어떤 해에 대학은 소수의 지원자를 위해 조기 결정 입학 선택방안을 제공하고 어떤 해는 전혀 조기 입학방안을 제시하지 않는 경우도 있다. 대학들은 입학 정책에 일관적이지 않으므로 이에 대해 물어보는 것이 바람직하다.

정보 조직하기

만일 PSAT, SAT, ACT 및 다른 표준화된 시험을 보았다면, 가까운 미래에 대학으로부터 정보를 받을 수 있다. 받는 다양한 정보를 만약 어떤 방식으로든 조직하지 않는다면, 혼란스러울 수 있다. 일반적으로, 시스템을 이해한다면 일이 보다 쉬울 것이다. 심지어 계획성이 없어 보일지라도, 일이 돌아간다. 나의 특정 방법이 중요한 것이 아니라, 내가 조직성을 갖게 되면, 나의 시스템에 일관성이 생기고 내가 할 것을 이해하게 된다. 예를 들어, 차트를 만들고, 색깔을 넣은 파일을 만들며, 컴퓨터 데이터베이스를 만들거나 다른 시스템을 사용할 수 있다.

다음은 순서대로 대부분 대학이 지원자를 평가하고 신입생을 선발할 때 눈여겨보는 것이다.

- 객관적 정보:
  - 학업성취
  - 표준화된 시험 점수
- 주관적 정보:
  - 교육과정 외 활동
  - 자격요건에 대한 제시
  - 추천서, 에세이 혹은 자기소개서와 면접 같은 지원 자료

단계 2: 계획하고 선택하기

11학년 동안에, 대학을 준비하는 학생들은 계획하고 선택할 수 있는 충분한 정보를 가지고 있어야 한다. 즉, 학생들은 개인적인 기준(자신, 기술과 흥미에 대해 알고 있는 것)에 기초하여 10~20개 대학을 목록으로 만들어 놓아야 한다. (만약 고등학교 마지막과 대학 1년을 합치고 싶다면, 최소한 1년 속진해야 할 것이다.) 학생들은 입학하고 싶은 대학, 입학할 것 같은 대학, 그리고 입학할 것이 확실한 대학을 목록에 포함해 놓았는지 확인한다. 자신, 가치, 흥미, 개인적 요구 및 목표, 즉 대학과 대학에서 제공하는 것, 그리고 어떻게 대학이 지원자를 평가하는지에 관해 알고 있는 것에 따라서 결정을 내려야 한다. 흥미, 요구와 목표가 변화하며 대학 입학기준이 매년 달라지기 때문에 이와 같이 하는 것이 쉽지 않다.

일단 학생들이 흥미 있는 대학 목록을 예비목록으로 마련해 놓았다면, 각 대학을 보다 조사할 때 인터넷이 도움이 된다. 대학을 온라인으로 탐색

하는 방식은 개별 대학 웹사이트와 이메일로 연락을 취하면서 이뤄진다. 많은 사람들은 단지 탐색할 때 대학 이름만을 검색한다. 일단 학교 웹사이트에 접속하면 얼마나 시간을 들여 탐색할지 계획한다. 대학 생활 같은 것 외에, 선발, 크기, 전공 및 환경에 관한 기본사항을 모두 찾을 수 있다. 대학 웹사이트를 찾아보기 시작하면, 다음 두 가지 정보를 얻을 수 있다. 입학 사무처에서 얻을 수 있는 공식적인 정보와 대학 카탈로그 및 대학 신문 혹은 재학생과 연락을 해서 얻을 수 있는 비공식적 정보가 그것이다. 두 가지 정보 모두 중요하다. 상업적 회사도 학생들에게 무언가를 팔려고—학교에 대해서 공식적 홈페이지를 개발하고 있음을 염두에 둔다.

이 시점의 대학계획 과정에서는, 몇 가지 선택을 하기 위해 수집한 정보를 조직하는 방법이 필요하다. 나에게 중요한 기준을 순서로 만드는 것은 좋은 방법이다. **[그림 4-2]**는 유사한 기준을 사용하는 각 학교를 찾아볼 때 도움이 될 것이다. 만일 어떤 기준이 중요하지 않으면, 다음으로 건너뛰어도 된다.

좋은 결정에는 좋은 의사결정기술과 좋은 정보가 필요하다. 좋은 정보에 대한 두 가지 범주에는 다음과 같은 것이 필요하다:

- **자신에 대한 정보.** 학생이 정말 즐겁게 하였던 경험과 흥미에 대해 생각한다. 들판을 달리고 있는 자신을 상상하고 일을 하는 자신의 모습을 그려본다. 어떤 종류의 사람과 함께 시간을 보내고 싶은가? 자신에 대한 정보를 통해서 대학에서 본인이 원하는 특징을 나열할 수 있을 것이다. 대학에 대해 원하는 정보는 대학의 위치, 유형, 성별 유형, 크기, 사회생활, 학업 환경, 대학 환경, 종교활동, 학생활동, 대학에서 제공하는 프로그램, 특별 프로그램, 학생의 우수성, 비용, 운동, 재정보조, 숙박, 일정과 기타 요인들이 포함되어야 한다.

여러 대학을 선택할 때 사용하고 싶은 여러 기준들이 있다. 첫째, 어느 기준이 여러분에게 가장 중요한지 결정하기 위해 목록을 잘 살펴본다. (여러분이 학교에 대해 많이 알게 되면 기준이 바뀔 수도 있다.) 자, 대학을 조사할 때, 맨 윗줄에 학교이름을 적는다. 여러분에게 각 특징이 갖는 중요성에 기초하여, 1에서 5점 척도로 평정한다. 그러고 나서, 지원하고 싶은 대학을 결정할 때 도움이 되도록 이 순위를 사용한다.

대학을 선택하였을 때, 여러분의 목록에 꼭 입학할 수 있는 대학, 입학할 가능성이 있는 대학, 입학하고 싶은 대학이 포함되어 있어야 함을 기억한다.

1~5점(나쁨~뛰어남)

특징	대학 A: (　　　)	대학 B: (　　　)	대학 C: (　　　)	대학 D: (　　　)
크기				
위치				
비용				
유형				
사회생활				
학업 분위기				
캠퍼스 환경				
종교 관계				
학생 활동				
제공하는 프로그램				
특별 프로그램				
캠퍼스 생활스타일				
학생의 수준				
운동경기				
재정적 지원				
숙식				
교직원				
학업일정				
명성				
특별 서비스				
필수과목				
선택도				
기타				

[그림 4-2] 기준 결정하기

- **선택할 세계에 대한 정보**. 여기에는 학문적 경험과 흥미가 포함된다. 학업적으로 준비가 잘 되어 있을수록, 선택의 범위가 넓어진다. 다음은 교육과정 외 활동 경험과 흥미 목록을 순서대로 나열해 본다. 사실, 선택은 학생의 개인적 가치, 태도, 적성, 흥미, 목표와 재정 상태를 반영할 것이다. 학생이 선택을 할 때 활용하는 정보는, 상담자, 대학 홍보활동, 여러 매체 관련 자료를 포함하여 여러 자원을 통해 얻을 수 있다. 상담실에서부터 시작한다. 상담실에 있는 대학지침, 다중매체 자원과 비디오테이프 등에 익숙해진다. 대학홍보 자료를 수집하여 15~20개 정도 선택한 학교에 대한 자료를 얻는다.

계획하고 선택하기 단계에서는 사람, 문서자료와 웹사이트를 통해 얻은 정보를 분석하고 평가한다. 대학 방문하기는 학생들이 발견한 것을 확인해 보고 허구에서 사실을 구분짓는 주된 방법이다. 12학년 중반쯤에서, 학생들은 대학이 제공하는 정보와 대학에서 1학년을 선발하는 방법을 평가하여 목록을 5개 혹은 6개 대학으로 좁힌다. (만약 조기 결정(ED)에 지원하였다면, 이 과정은 12학년 중간 이전에 이뤄져야 한다.) 마지막 목록에는 (a) 개인의 가치, 흥미와 요구, (b) 다양한 범위의 대학이 제공하는 기회, 그리고 (c) 비용과 거리 같은 현실적인 조건을 반영해야 한다.

이 시점에서는 대학 선택도(selectivity) 또한 고려해야 한다. 왜냐하면 자신의 요구와 학교가 제공하는 것이 서로 맞는지 조사해 봐야 하기 때문이다. (선택도는 지원한 학생수 대비 입학허가를 받는 수를 의미한다). 만일 매우 선택도가 높은 대학을 골랐다면, 열심히 공부해야 한다. 선택도가 높은 학교는 선택도가 낮은 학교에 비해 학생을 덜 선발한다. 매우 선택도가 높은 학교(지원자의 약 반을 선발하는)를 제외하고 대부분의 미국 대학과 대학교들은 고등학교 졸업생들이 어느 대학을 선택할 것인지 결정하면 달라지지만, 매 10명의 지원자 중에서 7명을 선발한다(NCES, 2000). 즉, 실제 등록한 학생수는 높을 수도 낮을 수도 있다. 매체, 지침서와 대학 자체에서 부추기는 여론이 훨씬 더 협소하여 선택도를 높일 수 있다. 대부분 대학 1학년 학생들은 자신이 선택한 3번째 혹은 4번째 대학에 다니고 있지만 다른 관점에서 보면, 열심히 하고자 하는 사람이 다닐 학교는 어딘가에 있다는 것이다.

사실 선택을 5~10개 대학으로 좁혀야 한다. 학생의 흥미와 요구에 잘 맞는 5~6개 대학을 선택하기 위해, 어떻게 대학이 지원자를 평가하는지 알아야 한다.

- **학업성취**. 모든 대학은 우선 학생의 학업성취, 즉 수강한 과목과 과목 성적을 살펴본다. 대부분 상급수준의 과목은 계열적으로 제공되므로, 대학들은 11학년과 12학년의 학업성취를 우선적으로 살펴보고, 과정의 난이도 수준과 학점이 계속해서 올라가고 있는지 그 경향을 살펴볼 것이다. 고등학교 때는 매해가 중요하다.
- **표준화된 시험 점수**. 표준화된 시험(PSAT, SATs ACT와 SAT-II: 과목 시험)은 대학들이 학생들을 비교할 수 있게 해 주는 객관적 방법이다. 대부분 대학들은 학생들이 대학에 입학하여 성공적으로 잘 해낼 수 있을지 알고 싶어 하며 심지어 이 시험 점수를 요구하지 않는 일부 대학들도, 성적표의 낮은 성적은 대학 측의 관심을 끌게 되어 의문을 제기하게 만든다.
- **교육과정 외 활동**. 학업성취와 점수를 살펴본 후에, 입학 관리자는 그 다음으로 교육과정 외 활동을 살펴본다. 즉, 학교에 없을 때 시간을 어떻게 보냈는지 보는 것이다. 대학은 소모적인 것이 아닌, 깊고, 책임감이 있으며, 주도적이고, 지도적 면모를 보여 주는 목록을 찾는

다. 이 말은 모든 클럽에 가입해야 하고, 리더가 되어야 하다는 것이 아니다. 입학 관리자는 교육과정 외 활동에 참가하였고, 그 안에서 전문성을 획득하였는지 보려고 하는 것이다. 또한 학생이 재능을 다른 사람과 공유하고 나누었다는 증거를 찾는다.

- **지원 자료**. 명문대학들은 학업적으로 동일한 두 사람 사이에서 결정을 내릴 때, 교육과정 외 활동에 대한 창의적인 소개, 추천서, 에세이, 자기소개서, 인터뷰 및 기타 문서로 된 자료의 질을 중요시 한다. 만일 에세이를 효과적으로 쓰고 싶다면, 자신에 대해 공개적이며 솔직하게 쓰는 방법을 배운다.

부모를 위한 조언

가족들과 대학에 대한 이야기를 시작하면서 살펴봐야 할 것들이 있다. 대개 학생들이 대학 목록을 선택할 때 저지를 수 있는 아래와 같은 대학계획 오류를 만들지 않도록 해 준다.

- 대학에 맞추려고 자신을 변화시키려고 시도한다. 학생들은 다섯 곳의 대학에 제시하려고 다섯 가지 다른 "자신"을 만들어낼지 모른다. 이와 같은 학생들은 가능한 한 정확하게 진정한 자신을 보여 줄 수 있도록 도움이 필요하다.
- 대학을 조사할 때 상식을 버린다. 대학에 입학한 학생의 SAT/ACT 점수로만 평가할 수 있는 것이 아니고, 학생도 SAT 혹은 ACT 점수에 기초해서만 평가받는 것도 아니다.
- 대학 지침서와 비디오의 영향을 지나치게 많이 받게 놔둔다. 이러한 자료들은 얼마간의 잘못된 정보 및 업데이트한 정확한 정보를 제공하는 것까지 다양하다. 또한 대학을 평가하는 주관적 책들은 정작 대

학순위를 매길 때 사용하는 기준을 언급하지 않을 수도 있다.

- 지원과정에서 경쟁적인 우위를 차지하려고 많은 시간을 들인다. 어떤 학생들은 ACT 혹은 SAT를 반복해서 보고 학점 및 다른 표준화된 시험보다 덜 중요한 일부 과정을 생각하느라 너무 많은 시간을 보낸다.
- 대학 입학과정의 결과가 학생 자신의 자존감에 영향을 주게 놔둔다.

부모는 자녀가 강점과 약점보다는 개인적 가치, 흥미, 기술 및 요구를 통해서 스스로를 생각하고 자신을 평가할 때 편안해 질 수 있도록 대학이 제공하는 것을 조사해 봐야 한다. 학생이 자신에 대해 잘 알수록, 자신의 목표, 기대와 대학이 요구하는 사항 사이에서 조화를 이룰 수 있다. 이러한 적합화 과정은 여러 주의를 요한다.

이 책에서 인터뷰하였던 교육자들과 상담자들에 의하면, 영재는 비록 무슨 과목을 고등학교에서 들어야 하는지 기본적인 대학계획 사항에 대해 알지 못하더라도, 7학년 정도로 어릴 때부터 대학지원에 대해 걱정을 한다. 영재에게는 확신이 필요하다. 예를 들어, 대학 결정이 11학년 혹은 12학년 이전에 이뤄지지 않아도 된다는 점을 알려 준다. 그러나 정보와 일관적인 계획을 수반하지 못하는 확신은 영재에게 충분한 것이 아니다.

영재는 대학계획이 긴 진로계획 과정의 일부라는 점을 이해해야 한다. 즉, 대학계획은 신비롭게 시작하거나 임의적으로 끝나는 정해진 사건이 아니라는 것이다. 대학에 대해 아는 것은 대학을 계획하고, 진로목표를 세우며, 궁극적으로는 만족스런 생활을 영유하도록 그 접근법을 폭넓게 한다.

고등학교 마지막 몇 년 동안, 어떤 영재는 질질 끄는 듯이 보인다. 다중잠재력을 가진 학생 중에 우선권을 선택할 준비가 되어 있지 않은 경우도 있다. 즉, 대부분 학생들은 학업적으로 모든 과목을 잘 하지만, 주안점을 두

지는 못한다. 외부 압력이 주는 기대에 민감한 학생들은 "어느 대학에 가고 싶니?"라고 묻는 질문에 무감각할 수 있다. 한 가지 비현실적인 극단에서 또 다른 극단으로 동요한다. 학생들은 대학 혹은 진로를 하루에 결정하고 다음 날 그 선택을 뒤집어 어떻게 결정을 내렸는지 의아해 한다. 이와 같은 학생들은 11학년까지 질질 끌 수도 있다. 비록 이것이 일반적이라고 해도, 부모는 지원과정의 복잡성을 깨닫고 지원과정에 얼마나 경험이 없는지 알게 되면 조급하게 된다. 부모는 자녀들이 학비 혹은 이전에 가족 중 누군가 다녔던 학교에 지원하는 임의적인 결정을 내리게 다그칠 수 있지만, 대학과 학생이 잘 맞으려면, 학생이 일차적으로 이를 잘 맞춰야 한다.

학생이 선택한 대학에 입학하는 방법에 대한 수많은 책들로 불안은 증가된다. 어떤 학생들은 이러한 책들을 통해서 어떻게 스스로를 상품화하는지 배울 수 있어 도움이 되었다고 말한다. 그러나 대부분 책들은 대학계획을 11월 SAT 혹은 ACT로 시작하고, 학생이 선택한 대학에서 입학허가를 받는 것으로 끝난다는 생각을 부주의하게 강화시키고 있다.

대학과 진로계획은 특히 어떤 영재에게는 힘들지도 모른다. 그러나 학생들이 현실적인 기준에 기초하여 결정을 내리고, 만족스런 삶을 이끌어 줄 궁극적인 목표를 의사결정 활동에서 중심으로 놓을 때, 대학과 진로계획은 성장을 증진하는 경험이 될 것이다.

대학 방문하기

가 보지 않은 대학에 지원하는 것은 우편으로 신발을 사는 것과 같다. 즉, 내가 만족할지 안 할지 아는 것이 불가능하다.

— 한 공립대학교의 입학처장

대학을 탐색하는 단계 3은 대학 방문이다. 지침서를 읽거나 질문을 함으로써 많은 정보를 얻을 수 있다(단계 1). 여러 학교에서 입학을 허가받은 학생의 점수와 나의 점수를 비교하거나 좋은 대학과 명문대학의 차이를 여러 유형의 정보에 근거하여 분석함으로써, 계획하고 선택하는 것을 시작할 수 있다(단계 2). 그러나 대학방문은 직접 정보를 얻고 나의 결론을 점검하는 유일한 방법이며, 마지막 대학 선택 결정을 내리는 올바른 방법이다. 방문을 통해 "명문대학의 밑"을 보는 기회를 가지며 블록마다 조사할 수 있다. 5~6개 학교로 지원할 학교를 줄여놓기 전에 대학 방문을 할 수 없다면, 마지막 선택을 내리기 전에는 방문을 해야 한다.

학교 방문을 두 단계로 실시할 때 가장 효과적이다. 각 단계마다 다른 종류의 정보를 수집할 계획을 세운다. 방문 시기는 나의 일정 및 가족의 일정을 포함하여 여러 가지 이유로 인해 달라진다. 고등학교 2학년 보다 늦지 않게 대학방문을 시작해야 한다. 만일 조기 결정(ED)에 지원할 생각이라면, 보다 일찍 시작하거나 다음 단계를 결합하여 시작해야 한다.

1단계 방문

관심 있는 8개 혹은 12개 대학을 방문하는 계획을 세워야 한다. 방문 중에 대학과 대학교를 비교하고 그 차이를 살펴본다. 만약 보고 싶은 대학이 한 주에 모두 있거나 인접한 주에 있다면 보다 쉬울 것이다. "방문 규모"가 크다면 가족이 팀을 이뤄서 하는 것도 좋은 생각이다. 만일 어린 자매가 있다면, 함께 동행한다. 왜냐하면 내가 보지 못한 것에 주목해 줄 것이고 어린 자매들이 대학 교정에 익숙해 질 수 있는 기회가 되기 때문이다. 각 학교에 방문하기 위해서는 캠퍼스 지도를 사전에 준비한다.

또한, 사전에 입학사무실에 전화를 걸어 아래와 같은 질문을 물어본다.

- 하룻밤 묵기에 가장 가까운 장소는 어디인가?
- 근처에 다른 대학이 있는가?
- 캠퍼스에 주차할 수 있는가?
- 캠퍼스 투어는 언제 실시하며 집단 정보 세션은 있는가? 얼마나 걸리는가?
- 현재 캠퍼스에서 수업을 듣는 정규학기에 등록한 학생이 있는가?
- 방문하기로 한 날 캠퍼스 활동이 있는가?
- 학교가 캠퍼스에서 실시하는 인터뷰를 제공하는가? 만일 입학처장 또는 대표자와 개인적으로 인터뷰를 하고 싶다면, 시간을 내어 줄 수 있는가?

대학 방문 동안에, 학생과 학생의 가족은 아래와 같은 것을 해 본다.

- 가이드 투어를 한다.
- 여러 대학 건물을 방문한다.
- 교내 식당에서 식사를 해 본다.
- 학생 신문과 게시판을 읽는다.
- 입학 부서와 학생, 그리고 교수에 관해 질문한다.
- 주변 지역을 여행한다. 날씨, 쇼핑, 그리고 지역사회에 관해 질문한다.
- 각 방문 동안에 기록을 잘한다. 인상에 남는 것을 가능한 한 기록한다. 지원서와 다른 정보를 챙긴다.

1단계 방문에 인터뷰가 포함된다면, 인터뷰하는 사람에게 감사편지를 보낸다. 개인적으로 보내는 편지는 면접관의 기억에 남아, 특히 입학 관리자가 여러 지원서를 보는 그 날 인터뷰한다면 도움이 될 것이다.

만일 여행을 잘 계획하고 기록을 잘 한다면, 많은 정보를 단기간에 얻을 수 있다. 주의 사항은 만약 처음 방문을 여름에 계획하였다면, 캠퍼스에 있는 학생들은 일반적으로 정규학기 중에 등록한 학생들이 아니다. 그러나 1단계 방문의 목적은 일반적인 정보를 모으고 다음과 같은 질문 "여기서 행복할 수 있는가?"에 답하는 데 있다. 특별한 정보를 얻고, 대학 측에 학생의 적합성을 보여 주기 위해 두 번째 방문을 할 수 있으며 이 대학에 입학하기 위한 나의 가능성이 무엇인지 물어 볼 수 있다.

1단계 방문 후에 수집한 자료를 조사하고, 부모 및 상담자와 이야기를 나누고, 가능한 목록으로 좁힌다. 만족스런 4개 혹은 6개 대학 목록 순서를 준비해야 한다. 만일 이것이 불가능하다면, 추가적으로 대학을 방문하거나 수집한 정보를 분석하는 다른 접근법이 필요하다. 기숙사에서 지내지 않았다면, 첫 번째 방문으로 최종 결정을 내리는 것은 바람직하지 않다.

2단계 방문

2단계 방문은 최종 결정을 내릴 때 도움이 된다. 여기에서 시기적절성은 1단계 방문보다 훨씬 중요하다. 늦은 겨울 혹은 초 봄 동안에 2단계 방문을 하는 것이 좋다. 1월(대부분 학생지원서들이 대학에 도착하는 때)과 4월(대학이 일반적으로 입학통지서를 발송하는 때) 사이에, 대학은 지원자, 장학금, 그리고 기타 요인에 대해 많은 정보를 가지고 있다. 그러므로 마지막 결정을 내릴 수 있도록 대학들은 구체적인 정보를 제공할 수 있다. 지원과정을 마친 후에, 최소한 1일 혹은 2일 동안 관심 있는 대학을 다시 방문해야 한다. 2단계 방문 동안 물어볼 핵심적인 질문을 목록으로 만들고, 수집해 놓은 정보와 이 지침에 있는 질문을 사용한다.

지침

특히, 입학 관계자, 교수나 재정 담당자와 인터뷰하고 싶다면, 미리 약속을 잡기 위해 전화를 한다. 어떤 대학 관계자 및 입학 관리자들은 대개 가을에 공립과 사립 고등학교를 방문하기 때문에, 8월과 12월 사이에는 이 사람들을 만나기 어렵다. 예를 들어, 법정 공휴일처럼 쉴 때, 방문할 수 있다. 미리 3, 4개월 전에 약속을 잡는다. 여러분들이 두 번째 방문에서 해야 할 것은 다음과 같다.

- "학생의 하루 생활"을 경험할 수 있도록 충분한 시간을 계획한다.
- 교내 식당에서 다시 밥을 먹는다.
- 최소한 수업 한 개는 듣는다.
- 기숙사에서 하룻밤을 보낸다.
- 학생센터에서 시간을 보낸다.
- 왜 이 학교에 지원하기로 결정했는지 학생에게 묻는다.
- 학생신문과 게시판을 읽는다.
- 관심 있는 학과의 교수를 방문하는 계획을 세운다. 결정에 도움 되는 정보를 줄 운동코치 및 다른 사람들과 이야기한다.
- 음악작곡, 포트폴리오 및 최근 성취를 보여 주는 증거 등 최종 입학 적합성을 보여 줄 자료를 계획한다.
- 의문이 들면, 질문한다. 이 과정에서 당연하거나 중요하지 않은 것은 질문하지 않는다. 항상 나중에 질문이 생길 경우를 대비하여 대화를 나누는 사람의 이름을 받아놓는다.
- 만일 필요하다면, 재정 담당자와 이야기한다. 성적 혹은 재능 장학금에 대해 질문한다.
- 방문하기 전에 작성해 놓은 질문을 다시 점검한다. 모두 대답을 얻었

는지 확인한다.

- AP 시험이나 SAT 과목시험 같은 시험 점수를 활용하는 대학 정책을 확실히 확인하다. 입학 혹은 배정에서 과목 시험을 요구하는 대학들도 있고, 어떤 곳은 지원자가 어느 검사를 치를지 선택하게 허용하는 곳도 있다.

대학 방문은:

- 대학에 대한 직접적인 정보와 각 대학이 등록한 학생에게 기대하는 바를 알 수 있게 해 준다.
- 대학의 학문적, 사회적, 문화적 분위기를 흡수하게 한다.
- 어디서 학생이 먹고, 자고, 학습하며, 예배드리고, 수업에 참여하며, 휴식을 취하는지 정보를 제공한다.
- 대학생과 이야기를 나눠보고, 생활스타일을 관찰하며 어떻게 옷을 입는지 보고, 어떻게 서로를 대하는지 관찰한다.
- 대학이 위치한 지역사회에 관해 직접적인 정보를 얻는다.
- 학생 개인의 목표에 비교하여 대학을 생각해 보는 기회를 제공한다.

대학방문 동안 물어볼 질문

다음의 질문들은 좋은 대학진로계획 책에서 볼 수 있는 기준들을 포함한다 (Boyer, 1987; Feingold & Levin, 1983; Hayden, 1986; Ripple, 1993a, 1993b; Schneider, 1987). 이는 또한 영재들이 대학을 조사하고 분석할 때 물어 볼 수 있는 일반적이고 특별한 질문을 포함한다. 대학방문을 계획하는 영재는 개인적으로 중요한 범주를 체크하기 위해 목록을 사용한다. 예를 들어, 일차적으로 지원하는 대학 교수들의 질에 관심이 있는 학생은 그 범주로 질문목록을 활용할 것이다. 어떤 학생은 대학진로계획에서 수반되는 잘못된 생각을 버리려고 시도할 때 이 목록이 유용하다는 것을 알게 된다. 친근한 학교 크기, 시골의 소박한 환경, 혹은 명문 같은 용어에 대한 질문은 놀라운 답을 얻을 수 있다.

완벽한 대답과 옳고 나쁜 대답이 없다는 것을 이해해야 한다. 4년간 다닐 대학에 관해 모든 것을 알아야 하는 책임은 나에게 있는 것이다. 누구도 질문에 대해 모든 것을 대답하고, 정확한 단어를 사용할 것이라 기대하지 않는다. 질문은 단지 대학 지침을 읽거나 대학 선택 소프트웨어 프로그램을 사용할 때 혹은 대학방문, 대학생, 동문회, 교수 및 행정가 등과 이야기를 나눌 때 생각을 이끌어 줄 뿐이다. 대학에 대한 질문을 통해 나와 부모에게 있어 중요한 것을 선택하고, 이 영역에서 선택한 질문에 집중한다.

대학 목표에 대한 질문

- 대학의 내재적 및 외재적 미션과 목표는 무엇인가? 학교는 특별한 전문성을 갖추기 위해 훈련받고자 하는 학생 뿐 아니라 지적능력과 판단력을 개발하려는 학생에 맞게 조절해 주는가? 대학은 학생들로 하여금 분명하고 독립적으로 사고하며, 과목을 통합하고, 공통의 선을 위해서 평생 학습하도록 격려하는 분위기를 제공하는가?
- 대학은 학생들로 하여금 어느 정도까지 지역사회와 지적 및 사회적으로 연관되었음을 인식하게 할 것인가? 학교는 어떻게 지역사회 서비스를 장려하는가?
- 대학은 어느 정도까지 인간의 다양성을 권장하고 개인차를 인정하는가? 장애가 있거나, 소수 인종과 다중 문화집단에 속하거나, 기타 역사적으로 무시받는 집단에 속한 영재를 위해 준비한 자원으로는 무엇이 있는가?

대학이 어떻게 운영되는가에 대한 질문

- 대학은 어떻게 고등학교보다 높은 고등교육, 진로경로로의 전이를 용이하게 하는가?
- 어떻게 학생을 모집하는가? 어떻게 대학은 홍보자료와 모집 책략을 통해서 학생의 기대를 조성할 것으로 생각하는가? 어떻게 대학 대표자는 입학절차에 대한 예리한 질문에 응답하는가?(예: 표준화된 검사점수 및 기타 학생 정보의 활용)
- 어떻게 대학은 등록한 학생에게 공약을 보여 주는가? 학생은 학교 관리에 포함되는가? 학교는 학업적 광고, 개인적인 상담과 진로상담을 위해 어떤 자원을 제공하는가? 학교는 신입생을 모집하고 계속적으로 동문회 재정보조를 하는 것만큼 등록 학생들이 개인적으로 만족스런 생활을 준비하도록 똑같은 수준의 노력을 보여 주는가?

대학의 이미지 혹은 명성에 대한 질문

- Harvard, Princeton, Yale과 같은 명문대학이라면, 어떻게 명성을 유지하며, 왜 나는 그 학교에 입학하고자 하는가? 대학은 학문으로 잘 알려져 있는가? 특별한 학문 영역은? 운동은? 학교는 학자와 정치가를 배출한 것으로 유명한가?
- 만일 학교가 학생에게 개인적으로 관심을 기울일 때, 상대적으로 잘하지 못하는 것으로 알려져 있다면, 재정적으로 안정적인가? 동문회는 학업 프로그램에 적극적으로 재정 지원을 하는가? 학생회 규모는 안정적인가?
- 교육과정이 안정적이거나 해마다 다양해지는가?

인구 및 캠퍼스 지리에 대한 질문

위치

- 학교 환경이 도시, 지방, 도시 주변인가? 도시환경에서는 대개 박물관, 음식점이 많고, 밤에 활동을 할 수 있다. 대학 혹은 대학원으로 인해 마을이 존재한다면, 음악회 및 기타 문화 활동을 할 기회가 적게 될 것이다.
- 각 환경의 장점과 단점은 무엇인가? 도시에서는 좋아하는 특정 음식을 찾을 수 있지만, 밤에 도서관에서 집으로 갈 때 자신을 보호하는 방법을 배워야 하는가? 지방에서는 학교를 나올 때, 탈 것이 있어야 하는가? 지방 마을은 식료품과 주유소를 갖추고 있는가?
- 주말이나 방학 동안에 집에 오려면 어떤 교통편이 있는가? 다른 대학에 있는 친구를 방문하고 싶다면? 얼마나 자주 집에 가려고 하는가?
- 학교 근처에 어떤 종류의 지역사회 자원이 있는가? 근처에 박물관이 있는가? 특별한 도서관은?
- 집에서부터 떨어진 심리적 거리는 얼마인가? 만일 여러 시간이 걸리는 교통수단을 이용하여 학교에 다닌다면(기차, 비행기), 심리적 거리는 실제 거리보다 더 클 것이다.
- 소포가 도착하려면 얼마나 걸리는가?
- 오랫동안 어떤 그룹의 일원이여서, 새로운 활동과 아이디어를 시도하기 위해, 상대적으로 집에서 멀리 떨어진 학교에 가야 하는가?

크기

- 학교는 작은가? 보통인가? 큰가? 거대한가? 방대한가? 큰 학교라면, 학생들이 인터넷상으로 과정을 등록할 수 있는가?

- 각 학업영역마다 강의실은 얼마나 큰가? 강의실의 크기가 학생이 수업에 참여하는 질과 양에 어떻게 영향을 주는가? 예를 들어, 학생들이 수업 주제를 토론하기 위해, 스터디 그룹 혹은 수업크기를 줄이는 기타 방법이 강의에 동원되는가? 만약 상대적으로 학교가 작다면 선수과정이 매 학기마다 제공되는가?
- 어떻게 학교를 디자인하였는가? 밀집되어 있는가? 쫙 퍼져 있는가? 강의실을 생각할 때 기숙사는 어디인가? 도서관에 왔다 갔다 하는데 얼마나 걸리는가? 식당은? 체육관은? 눈이 많이 오는 지역이라면, 수업이나 실험실에 가는 데 오래 걸리는가?
- 남녀의 비율은?
- 문화적으로 다양한 배경을 지닌 학생의 비율은? 어떠한 인종집단이 다수인가?
- 학부생의 비율은?
- 통학하는 학부생의 비율은?
- 학교는 학생들이 함께 활동하고 공부하는 세미나 및 기타 방법을 제공하는가? 교수가 세미나를 이끄는가?
- 어느 정도까지 캠퍼스 크기가 학생이 사용하는 설비에 영향을 미치는가? 학교가 우수한 기술과 연구 설비를 자랑한다면, 누가 이것을 사용하는가? 대학원생? 상급생? 능력, 기술 및 흥미를 가진 사람 모두?

비용

- 사립이란 실제 무슨 의미인가? 주에서 지원한다는 것은? 대부분 기금으로 운영되는 것은?
- 학비는 어떻게 산출되는가? 추가된 비용은 무엇인가: 학생활동비,

생활비 및 책? 어떤 책은 100달러 이상 되며 해마다 비용이 증가하고 있다. 학교 서점에서 헌책을 파는가?

- 대출, 장학금 및 학생 보조 프로그램이 있는가? 누구에게 적용되는가? 요건과 제한사항은 무엇인가?
- 학교는 교내 일자리 프로그램을 제공하는가? 학교 밖에서(예: 가게 음식점) 아르바이트를 할 수 있는가?

학업생활에 대한 질문

선택도

- 한 학기가 끝나고 다음 학기 1학년 강의실로 돌아오는 학생의 대학 회귀비율은 얼마인가? 학교의 질과 이에 대한 학생의 만족을 측정하는 가장 좋은 방법 중 하나는 1학년 이후에 학교로 돌아오는 학생의 비율과 입학한 학생 중에서 졸업할 때까지 학교에 남아있는 학생의 비율을 살펴보는 것이다. 만일 대학 전공을 정했다면, 학과 졸업률을 살펴본다. 일반적으로 개방식 입학 정책을 표방하는 대부분의 주 학교들은 보다 작은 학교 혹은 최상의 명문대학들에 비해 1년 이후에 그만두는 학생들이 많다. 이것은 강의실 크기와 시설 사용에 영향을 미칠 것이다.
- 학생의 입학 자료를 어떻게 읽고 평가하는가? 객관적 및 주관적 정보에 대한 상대적인 비중은 무엇인가? GPA, 반 석차 및 표준화된 점수 같은 수치적인 요인인가? 인터뷰, 에세이, 특별한 재능과 교육과정 외 활동 같은 주관적인 정보인가?
- 주 출신과 주 출신이 아닌 학생에 대해 할당제가 있는가? 혹은 특별한 지리학적 영역에 대한, 종교, 경제 혹은 인종집단에 대한, 유산과 기부에 대한 할당제가 있는가?

- AP, ACT와 SAT 과목 시험 점수를 어떻게 사용하는가? 학점을 위해? 학점 면제를 위해? 배치를 위해?

과정

- 어떤 학과 전공 분야를 제공하는가?
- 각 학과의 순위는 어떠한가?
- 선택 필수과목의 수와 종류는 어떠한가?
- 특정 학과의 상대적인 난이도 수준은 어떠한가?
- 언제 그리고 어떻게 전공을 선택하는가?
- 전공은 학생을 제한하기보다는 넓혀주는가?
- 전공에서 학생은 어떻게 조언을 받는가?
- 전공을 선택하고 진로목표를 추구하는 것 외에 지식의 다른 분야를 탐색할 때 융통성이 있는가?
- 전공을 바꾸는 것이 어려운가?
- 학과는 학생을 경제, 사회, 기술 변화에 대처하도록 어느 정도로 준비를 시키고 있는가?
- 매 학기마다 학생이 수강할 수 있는 최대 및 최소 과정은 얼마인가?
- 학기 기간은 어느 정도인가?
- 다른 대학에서 제공하는 과정에 등록할 기회가 있는가? 대학은 학교 공동체의 한 부분인가?
- 외국어 학습 프로그램을 제공하는가? 외국어 학습 프로그램의 요건 및 제한은 무엇인가?
- 교직원 멘토의 지도하에 학부생으로 하여금 독립연구와 자기주도적인 학습을 하도록 격려하는가?
- 졸업 전에 소논문 혹은 세미나를 마쳐야 하는가? 만일 그렇다면, 학

교는 소논문이나 세미나의 목적에 대해 언급하는가? 목적은 학교가 언급한 미션 및 목적과 일치하는가?

- 강의실 안과 밖에서 배운 것을 적용해 보는 기회를 제공하는가?
- 학교는 개인 컴퓨터를 제공하는가? 학생들이 자신의 소프트웨어를 가지고 와야 하는가? 누가 학교 컴퓨터 시스템을 사용할 수 있는가? 대학원생만? 학부생? 능력, 기술 및 흥미를 가진 학생? 사용자가 많은 시간 동안 학생 수를 조절할 충분한 수의 단말기를 마련해 놓았는가?
- 컴퓨터 터미널은 다른 캠퍼스 시설과 비교할 때 어디에 있는가? 어느 시간에 컴퓨터 실습실을 개방하고 닫는가?
- 충분한 부수의 책이 소장되어 있고 학생들이 많이 이용하는 시간대에 도서관 좌석은 충분한가?
- 기금의 몇 퍼센트 정도를 도서 구매에 할당하는가? 도서관 건물에?
- 실험과정에 등록한 학생을 수용할 충분한 실험실 공간이 있는가?

학습 분위기

- 경쟁수준은 어떠한가? 느긋한 정도인가? 매우 치열한 정도인가? 수강생들은 강의실 경쟁에 대해 무어라 말하는가? 교육과정이 꽤 엄격하다면, 나는 잘 준비되어 있는가?
- 학교는 장학생 시스템을 갖추고 있는가? 그렇다면, 학생들은 그에 대해 어떻게 생각하는가? 부과되는 기준에 일관성이 있는가?
- 학교는 어떻게 창의성을 신장하는가?

교직원

- 누가 학부생을 가르치는가? 교수? 대학원생 조교? 누가 1학년을 가르치는가?

- 학교는 교직원에 대해 무엇을 기대하는가? 학교는 교수를 어떻게 장려하고 보상하는가?
- 학교의 주된 강조점은 무엇인가? 장학금? 연구? 출판? 어떻게 좋은 교수법을 장려하는가? 학생들이 평가하는가? 동료가 평가하는가?
- 학교는 어떻게 전문성 신장을 장려하는가?
- 승진과 재임시스템에 대해 교수와 학생은 뭐라고 하는가?
- 교수의 몇 퍼센트가 파트 타임 혹은 캠퍼스 내 연구실이 없는 시간강사인가?
- 학생은 언제 교수와 면담을 하거나 토론을 하는가? 공식적인 시간에만? 집에서? 전화로? 교수를 학생식당이나 학생센터에서 볼 수 있는가?
- 교수와 학생의 관계는 어떠한가? 강의실 밖에서 교수를 만날 수 있는가?
- 내가 원하는 학과 교수에게 연락할 기회가 있는가?

학점 정책

- 어떤 학점 시스템을 학교에서 사용하는가? A–F만? 통과/실패? 유급이 있는가? 문서화된 평가가 있는가?

시간 구조(특히 학습의 범위보다 깊이를 선호하는 학생에게 중요)

- 학교는 어떤 학기시스템을 적용하는가? 4분기 시스템? 3분기 시스템?
- 학교는 중간학기, 예를 들어, 학점을 향상하거나 학습을 풍부하게 하기 위해 1월 혹은 5월에 등록할 수 있는 1개월 집중과정을 제공하는가?
- 4년 안에 졸업하려면 매 학기마다 수강해야 하는 수업시수는 얼마

인가?

학생 생활에 대한 질문

오리엔테이션 절차

- 학교는 신입생에게 어떻게 학교생활과 규칙, 자원을 알려 주는가?
- 학교에는 신입생 소집 및 매 새 학기에 입학을 축하해 주는 과정이 있는가?
- 신입생은 어떻게 수강등록을 하는가? 등록하기 이전에 지도교수를 만나는가?
- 1년 동안 얼마나 도움을 받을 수 있는가? 심각한 학업적 어려움을 겪고 있다면, 지도교수가 도움을 제의하는가?

사회 구조와 캠퍼스 생활

- 강의실 생활 외에 대학생활을 어떻게 생각하는가? 학업, 서클 활동과 사회생활 간의 균형을 목적으로 삼는다. 대학을 결정하기 전에, 아래 질문에 대해 답을 찾아본다.
  - 교육과정 외 활동, 학업경쟁, 운동 및 특별한 흥미 집단이 있는가?
  - 지역사회는 학생들을 환영해 주는가?
  - 참여할 인종집단 혹은 종교집단이 있는가?
  - 동아리 활동이 캠퍼스 생활에 어떻게 영향을 미치는가?
  - 기숙사를 이용할 수 있는가?
- 어느 정도 학생들이 자신의 재능을 다른 사람과 나누도록 격려하는가? 학교 안과 밖에서 지역사회 프로젝트를 위해 자원봉사를 하도록 교수와 학생을 격려하는가?
- 학생은 캠퍼스 활동, 특히 학문적 행사에 어느 정도 참여하는가?
- 학교는 모든 학생들이 공통의 목표를 위해 활동할 수 있도록 분위기

를 조성하는가?

- 학교는 학생에게 규칙체계를 어떻게 전달하는가? 규칙은 엄격한가, 느슨한가?
- 대학은 학생의 활동을 어느 정도 허용하고 격려하는가? 누가 학생 신문을 통솔하는가?
- 술, 물질 및 약물 남용에 대한 정책은 무엇인가? 규칙을 위반하는 학생을 어떻게 하는가? 동아리 활동으로는 무엇이 있는가?
- 학교가 제공하는 생활설비는 어떠한가? 공용 및 성별 기숙사가 있는가? 개인 생활과 방문에 대한 정책은 무엇인가?
- 통학하는 학생의 비율은 어느 정도이며 어디에 학생들이 사는가? 만약 대다수의 학생들이 통학을 한다면, 이것이 캠퍼스 생활에 영향을 미칠 것이다. 그 외, 통학하는 학생은 그렇지 않은 학생보다 나이가 많은가?
- 학생의 경제적 지위가 어느 정도 학교생활 및 활동에 영향을 주는가? 학생들은 모든 이벤트에 돈을 지불해야 하는가?
- 학교는 동질적인가 이질적인가? 만일 동질적인 학교에 다닌다면, 학생들이 중요한 어떤 면에서 서로 유사할 것이라고 기대할 수 있다. 예를 들어, 특정 스타일이 유행이라면 옷을 비슷하게 입을 것이다. 만일 이질적인 학교에 다닌다면, 사람마다 "각자의 것"을 할 것이라고 기대할 수 있다. 이질적인 학교의 예는 매우 큰 주립대의 경우에 해당된다. 동질적인 학교의 예로는 작은 단과대학을 들 수 있다. 생활스타일 선호와 무관하게 모든 학생들은 편안함을 느끼는가? 이질적인 학교는 동질적인 학교에 비해 보다 리더십을 격려하는 경향이 있어서 만일 나에게 리더십이 있다면, 리더십이 빨리 드러나는 학교에서 보다 편안함을 느낄 것이다.

- 학교 음식은 어떠한가? 음식 맛은 좋은가? 입맛에 맞는가? 학생 식당은 다양한가?
- 학교는 지역사회 의식을 증진하기 위해 어느 정도 비학구적인 대학 활동을 권장하는가?
- 어떤 조직, 클럽과 장학생 클럽이 있는가? 사회활동을 위해? 진로계획을 위해? 종교 활동을 위해? 신체 건강을 위해? 교수는 정규적으로 이들 조직에 참석하는가?
- 대부분 주말에 학교는 행사를 계획하는가? 그렇다면 어떤 종류의 행사? 참여할 것인가?
- 학생의 여가를 위한 조항이 있는가? 학교에서? 학교 밖에서? 학교는 파티를 자주 하는가?

캠퍼스 안전

- 기숙사 및 강의실에 두어도 개인 소지품들이 안전한가?
- 학생안전을 보장하기 위한 조항이 있는가?
- 도서관에서 기숙사까지 혼자 걸어가도 안전한가? 만일 그렇지 않다면, 개인의 안전을 보호하기 위해 어떤 조항을 마련해야 하는가?

건강

- 학생의 신체적, 정신적 건강을 돕기 위해 학교가 제의하는 규정은 무엇인가?
- 학생 건강센터의 직원은 어떠한가? 간호사만 있는가? 의사가 항상 근무 중인가?
- 설비를 잘 갖춘 병원은 얼마나 가까운가?
- 학생 건강 서비스 센터에서 건강교육 프로그램과 예방 의학에 대한 조언을 제공하는가? 스트레스에 대해 도움을 제공하는가? 개인 건강

문제에 대해 도움을 주는가? 개인 상담이 가능한가? 그렇다면, 무슨 서비스를 제공하고 직원은 무슨 자격을 소지하고 있는가?

학습기술

- 학습기술을 증진하기 원하는 학생은 어떤 시설을 이용할 수 있는가?
- 각 학과 영역에서 상이한 학습기술로 교육을 하는가?

진로지도

- 진로를 선택하도록 학교는 어떻게 도움을 주는가? 직업을 얻는 데? 대학원 혹은 전문학교를 선택하도록?
- 최근 대학원, 전문학교 혹은 직업에서 세운 동문회는 무엇인가?
- 특별 교육과정 영역에서 인턴십 및 협력 프로그램이 마련되어 있는가?

장애를 가진 영재에 대한 질문

- 학교는 특수집단의 학생들이 등록을 하도록 어떻게 격려해 주는가?
- 장애를 가진 학생의 특별한 학문적, 신체적, 사회적 요구를 충족하기 위한 특별 규정이 있는가?
- 장애 학생을 위한 학교의 시설보유는 어떠한가?

대학방문은 고등학교 2, 3학년 동안 해야 하는 대학계획과정 중에서 단지 하나의 단계에 지나지 않는다. 2학년은 대학계획을 시작하는 데 매우 중요한 시기이므로, 이 책은 부록 D에 고등학교 2학년 동안 주의를 기울여야 할 단계를 상세한 체크리스트로 수록해 놓았다. 이 체크리스트를 통하여 원활하게 계획을 실시하고 시간을 조직할 때 도움을 받고, 선택할 대학을 방문할 수 있다.

학생-운동선수: 유망한 대학을 선택하고 방문하기

학생-운동선수 혹은 최소한 대학에서 여러 운동경기를 하고자 하는 학생들은 대학을 선택할 때 운동경기를 할 수 있는지 그 여부도 부수적으로 고려한다. 비록 대학들이 학생을 모집하고, 대신 학생들이 대학을 탐색한다고 해도, 여전히 학업적, 정서적, 그리고 사회적으로 학생에게 적합한 대학인지 확인해야 한다. 관련 질문을 물어보고, 대학을 방문하고, 캠퍼스에서 할 수 있는 모든 것을 경험해 보고, 건전하고 좋은 결정을 내리기 위해 시간을 할애하는 등 이 책에서 소개한 여러 원리들을 따라하였는지 확인해야 한다. 그러나 대학 운동선수 학생들이 대학계획과정에서 해야 하는 특별한 것들이 있다.

우선 내가 대학 수준의 운동에 적합한지 생각할 때, 미국 대학체육 협회(National Collegiate Athletic Association, NCAA)의 웹사이트(http://www.ncaa.org)를 방문한다. NCAA는 1,200개 이상의 전국 대학들의 상호연합 운동경기를 통제하는 협회이며 이 웹사이트를 통해서 운동선수 모집과정 이면의 규칙과 절차에 대한 많은 정보를 얻을 수 있다. 웹사이트에서 Guide for the College-Bound Student-Athlete(NCAA, 2005)를 무료로 다운로드 받을 수 있다.

만일 대학 1학년 동안 여러 운동경기에 참여하고 싶다면, 우선 NCAA 운동경기 참여에 대한 적합성을 결정하는 기관인, NCAA Initial-Eligibility Clearinghouse에 등록해야 한다. 이 기관은 각 학생의 고등학교 학업기록, ACT 혹은 SAT 점수와 학생이 아마추어 운동선수로서 적합한지 알아보기 위한 모든 것들을 살펴본다. 대학 수준의 운동경기에 참가하기 위해서, 학생들은 NCAA Clearinghouse로부터 아마추어라는 판별을 받아야 한다. 다시 말해서 이 기관은 전문 운동 경기팀과 접촉하고, 운동경기 참여로 지불

받는 경기금액, 운동선수 명성에 기초하여 바라는 대우와 향후 전문기관의 스카우트 같은 문제를 위해서 학생 기록을 살펴볼 것이다(NCAA, 2005).

Clearinghouse로부터 여러 운동경기에 적합하다는 결정을 받은 학생들은 다음 단계로 넘어갈 수 있다. 즉, 대학 운동프로그램을 방문하거나 섭외한다. 학생-운동선수가 Guide for the College-Bound Student-Athlete (NCAA, 2005) 같은 대학 운동경기의 모집 규정을 살펴보는 것이 중요하다. 이 과정에 많은 규칙과 규정이 적용되므로 주의 깊게 각각을 살펴보는 것이 중요하다. 대부분 학교들은 학생의 고등학교 운동시간을 녹화한 테이프를 학생모집 부서로 보내달라고 한다. 비록 코치가 테이프에 녹화된 내용을 보고 학생 모집을 결정하지는 않지만, 코치와 주무는 이 테이프를 자주 살펴본다. 이 테이프를 통해서 학생의 능력을 면밀하게 살펴보고 전에 보거나 고려하지 못한 잠재력을 찾는다.

대개 대학 코치들은 매 시즌 여러 고등학교의 성취에 대해 관심을 기울인다. 코치는 모집을 잘 할 수 있는 영역을 알고 있어, 그 지역에 있는 학교를 방문하고, 신문을 보고 인터넷으로 지역 스포츠를 살펴보고 학생 운동선수들이 운동하는 테이프를 검토한다. 만일 내가 학교에서 제일 잘 하는 운동선수라면, 여러 대학의 코치들은 이미 나의 능력을 알고 있을 것이다. 그러나 나의 수행기록, 명성 혹은 능력이 어떻든, 모집과정은 동일하다. 즉, NCAA 규칙은 어느 경우에라도 대학 운동선수를 위해 특별한 혹은 선호하는 대우를 적용하지 않는다. 모집과정은 조기 접촉, 평가시기와 공개 방문을 포함하여 여러 중요한 일을 포함해 놓고 있다.

접촉은 코치가 대학 교정에서 학생 혹은 학생부모와 면대면으로 만나는 시간을 기술하기 위해 NCAA가 사용하는 용어이다. 접촉시기동안, 대학 코치는 개인적으로 대학 교정 안과 밖에서 학생과 부모를 만날 수 있지만, 이 말은 코치가 학생이 운동하는 것을 지켜보고 학생의 고등학교를 방문하거나 학생이 시합하는 것을 관전할지도 모른다는 뜻이다. 평가시기동안 코치는 학생들이 운동하는 것을 보지만 대학교정 밖에서 학생 혹은 부모와 개인적으로 접촉을 가질 수는 없다. 모집과정에서 또 다른 중요한 부분은 공개방문으로, 공개방문은 학생과 부모가 대학을 방문하는 때에 이뤄지며, 대학 방문 교통비와 식사 등의 비용을 지불한다(NCAA, 2005). 모집 과정에 대한 특별한 기간과 단계가 몇 가지 있다. 보다 많은 정보를 위해서는 NCAA의 Guide for the College-Bound Student-Athlete를 참고하길 바란다.

여러 대학에 관한 정보를 수집하고 고려하는 동안, 앞으로 올바른 결정을 내릴 수 있도록 코치에게 특별히 질문을 해야 한다(NCAA, 2005).

- 팀에서 내가 담당할 위치는 무엇인가?
- 훈련과 조건에 대해 기대하는 바는 무엇인가?
- 스태프의 지도 스타일을 어떻게 가장 잘 기술할 것인가?
- 시즌 중 그리고 시즌이 아닐 때 학점을 얼마나 수강해야 하는가?
- 연습 동안 강의시간표에 제약이 있는가?
- 캠퍼스에서 학생-운동선수들이 살아야 하는가?
- 어떤 종류의 운동 장학금이 있는가? 장학금이 커버하는 것은 무엇인가? 장학금이 커버하지 못하는 것은 무엇인가?
- 어떤 환경 하에서 장학금이 줄어들거나 취소될 수 있는가?
- 장학금을 수혜받는 기간이 지났어도, 학위를 마칠 수 있도록 돕는 장학금이 있는가?(NCAA 학생-운동선수들은 단지 4년 동안 운동경기를 한다. 대부분의 공대 프로그램 같은, 일부 학위과정들은 마치는 데 4년 이상이 걸린다. 만일 마치는 데 4년 이상이 걸리는 전공을 생각하고 있다면 이 질문을 물어보는 것이 바람직하다.)

만일 다시 대학에서 운동경기를 하려고 한다면, 특별한 정보, 규칙과 규정에 대해서 NCAA의 웹 사이트를 점검하는 것이 해야 할 가장 바람직한 일이다. 여러 팀에서 모집제의를 하지 않았다고 운동을 포기하거나 낙담하지 말아야 한다. 대부분 학교들은 다른 인근 학교와 경쟁하는 대학이 관리하는 클럽 운동 팀을 운영하며(럭비, 라크로스 혹은 사이클, 배구와 소프트볼을 또한 클럽 운동경기로서 제공한다), 큰 대학교들은 미식축구, 배구, 3대 3 야구, 슬로우 피치 소프트볼과 축구 같은 매우 경쟁적인 상호 운동경기 프로그램을 가지고 있다(클럽 내, 학생이 조직한 팀 그리고 다른 곳과 경쟁하는 기숙사 팀). 이상의 여러 다양한 운동 기회를 캠퍼스 방문 중에 볼 수 있는지 확인하고 보게 해달라고 요청한다.

제 5 장

지원 과정: 대학이 원하는 것을 내가 갖고 있는가?

"대학이 원하는 바를 내가 가지고 있는가?" 그리고 "어떻게 지원과정에서 이것을 보여 줄 수 있는가? 하는 질문에 대답을 함으로써 적합한 대학을 찾는 과정을 마치게 된다. 그 외, 이 장에서는 대학을 계획하는 과정의 마지막 네 단계를 다룬다. 즉, 지원하기, 인터뷰하기, 에세이 쓰기와 재정지원 신청하기, 그리고 입학결정 내리기이다. 지원과정은 다음의 두 가지 관점에서 논의할 것이다. 첫 번째 관점은 다중잠재력을 가진 학생의 지원과정으로, 다중잠재력을 가진 학생들은 이성적으로 선택을 내릴 수 있지만 이들의 선택안들은 끝이 없다. 그리고 두 번째 관점은 입학 관리자의 과정으로, 이들은 다수의 매우 뛰어난 지원자 중에서 신입생을 선발해야 한다.

성공적인 지원과정의 다섯 가지 요소는 학생의 학점, GPA와 학급석차, 표준화된 시험 점수, 활동과 경험, 지원 에세이, 그리고 추천서이다. 각 요소는 매우 우수한 명문 학교에 가기 위해서 중요하다.

- 어떤 영재들은 명문대학에 이끌린다. 명문대학에 지원할 계획인 학생은 다음의 두 가지를 이해해야 한다. 즉, 완벽한 학교 같은 곳은 없다는 것과 지원과정을 진술하는 방식이 합격과 불합격을 결정짓는 주요 요인이 될 수 있다는 것이다.
- 만일 고등학교 졸업 전에 명문대학에 지원하기로 결정하였다면, 지도 상담자, 교사 및 부모는 가족과 떨어져서 살 수 있는 학생의 능력, 대학에서 사회적 관계를 형성하는 능력과 장기적인 계획을 수립하는 능력을 평가해야 한다. 온라인 대학에 입학하는 것과 조기 입학 프로그램 같은 여러 가능성을 함께 숙고해봐야 한다.
- 영재가 명문대학에 지원하기로 결정할 때, 지원 과정을 통해 이들을 이끌어 주어야 한다. 영재들은 지원서를 작성하는 중요성에 대해 이해하지 못할지도 모른다. 영재이기 때문에, 학생들이 대학 지원과정을 이해할 것이라 가정하지 말아야 한다. 영재들도 교육 상담자의 도움이 필요하며 많은 여름 캠프 경험이 대학을 계획할 때 도움이 될 것이다.
- 대학은 대개 만능인 학생을 찾는다. 이것이 의미하는 바는 무엇인가? 학생들은 자주 자신이 만능임을 보여 주려고 모든 활동에 참여하지만 대학은 오히려 한두 가지 활동을 집중적으로 살펴본다. 대학이 새로 입학하는 신입생을 결정하였을 때, 그 중에는 다양한 능력을 갖춘 학생이 있을 것이다. 음악가가 될 수도, 운동선수가 될 수도, 학업적으로 뛰어난 성취를 보일 수도 있고, 지방 출신, 도시 출신, 혹은 중소도시 출신일 수도 있으며, 다양한 소득소준, 나라 및 문화를 가진 학생이 될 수도 있다. 한마디로 만능, 다양한 학생을 접하게 된다

는 것이다.

대학 준비와 독립적인 대학계획 상담자

여름 동안 Tufts 대학 혹은 UCLA 대학으로 여행을 가면 대학 준비 캠프가 열리고 있음을 보게 될 것이다. 대학 입학은 너무 경쟁적이어서, 어떤 부모와 학생들은 전문적인 도움을 받아 대학에 입학하려고 한다. 입학 상담자와 상담을 하거나, 대학 출판물을 읽고, 집에서 SAT 혹은 ACT를 연습한다고 해서 명문대학에 지원한 학생을 둔 가족의 고민을 덜어 주는 것은 아니다.

명문대학에 지원하려면, 보다 세밀한 도구가 필요하다. 점점 인기를 끌고 있는 해결방안이 바로 대학 준비 캠프이다(Hansen, n.d.). 대학 준비 캠프는 사설 회사와 대학 상담기관에서 운영하며 전국에 분포해 있다. 학생들은 사전 캠프에 등록하여 대학 에세이 개별지도를 받고, SAT 혹은 ACT 준비과정을 수강하며, 일대일 대학 상담을 받고, 학습기술과 시간 관리에 대한 도움을 받는다. 그러나 대학 준비 캠프의 비용은 싼 가격이 아니다. 전국의 대학 캠퍼스 내 Education Unlimited(http://educationunlimited.com)에서 운영하는 대학 준비 캠프는 그 비용이 10일 동안 2,250달러에 달한다. 대부분 사설기관들도 대학진로를 계획할 때 개별적인 도움을 주고, 수업을 듣는 데 하루 12시간씩 하루를 보내는 소집단 학생을 모집한다. 대부분 학생들은 입학과정에 접근하는 방식을 잘 모르고 있고, 공립학교에서 학생 대 상담자 비율은 1 대 500에 달하며, 그렇기 때문에 학생들은 원하는 것을 업무가 과중한 진로상담자로부터 얻을 것 같지 않다. 이들 캠프를 탐색할 때 찾는 그것을 얻을 수 있는지 확인해 본다.

대학계획과정을 위한 또 다른 접근법은 일 대 일 상담을 제공하는 사설 상담자의 서비스를 받는 것이다. 독립적인 상담자 그리고 교육 상담자란 비용을 받고 대학 입학 과정을 준비하는 학생과 부모에게 도움을 주는 사람들로, 학교 상황 밖에서 일하는 상담자를 지칭하는 용어이다. 대개 학생들이 2학년이 되기 전에 프로그램을 시작하는 것이 좋지만, 대부분의 사람들은 그 이후에 시작하며, 지원서를 보낼 때까지 학생과 활동한다. 그러므로 항상 이 독립적인 상담자 혹은 교육 상담자의 개인적인 신원조회를 실시하여 자격을 확인해봐야 한다. 그리고 부모는 자녀와 함께 적합한 사람을 찾고 있기 때문에, 한 명 이상의 상담자를 인터뷰해야 한다. 이 사람들은 자녀들로 하여금 개인적인 목표와 대학이 제공하는 것 사이에 알맞은 적합성을 찾도록 도움을 줄 것이므로, 그 관계가 중요하다.

독립적인 상담자는 시간을 들여 대학을 방문하고 자주 입학관계자와 친분을 갖는다. 경험이 많은 상담자는 대개 특정 대학이 찾는 학생 유형을 잘 알고 있다. 그리고 주소 목록은 물론 일반적으로 사람들이 가지고 있지 않은 정보를 요청하는 방법을 알고 있다. 예를 들어, 한 미국 대학은 백파이프 연주에 자부심을 가지고 있었다. 어느 해 대부분의 밴드 일원들이 졸업을 하여 대학은 학업적으로 자격을 갖추면서도 백파이프 연주에 전문성을 가진 학생에게 전액 장학금과 기숙 장학금을 줄 것이라고 공지를 보냈다. 비일상적이지만 이상의 공지에 대한 정보가 사설 상담자와 대학 상담자에게 들어가서 외부 상담을 의뢰하는 사람들에게 그 빛을 발한 경우도 있었다.

2개 국립 협회는 일정 기준에 준하여 독립적인 대학 상담자에게 특별한 멤버십을 부여한다. 만일 이 기준에 대해 궁금하거나 상담자를 찾고 있다면, 다음 비영리 멤버십 기관에 연락을 해 본다.

- National Association for College Admission Counseling

1631 Prince Street
Alexandria, VA 22314-2818
(800) 822-6285
http://www.nacacnet.org

- Independent Educational Consultants Association
3251 Old Lee Highway Ste. 510
Fairfax, VA 22030-1504
(800) 808-IECA
http://www.educationalconsulting.org

사설 상담자 혹은 캠프를 조사하기 전에, 지역 자원뿐 아니라, 그 과정에 친숙해지려고 할지 모른다. 그러면 학생들이 외부 도움을 필요로 하는지 알 수 있다.

지원서 보기

다음은 지원자를 평가하는 지원서와 지원과정을 살펴볼 것이다. 일반적으로 대학 지원서 양식에는 다음 두 가지 종류의 정보가 필요하다. 객관적인 정보에는 생물학적 자료, 학업성취에 대한 정보, SAT, ACT 등의 표준화된 시험 점수, AP 시험 점수와 부수적인 수치상의 정보가 포함된다. 주관적인 정보에는 교육과정 외 활동, 추천서, 에세이, 자기소개서, 인터뷰가 포함된다. 교육과정 외 활동을 깊고 폭넓게 하였다면, 이는 "세탁하는 목록"으로써 학교 측이 선호한다. 대학들은 특히 학생의 주도성, 리더십 능력과 지역사회 서비스 지표에 관심이 있다.

두 지원자의 자격요건이 동일할 때, 주관적인 정보와 학생의 지원서 제시방법이 결정적인 요인이 된다(때때로 학생의 지리적 위치, 부모가 다닌 학교 혹은 특별한 재능이 입학을 논할 때 찬반 균형에서 도움을 될지 모른다). 지원자가 많을수록, 대학은 학생을 선택할 수 있고 또 선택하려고 할 것이다.

이 시점에서, 지원 자료를 조직하는 것이 바람직하다. 학교 지원 절차를 시작하기 전에 자료를 조직함으로써 나중에 느낄 스트레스와 긴장을 완화할 수 있다. 무언가 정리되어 있고 통제 하에 있다는 생각은 여러 지원 마감날이 한꺼번에 임박해 오면 매우 도움이 된다. <표 5-1>의 지원 조직체가 도움이 될 것이다. 엑셀 혹은 기타 프로그램을 사용하여 자신만의 스프레드시트를 만든다.

또한 학생들은 다음과 같은 항목을 포함하여, 지원 과정에서 사용할 수 있는 폴더를 만들 수도 있다.

- 9, 10, 11학년을 지도하는 특별 프로그램 리더의 추천서. 학생을 잘 알고 있는 사람에게, 학생이 한 활동에 대한 추천서를 받아 놓아 나중에 사용할 수 있도록 파일에 넣어둔다.
- 학교 밖 활동에 대한 성적 증명서는 과정을 마친 후 발급해서 파일로 남긴다. 또한 과정에 대한 설명도 포함해 놓는다.
- 학생지원서 조직체를 쉽게 접근할 수 있는 곳(맨 바깥 표지에 철을 해놓는 등) 그리고 이 과정에서 어떻게 학생이 발달하는지 볼 수 있는 곳에 놓는다.

대학은 고등학교 4년간 학업적인 성장을 보여 주는 성적표에 호의적이다. 성적표에 변동이 많을 경우(예를 들어, 비전형적인 과정 혹은 낮은 성적), 특히, 11학년과 12학년 동안에 이런 일이 생겼다면, 이에 대한 설명을

〈표 5-1〉 지원서 조직체

대학 지원서	대학 이름	대학 이름	대학 이름
지원 마감일			
작성한 에세이			
작성한 지원서 양식			
지원서 송부			
공지 날짜			
재정보조 지원			
재정보조지원 마감일			
FAFSA 송부			
작성한 PROFILE 등록과정			
PROFILE 양식 송부			
대학의 재정보조 지원서 송부			
추천서			
1. 추천서를 써 준 사람 ( )			
추천서를 써 줄 사람에게 양식을 보내고 다시 받기			
감사의 글 보내기			
2. 추천서를 써 준 사람 ( )			
추천서를 써 줄 사람에게 양식을 보내고 다시 받기			
감사의 글 보내기			

〈표 5-1〉 지원서 조직체 (계속)

대학 지원서	대학 이름	대학 이름	대학 이름
3. 추천서를 써 준 사람 ( )			
추천서를 써 줄 사람에게 양식을 보내고 다시 받기			
감사의 글 보내기			
고등학교 성적증명서			
상담자에게 성적표를 주기			
양식 송부			
상담자에게 중간 학교 기록을 보내기			
양식 송부			
시험 점수			
점수보고서를 대학에 보내라고 요청하기			
SAT			
SAT 과목 시험			
ACT			
AP 시험			
IB			
기타			
기타			
기타			

첨부해야 한다. 설명을 요하는 상황으로는 질병을 앓아 성적이 떨어졌거나 낮은 성적을 받았을 때이다. 만일 가족 문제를 경험하였지만, 어려움을 극복하고, 어려움에도 불구하고 성적을 유지하였다면, 이에 대한 설명도 도움이 된다. 학생은 에세이 및 자기소개서에서 이러한 상황을 언급해야 한다. 만일 성적표가 들쑥날쑥한 것처럼 보이거나 어려운 학업 과정에서 낮은 성적을 받았다면, 이에 대해 설명을 해야 한다.

Jorge. Jorge는 아파서 12학년 1학기 과정 반 이상을 결석하였다. 교사가 Jorge에게 협조적이어서 수학을 제외하고 다른 과목은 따라 갈 수 있었다. 수학 교사는 집에 보내주는 활동을 잘 준비해 주지 않았다. Jorge는 학교에 돌아왔을 때, 수학에서 F를 받았고 학점을 올릴 가능성이 없을 것 같았지만, 그 반에 머물기로 결정하였다. Jorge가 가족에게 설명한 이유는, 사실 수학이 자신에게 필요할 것이고, 다른 것을 선택하여 학습 홀에서 배우는 것보다는 수학교실에서 보다 많은 것을 배울 것 같다고 생각하였기 때문이다. Jorge가 대학에 지원하였을 때, 자기소개서를 작성해야 하는 대학을 선택하였고 Jorge는 이 상황을 설명하였다. Jorge는 4곳의 명문대학의 입학허가를 받았다. Jorge가 떨어진 학교는 컴퓨터로 초기 선발을 실시한 곳이었다. 수학 성적 때문에 컴퓨터로 조기 선발을 하는 학교의 경쟁에서 떨어졌는데, 당초 이 대학은 쉽게 입학할 수 있다고 생각하고 선택한 곳이었다.

지원서의 각 부분들이 서로 공통된 주제와 맞아야 한다. 추천서는 학업기록과 학생이 자신에 대해 언급하는 바를 지지해 주고 이에 일치해야 한다. 다시 어떤 변동이 있으면 이를 설명해야 한다. 예를 들어, 상대적으로 낮은 GPA 점수와 높은 SAT 점수가 있을 경우, 지원자에 대한 비일관적인 이미지를 주어, 입학 관리자에게 문제의 소지가 될 수 있으므로(예: 능력은 높으나 동기가 낮음) 지원서 패키지 혹은 인터뷰에서 이에 대한 이유를 언급해야 한다.

활동을 문서로 남기는 것은 중요하다. 예를 들어, 활동을 문서로 남기기 위해서, 학생들은 대회에 나가거나, 출판을 위해 작품을 제출하거나, 과학 저널을 쓰거나 예술 작품에 대한 기록을 남긴다. 매우 경쟁적인 개별 혹은 팀 운동경기에 적극적으로 참여하는 것도 항상 기록해 놓아야 한다. 그러나 이것이 언제 적절한지 알아야 한다. 주의를 끌려고 할 때, 눈에 띄게 하는 요인과 눈에 띄도록 돕는 것을 주의 깊게 구분한다. 국립 경진대회 및 경시대회 참여는 눈에 띄게 하는 방법이며, 한편으로는 학생의 흥미를 보여 주는 것이기도 하다. 국립 경시대회 목록을 부록 E에 수록해 놓았다.

다음은 흥미와 그 영역에서 학생이 얼마나 뛰어난지를 문서로 보여 주는 한 예이다.

Julie. Julie는 뛰어 나며 학업 성적이 좋은 학생으로 명문대학에 가려고 한다. 일찍부터 Julie는 달리기 경주에 관심이 있었다. 여가 시간을 이용하여 기술을 습득하였지만, 자신의 흥미를 문서로 남기지 않았다. Julie의 상담자는 Julie의 흥미를 발견하고 달리기 경주대회에 참여할 것을 제안하였다. 놀랍게도 Julie는 지역 경쟁 대회에서 상위 25% 내에 들었다. 그 대회는 Julie의 여가활용에 대한 새로운 차원을 더해 주었고 대학 지원 과정에서 우위를 차지하게 해 주었다.

Jon. Jon은 수학영재였지만 대부분의 시간을 다양한 퍼즐을 생각하고 만드는 데 소비하였기 때문에 성적은 중간정도였다. Jon은 지원서에 첨부한 자기소개서에 자신의 흥미를 설명하였고 지원서와 함께 퍼즐을 제출하였다. 퍼즐은 몇 개의 나무 조각과 질문으로 구성되어 있다. Jon이 만든 문제는 정육면체와 정팔면체의 상호침투(interpenetration)와 쌍대성(duality)을 보여 줄 역학적 기하모델을 구축하는 것이었다. Jon은 그 해결방안을 포함해서 제출하지 않았다. 한편 입학 사무관은 그 퍼즐을 해결하는 방법을 물어보려고 Jon에게 연락하였다.

공통 지원서

상담자와 부모는 영재가 갑자기 어떤 특정 대학에 지원하기로 결정하고도 지원서를 보내지 않았음을 알게 될지도 모른다. 이런 경우에는, 공통 지원서가 학생의 요구를 충족시켜 줄지도 모른다. 공통 지원서는 대략 277개 명문대학과 대학교에서 학부 프로그램 입학생을 위해 접수를 받는 표준화된 지원서이다. 공통 지원서 양식과 이에 사진을 붙여서 입학하려는 대학에 보낸다. 절차는 대학 지원과정을 간소화하고 몇 배로 들여야 하는 노력을 줄인다. 이 과정을 보다 간소화하기 위해, 공통 지원서 웹사이트를 사용하여(http://www.commonapp.org) 양식을 작성하고 전자기상으로 혹은 복사를 하여 제출한다. 혹은 PDF 양식을 다운 받아 작성한 후 프린트하고 지원하려는 학교에 보낸다. 공통 지원서로 시간을 절약할 수 있으나, 이것이 항상 최선의 선택은 아니다. 학생의 개성은 주의를 기울여 전달할 때, 가장 분명히 드러날 것이다. 그러므로 공통 지원서를 사용하기 전에, 공통 지원서와 각 대학의 지원서 양식을 비교한다. 차이가 있는가? 둘 중 어느 것이 학생의 재능을 좀 더 잘 보여 주는가? [그림 5-1]은 공통 지원서의 예시이다.

전자 지원서

전자 자원서로 대학에 지원할 수 있다. 대학을 계획하는 과정에서는 여러 기술을 활용하고 있다. 학교는 대학비용, 대학 프로파일(예: 재학생의 SAT/ACT 점수), 과정 카탈로그, 그리고 상세한 입학 정보를 포함하여, 대부분의 학교 정보를 웹사이트를 통해 배포한다. 학교는 반 이상의 학생 지원서를 인터넷 상으로 받는다. 대개 이렇게 할 때는 두 가지 방법이 있다. (1) 지원서를 다운받아 인쇄를 한다. 손으로 직접 작성하고 우편으로 지원서를 송부한다. (2) 지원서를 온라인상에서 작성하고 대학 웹사이트를 통해서 송부한다. 그 외 지원서를 여러 번 사용하기 위해 학생이 보낸 정보를 저장해 놓는 지원서 서비스도 있다. 이상의 여러 서비스를 부록 B에 수록해 놓았다.

만일 지원서를 온라인상에서 작성하였다면, 보낸 모든 서류를 인쇄해 두어야 한다. 그 다음에 전화를 하거나 이메일을 보내서 지원서가 도착했는지 확인해야 한다. 전자 지원서 과정을 사용하면 여러 사람에게 편리하지만 지원서를 마감일 바로 전에 보낼 경우 주의를 해야 한다. 비록 기술이 발달하였다고 하지만, 장담할 수 없는 일들이 벌어진다. 언젠가는, 마감일에 몰리는 지원서로 인해 대학 서버가 다운되는 경우도 있었다. 또한 인터넷 서비스 사에서는 명문대학이 보낸 편지를 스팸 처리하여 이를 삭제할 수도 있다. 그러므로 만일 지원서를 온라인상으로 제출하였다면, 이를 추후에 확인하는 과정을 밟아야 한다.

COMMON APPLICATION®
2005–2006

APPLICATION FOR UNDERGRADUATE ADMISSION

The member colleges and universities listed above fully support the use of this form. No distinction will be made between it and the college's own form. Please type or print in black ink.
Be sure to follow the instructions on the cover page of the Common Application booklet to complete, copy, and file your application with any one or several of the member colleges and universities.

OPTIONAL DECLARATION OF EARLY DECISION/EARLY ACTION

Complete this section ONLY for the individual college to which you are applying ED or EA. It is your responsibility to follow that college's instructions regarding early admission, including obtaining and submitting any ED/EA form provided by that college. *Do NOT complete this ED/EA section on copies of your application submitted to colleges for Regular Decision or Rolling Admission.*

College Name ________ Deadline ________
☐ Early Decision ☐ Early Action ☐ EASC

PERSONAL DATA

Legal Name ________ (Last/Family, First, Middle (complete), Jr., etc., Gender)
Enter name exactly as it appears on passports or other official documents.

Nickname (choose only one) ________ Former last name(s) if any ________

Are you applying as a ☐ freshman or ☐ transfer student? For the term beginning ________

Birthdate ________ (mm/dd/yyyy) E-mail Address ________

Permanent Home Address ________ (Number and Street)

________ (City or Town, State/Province, Country, Zip Code or Postal Code)

Permanent Home Phone (____) ________ (Area Code, Number)

If different from above, please give your mailing address for all admission correspondence.

Mailing Address (from ____ (mm/yyyy) to ____ (mm/yyyy)) ________ (Number and Street)

________ (City or Town, State/Province, Country, Zip Code or Postal Code)

Phone at mailing address (____) ________ (Area Code, Number) Cell phone (____) ________ (Area Code, Number)

Citizenship ☐ US citizen ☐ Dual US citizen; please specify other country of citizenship ________

☐ US Permanent Resident visa; citizen of ________ Alien Registration Number ________

☐ Other Citizenship ________ (Country(ies)) ________ (Visa type)

If you are not a US citizen and live in the United States, how long have you been in the country? ________

Possible area(s) of academic concentration/major(s) ________ or undecided ☐

Special college or division if applicable ________

Possible career or professional plans ________ or undecided ☐

Will you be a candidate for financial aid? ☐ Yes ☐ No If yes, the appropriate form(s) was/will be filed on ________

The following items are *optional*. No information you provide will be used in a discriminatory manner.

Place of birth ________ (City, State/Province, Country) Social Security Number (if any) ____ ____ ____

First language, if other than English ________ Language spoken at home ________

If you wish to be identified with a particular ethnic group, please check all that apply

- ☐ African American, Black
- ☐ Native American, Alaska Native (tribal affiliation ________ enrolled ____)
- ☐ Asian American (countries of family's origin ________)
- ☐ Asian, including Indian Subcontinent (countries ________)
- ☐ Hispanic, Latino (countries ________)
- ☐ Mexican American, Chicano
- ☐ Native Hawaiian, Pacific Islander
- ☐ Puerto Rican
- ☐ White or Caucasian
- ☐ Other (specify ________)

2005–2006 AP-1

SAMPLE

[그림 5–1] 공통 지원서 예시

주) The Common Application, Inc.의 허가 하에 사용.

지원자를 평가하는 방법

다음 장면은 명문대학의 전형적인 입학 관리자의 모습이다.

> 입학 상담자는 높게 쌓여진 지원서 폴더가 있는 책상에 앉는다. 오늘 하루 40개의 입학지원서를 읽었다. 지금 오후 10시이고 집에 가는 대신 다음 폴더파일을 집어 들었다. 학생에 대해 아무 지식도 없이, 학생이 무엇을 좋아하는지, 대학에 어떤 기여를 하고 싶은지 모른 채, 항상 하던 대로 파일을 검토한다. 입학 관리자는 처음 읽는 동안 5분에서 10분 이상을 쓰지 않는다. 입학 관리자는 우선 학교에서 제공하는 교육의 질에 대해 자신이 잘 알고 있는지 보려고 학생의 학군 이름을 볼 것이다. 그러고 나서 고등학교 프로파일을 보고 최종적으로 학생의 학업성취를 점검할 것이다. 대학은 학교에서 성공할 가능성이 있는 학생을 받아들이기 때문에 이런 과정을 따른다. 일반적으로 고등학교에서 잘 한 학생은 그렇지 못한 학생에 비해 위험이 낮다. 심지어 학생의 기록을 통해서 영재임을 확인할 수 있다고 해도(혹은 특수 프로그램에 등록한), 대학은 다른 학생과 마찬가지로 똑같은 방식을 사용하여 학생의 자격요건을 평가할 것이다.

어떤 경우에는, 컴퓨터로 초기에 개관하는 작업을 실시한다. 지원자 자료를 컴퓨터 공식에 집어넣고 컴퓨터가 어느 지원서를 합격시키고 떨어뜨릴지 추천한다. 입학 위원회는 최종 결정을 내리기 전에 지원서와 컴퓨터가 만들어낸 자료를 살펴본다. 이 과정에서 GPA, 학급 석차 혹은 표준화된 검사점수가 영재의 능력과 잠재성을 보여 줄 정도가 아니라면, 확실히 영재에게 불리할 것이다. 또한 이 과정은 자택학습을 한 학생에게도 문제가 될 수 있다.

대부분 주에 속한 학교들은 공개 입학전형을 실시하는데, 다시 말해서 다른 주에 거주하는 학생은 어떤 특정한 날짜 이전에 지원해야 한다는 것이다. 대학이 속한 주에 살고 있는 학생이 많이 지원할수록, 다른 주에 거주하는 학생이 입학을 할 가능성이 적어지게 된다. 이와 같은 대학들은 다른 주에 거주하는 학생이 입학하는 숫자를 제한할지도 모른다.

입학 관리자가 찾는 것은 무엇인가?

학업수행

학생의 학업수행은 여러 가지 요소로 구성된다: 학점, 학급 석차와 학업적 난이도. 학점과 반석차를 볼 때, 학교는 다음과 같은 질문을 할 것이다. 학생의 학점이 얼마나 좋은가 그리고 학생이 다른 반 친구들과 비교할 때 어디에서 두각을 나타내는가? 학업적 난이도를 살펴볼 때, 입학 관리자들은 우등생반, 국제학사 프로그램(IB) 혹은 AP 과정에서 우수한 능력을 보여 주는 증거를 요구할 것이다. 어떤 학교는 우등생반 혹은 영재학급을 인정하지 않는데, 이는 우등생반과 영재학급의 질이 알려져 있지 않기 때문이다. 학생들은 고등학교를 졸업하기 위해 주가 내린 학업적 요구사항과 명문대학 입학을 위한 요구사항 간의 차이를 알고 있어야 한다. 대부분 명문대학은 높은 동기와 성적, 즉 학업수행에서 높은 학점을 보여 주는 자료에 관심이 있다. 만약 다니는 고등학교에서 가능하면, AP 과정을 수강함으로써, 높은 수준의 학업적 효능감을 보여 줄 수 있다. AP에서 3, 4 혹은 5점을 받으면 1학년 대학 필수과목을 면제받거나 혹은 학점으로 인정을 받을 수 있다. 학생들은 대학의 AP 정책을 점검해봐야 한다. 학업적 난이도는 아래 요소들로 구성된다.

- **외국어와 수학 같은 영역에서의 깊이**. 한 언어를 6년 정도 공부한 것은 두

언어를 3년 공부한 것 보다 낫다.

- **질**. 해마다 4~5개의 전공(영어, 수학, 과학, 역사, 언어) 또는 다양한 비학문적인 선택과목(예: 경영법, 패션상품화, 음식, 학습본부)을 수강하였는가? 과정을 설명해 놓은 것들은 각 과정이 얼마나 어려운지 보여 주어야 한다. 고등학교에서 대학지원서에 과정을 설명해 놓은 기술문구를 포함해 놓지 않았다면, 과정이름만으로는 정확히 그 과정의 질적인 측면을 반영하지 못하므로, 학교 혹은 상담자는 성적표에 설명을 첨부해야 한다. 학교는 학생이 수강한 AP 과정의 수와 가족의 낮은 소득으로 인해 무상 급식을 받는 학생 수 같은 요소를 학교 증명서에 포함해 놓아야 한다.
- **균형**. 학생이 넓게 교육과정(수학, 과학, 역사, 영어 과정)을 수강하였는가 아니면 한 영역을 집중적으로 수강하였는가?
- **경향**. 매년 학생의 성적이 점진적으로 향상되었는가 아니면 낮아졌는가? 최근의 수행이 학생의 현재 능력수준과 동기를 보여 주는 가장 중요한 지표이다.

미적분에서 C를 받은 것과 쉬운 강의에서 A를 받은 것 중에서 어느 것을 선호하느냐고 물었을 때, 한 입학처장은 "미적분에서 A를 받은 것입니다. 그러나 만약, 다른 과목에서 학생이 어려운 과목을 수강하였다면, 미적분에서 받은 C 학점이 상대적으로 쉬운 수학 과정에서 얻은 높은 학점보다 낫습니다"라고 대답하였다. 비록 입학처장이 질문을 비켜섰지만, 그의 반응으로 학생이 고등학교에서 제공하는 가장 어려운 과목을 수강해야 함을 알 수 있다. 만일 학생의 고등학교가 미적분을 제공하였는데, 덜 어려운 수학 과정을 수강하고, 여기서 좋은 학점을 받았다고 해도, 이것은 좋은 생각이 아니다. 학점이 전부는 아니며 도전을 향해 나가는 것이 긍정적인 단계로써 비춰질 것이다.

표준화된 시험 점수

표준화된 시험 점수(PSAT, SAT, ACT 등)는 고등학교 성적표를 보충하고 유사한 기준으로 모든 지원자를 비교할 수 있게 해 준다. 이들 검사들은 다음의 공통적인 특징이 있다. 즉, 시간제한이 있으며, 표준화된 점수를 산출해낸다. The College Board는 정해진 날 여러 버전의 시험을 사용할지 모르지만 모든 버전들도 비교가 가능하다. 언어와 수학부분은 다중 선택식의 시험이다. PSAT와 SAT를 개정할 때, 언어와 수학부분에서 비판적 사고기술을 보다 강조하였다(College Board, n.d. b.). SAT는 주제에 대해 어떤 관점을 취하고, 이 관점을 지지하기 위해 추론과 예시를 사용해서 에세이를 작성하게 하는 30분짜리 에세이 시험을 포함해 놓았다(College Board, n.d. b.). 동시에 ACT는 고등학교 영어 학급과 초급 대학 작문과정에서 강조하는 작문기술을 측정하는 30분짜리 작문시험을 첨가해 놓았다.

명문대학들은 SAT 과목시험 점수를 강조할 수 있다. 학생들은 각 시험 섹션에서 1, 2 혹은 3 시험을 볼 수 있다. 단 듣기시험에서는 예외가 있어, 학생들은 한 번의 듣기 시험을 보고 2개 다른 과목 시험을 본다. 만일 꽤 잘하는 과정을 듣고 있다면, 과목 시험 보는 것을 고려해 본다. 시험을 보려고 3학년까지 기다리지 않는다. 학생들은 배운 것을 잊어버릴지도 모른다. 게다가 3개 이상의 과목 시험을 보고 싶을지도 모르며, 만일 3학년까지 기다리면 이것은 불가능하다. SAT와 SAT 과목시험을 별도의 시험 날짜에 치러야 한다.

SAT 과목 시험을 치르려는 학생은 모든 대학이 이 시험을 요구하는 것이 아니라는 점을 알고 있어야 한다. 요청하는 학교 목록과 과목 시험 요구사항을 온라인에서 찾아볼 수 있지만(http://www.ivywest.com/satiireq.

htm) 학생은 관심 있는 각 대학에 문의를 해 봐야 한다. 학교마다 지원자가 몇 개 과목 시험을 봐야 하는지 요청하는 바가 다를 것이다. 학생들은 대학이 요구하는 모든 사항을 충족시키고 있는지 확인하기 위해서, 상세히 개별 학교의 시험 요구사항과 이후 계획에 대해서 점검해야 한다. SAT와 SAT 과목시험을 보려는 학생은 2학년 5월에 SAT를 보고, 6월에 2개 과목 시험을 볼 것이며, 3학년 10월에 두 번째 SAT와 11월에 나머지 과목 시험을 볼 것이다. 보다 높은 점수를 받고자 시험을 다시 보려면 12월을 남겨 놓을 수도 있다.

대부분 웹사이트는 학생들이 비용을 지불하고 연습 시험을 볼 수 있도록, 다운로드하고 출력하는 기회를 제공한다. 어떤 사이트는 시험을 개관하고 시험 보는 법을 알려 주며, 모든 검사 대답에 대한 해설을 제공함으로써 학생들이 어떻게 왜 이런 점수를 받았는지 볼 수 있도록 해 놓았다. 그 외 시험 준비 회사인, Kaplan은 SAT 시험 준비 소프트웨어를 통해서 시험에 대한 해답을 친절하게 제공해 준다.

어떤 대학은 ACT 점수를 선호하기도 한다. SAT처럼 ACT는 고등학생의 일반적인 교육발달과 대학 수준의 학업을 완수할 능력을 평가한다. SAT와 마찬가지로 ACT는 네 가지 기술영역, 영어, 수학, 읽기와 과학에서 다중 선택형 시험을 치른다(ACT, n.d.a). 최근에 첨부된 쓰기 시험은 선택사항이며 간단히 에세이를 기획하고 쓰는 기술을 측정한다. 각 시험세션은 1에서 36까지 점수를 매긴다. 그러고 나서 이상의 네 가지 세션의 점수를 4개 요소 점수별로 평균을 산출한다. ACT에서 학생이 받을 수 있는 최대 요소점수는 36점으로, 대략 6,000명의 고등학교 졸업생 중에서 1명 정도가 이 점수를 받는다. 선택사항인 쓰기 시험을 보는 학생들은 쓰기 시험을 보지 않은 학생이 받는 점수와 같은 점수를 받는다. 그 외, 쓰기 검사를 받은 학생은 쓰기 시험과 영어 시험을 결합하여 학생의 수행을 반영하는 1~36점까지의 척도화된 점수를 받으며 쓰기에 대한 건설적인 피드백을 받는다(ACT, n.d.b.).

대학은 표준화된 시험 점수를 다양하게 사용한다. 어떤 대학은 SAT와 ACT 점수가 대학 학점을 예상한다고 생각하고, 점수를 입학 결정의 한 기준으로 사용한다. 만일 학생이 시험을 잘 치루지 못한다면, 시험을 잘 준비하여 필요하면 재시험을 볼 수 있는지 확인해 봐서 점수가 너무 낮아 입학 사정에서 제외되지 않도록 한다. 또 어떤 학교들은 일차적으로 학업성취, AP 및 과목 시험 점수에 강조점을 두며 학생 에세이처럼 주관적인 정보를 살펴보기도 한다.

교육과정 외 활동

Seth. Seth는 기술에 관심이 있었다. Seth는 이 분야가 변화하고 있다는 것을 알고서 10학년 동안에 여러 유형의 기술을 연구하였다. Seth는 범죄자를 찾을 때, 용의자를 좁히기 위해 그 증거를 평가하는 법정 공학전문가에 매료되었다. Seth는 인류에게 봉사하고자 하였으며 제약 전문가가 되어, 질병에 대한 백신을 개발하는 가능성에 대해 생각해 보았다. 또한 Seth는 로봇과 공기역학에 관심이 있고, 물건을 고안하기 좋아하였다. 11학년 동안에, 백신을 개발하는 실험실에서 자원봉사를 하였으며, 본인 스스로에 대해 긍정적으로 생각하고 있음을 깨닫고 과학자들이 갖는 활동의 문제점을 알게 되었다. Seth는 명문대학에 지원하였고 대부분 입학허가를 받았다. 왜냐하면 Seth는 어려운 과학과 수학과목에서 좋은 학점을 받았기 때문이다. 그러나 모두 좋은 것은 아니었다. 그렇지만 입학 관계자는 Seth가 선택한 분야에서 받은 성적을 살펴보고, 고려해 주었기 때문에 좋은 결과를 얻을 수 있었다.

다음의 장면을 상상해 보자. 지원 마감일 후에, 입학 사정위원회는 약 10분 동안 각 지원자를 보고 모든 지원서를 살펴본다. 입학 사정위원회는 6명 중에서 단지 한 명만을 입학 허가할 수 있다는 점을 알고 있으므로 우선적으로 하는 것이 지원서를 3개 더미로 나누는 것이다. 어떤 지원서들은 학생이 학업적으로 향후 대학생활을 성공적으로 할 수 있음을 보여 주지 못하여 불합격 파일로 분류될 것이다. 그렇지만 합격 가능한 지원자의 파일을 대할 때, 사정위원들은 폴더를 집어 들고 "너의 특별한 점이 무엇이니? 내가 왜 너를 받아들여야 되는데?"라고 말한다. 입학 사정위원들은 지원자가 어떻게 교실 밖에서 시간을 보내는지 그리고 이 활동을 통해서 지원자에 대해 무언가를 알려고 애를 쓸 것이다.

대부분 명문대학들은 학생들로 하여금 교육과정 외 활동의 중요성을 나열 및 기술하고 때론 언급할 것을 요구한다. 대학들은 학생 노력의 깊이, 주도성, 독창성, 리더십 능력과 사회의식에 대한 노력에 홍미가 있다. 지원자는 영향을 미치고자 장황한 목록을 준비하지 말아야 한다. 사실, 여러 학생 조직 일원에 가입하였다고 해서 한 조직 혹은 활동에 참여하여 기여한 것보다 좋은 인상을 준다고 할 수 없다. 이 말은 클럽 모두에 적극적으로 참여한 것이 아니며 모든 팀에서 주장이 아니라는 점을 보여 주는 것이기도 하다. 입학 사정위원들은 학생들이 어떤 활동을 추구할 수 있고 여기서 전문성을 획득할 수 있을지 없을지 그 여부를 보고자 한다. 또한 사정위원들은 학생들이 재능과 전문성을 다른 사람들과 공유하였는지 그 증거와 리더십을 찾는다. 교육과정 외 활동은 학생의 학업성적표에서는 볼 수 없는 기술과 능력을 보여 준다. 이상의 정보를 지원서에서 잘 보여 주어야 한다.

어떤 학생들은 단 하나의 홍미만 추구하여, 컴퓨터 해킹하기, 지하실에서 실험을 하거나 혹은 늦게까지 시를 적기도 한다. 만일 학생의 특별한 홍미를 잘 문서화한다면, 쉽게 논의할 수 있는 것이다. 학생들은 자신의 발달

사항을 일지로 기록하고, 시작 노트를 보관하며, 경시대회에 참여하거나 지원서에 활동목록을 넣어야 한다는 점을 깨닫고서, 활동에 대한 흥미가 지금도 지속된다는 점을 대학 측에 보여 주려고 마지막 시간을 서둘러서 활동하지 말아야 한다. 만능으로 잘하는 활동은 여러 다양한 영역에서의 학생의 흥미를 나타내지만, 한 영역 혹은 운동에 집중적으로 참여하는 것은, 만일 적절히 잘 문서로 작성하고, 그 활동이 학생의 진로 목표와 관련됨을 진술한다면, 보다 좋은 인상을 심어 줄 수 있다.

예를 들어, 명문대학에 입학한 학생에게, 대학 지원서 중에서 자신에게 중요하거나 중요하였던 운동을 기술하고 운동에 참여하여 얻은 것에 대해 어떻게 생각하는지 논의하라고 요청하였을 때, 그 학생은 다음과 같이 대답하였다.

> 고등학교 시절에 운동에 참여하는 것은 나에게 매우 중요한 것이었다. 나는 내 또래보다 작고 부끄럼을 탔다. 팀의 일원이 되는 것과 팀 동료를 알고, 필요할 때 팀 동료를 신뢰하는 것은 소중한 것이다. 신입생으로서, 신입생 농구팀 창설은 고등학교에 적응하고 안락감을 느끼게 해 주었다. 나는 내가 팀에 공헌하는 슈퍼스타가 될 필요가 없음을 알고 있었다. 14살 때, 나는 5피트 2인치였고 경기에 거의 출장하지 않았지만, 나에게 가장 뜻 깊은 것은 나보다 키 큰 동료들과 함께 거기에 있었다는 점이고, 팀 일원이 되어 pre-season의 목표를 달성하였다는 것이다. 나는 그 해 팀에서 나온 가장 작은 사람이었고, 매우 민감해져 있었지만 결코 포기하지 않고 과감하게 노력하는 것을 멈추지 않았다. 그해 팀 창설로 인해 그간 민감하게 반응하였던 것을 할 수 있다는 확신을 나에게 주었다.

학생의 말 중 나머지 부분은 지난 4년 동안 직면하였던 좌절, 시도, 그리고 시련을 간단히 묘사하고 분명하게 여러 운동에 참여해서 배운 것을 보여 주고 있다. 지원서의 나머지 자기소개를 보면 이 학생이 성공적으로 문제를 해결하였음을 나타낸다.

기술은 교육과정 외 활동을 문서화하는 새로운 차원을 소개하고 있다. 지원자는 자신의 기술 및 능력을 보여 주는 DVD를 만들 수 있다. 그러나 DVD는 어느 방식으로도 보여 줄 수 없는 학생의 능력과 이 능력이 대학 내 성취와 관련이 있음을 보여 줄 때만이 효과가 있다. DVD에서 꼭 독창적이며 창의적인 능력을 보여 줄 필요는 없다. 즉, 그 자체가 목적이기보다는 목적을 위한 수단이라는 것이다. 다음의 예는 이상의 요지를 잘 보여 준다.

Josh. Josh는 윈드서핑 전문가이다. 입학 관리자는 Josh가 다소 어려운 파도를 상대로 서핑하는 전문성을 보여 주는 DVD를 받았다. 비록 흥미 있을지라도, 이것이 입학위원회에게 거의 영향을 미치지 못할 것이다. 그러나 만일 Josh가 물리학에 대한 자신의 흥미와 관련하여 윈드서핑 하는 방법을 해설하였다면, 자신의 흥미와 자격요건을 충분히 보여 줄 수 있었을 것이다.

Dora. Dora의 주된 장점은 유머감각과 천성적인 예술능력이다. Dora는 종종 학급에서 지겨울 때, 교사가 강의하는 동안에 풍자만화를 그렸다. Dora가 명문대학에 지원했을 때, 만화 테이프를 만들어 자신의 능력을 특화시켰다. 주제인 학교정책은 일부 교사를 오히려 나쁘게 묘사하였지만, 기술을 효과적으로 사용하는 능력과 부정적인 교육 경험을 자신의 유머감각으로 대처하는 능력을 반영해 주었다. 상담자는 Dora의 유머감각과 여러 상황을 다루는 능력에 대해 논의함으로써 일관성을 제공해 주었다.

Dora는 적절한 대학을 선택하였으므로, 입학 관리자는 비디오테이프에서 묘사한 Dora의 학교경험과 유머감각을 이해할 수 있었다. 입학 관리자는 Dora가 대학 환경에서 자신을 꽃 피울 것을 예견하였다. 입학 위원회는 Dora의 솔직함과 창의성에 인상을 받았다. 비디오테이프 제출은 이 경우 중요한 역할을 한 셈이다.

재능을 보여 주는 자료를 제출할 때 막연할 수 있다. 입학 사정위원들의 주변은 넘쳐나는 DVD, 포트폴리오, 그리고 집에서 구운 빵으로 가득할 수 있다. 재능은 특히 예술에서 잘 볼 수 있다. 그러나 학생들은 대학이 보충 자료를 받는지 그리고 어떻게 교육과정 외 활동과 특별한 재능을 잘 보여 줄 수 있는지 물어봐야 한다. 대학에서 수행하는 학생의 능력을 보여 줄 자료라면 지원서에 실제성과 일관성을 덧붙여 줄 수 있는 것이 바람직하다.

학생, 지도 상담자, 그리고 부모가 지원 자료를 보내기로 동의하였다면, 그 자료를 제시할 때 주의를 기울여야 한다.

- 증명서가 아닌 증거를 보낸다.
- 간결한 형태로 최선의 작품을 보낸다. 짧으면서도 포인트를 유지한다.
- 지원서에 어떤 방식으로도 보여 줄 수 없는 것을 보충자료 형식으로 첨부하여 학교에서 잘 지낼 수 있는 학생의 능력을 보여 준다. 이 말은 학생이 활동을 단순하게 기술한 지원서를 제출해야 한다는 뜻이 아니다. 즉, 평가와 많은 정보를 활용하여 판단할 수 있도록 자료를 제시해야 한다는 말이다.

명문대학이 학업적으로 동일한 2명의 학생 중에서 어떤 한 명을 선택한다면, 창의적으로 교육과정 외 활동, 추천서, 에세이 혹은 자기소개서, 인터뷰 및 기타 문서로 작성한 서류를 제출하는 것이 바람직하다.

지역사회 서비스

입학 관리자는 보상을 생각하지 않고 지역사회에 기여하는 이타적인 학생이 대학 생활에서도 잘 기여할 것이며, 학업적으로도 성공할 것이고 장기적으로 대학과 지역사회에 대한 애착을 형성할 것임을 알고 있다. 그러므로 자원봉사 활동을 지원서에 문서로 작성해서 넣는다. 그 한 예로, 어떤 운동경기에 재능이 있는 한 학생이, 방과 후에 어린 학생을 지도하였다. 이와 같은 경우에, 이 자원 봉사에서 어린 학생을 함께 지도하였던 사람이 작성해 준 추천서를 지원 서류에 넣어두어야 한다. 다른 예로는 컴퓨터 프로그램 개발에 공헌하는 전문가를 들 수 있다. 이 학생은 자신의 재능을 활용하여 사회기관에 프로그램을 작성해 주어 얼마간의 돈을 절약할 수 있게 하였다. 이와 같은 경우에, 사회기관 소장 또는 회계원의 추천서를 첨부할 수 있다.

개인 추천서

명문대학에 관심을 갖는 학생들은 엄격한 입학과정에 직면할 것이다. 입학사정위원회가 여러 명의 자격을 갖춘 지원자 중에서 결정을 내려야 할 때, 각 지원 부분이 모두 중요하다. 이 지원 부분에는 잘 쓰인 효과적인 추천서도 포함된다. 효과적인 추천서는 "의사결정에 도움이 되도록 이 학생에 관해 말해 줄 수 있는 것은 무엇인가?"라는 질문에 대답을 한다. 학생들은 상담자, 교사로 하여금 학생을 다른 지원자와 구분짓는 증거를 제공하도록 요청하고 입학 사정위원회의 마음속에 학생에 대한 완전하고 믿을만한 그림을 만들어 주어야 한다.

- 교사 및 학생을 잘 알고 있는 사람에게 사려 깊은 추천서를 쓸 시간이 있는지 부탁한다.
- 학생이 지원하려는 분야에서 학생을 지도하는 교사나 학생의 미래에 대해 정말 관심이 있는 교사에게 추천서를 부탁한다.
- 마감일 전(몇 주 전에)에 미리 추천자가 준비되었는지 확인한다.
- 추천서를 쓰는 사람에게 대학주소를 적은 동봉 봉투를 준다.
- 교사에게 감사를 표한다. 이후 어떻게 결정이 되었는지 교사에게 알린다.

어떤 경우에, 학생 성적증명서에 적힌 변화를 설명할 때 추천서를 사용할 수 있다. 다음은 이러한 요지를 보여 주는 예이다.

Lisa. Lisa는 초등학교 때 영재라고 판별받았다. 9학년이 되었을 때, Lisa는 수준 높은 과정에 등록하였고 A나 B 학점을 받았다. 중학교 고학년이 되었을 때도 성적은 좋았다. Lisa가 11학년이 되었을 때, 교사의 기대가 바뀌었다. 그 결과로, Lisa는 두 과목의 중간 학기 성적에서 C와 D를 받았다. Lisa는 부모님께 말씀드려 가정교사와 문제를 의논하고 공부를 하기로 결정하였다. 또한 방과 후 활동을 그만두기로 하였다. 11학년 말까지 두 과목에서 B를 받았다. Lisa가 명문대학에 지원하였을 때 상담교사는 Lisa가 어떻게 이 학업문제를 극복하였는지 설명하는 추천서를 작성해 주었다. 교사의 추천서는 문제에 직면하였을 때, 현실적으로 이 상황을 받아들이고, 목표를 설정하며, 자신의 계획을 추진하는 고도 영재의 이미지를 보여 주었다.

상담자의 추천

500명 이상의 학생을 책임지는 상담자는 각 학생을 잘 알고 싶어도, 이것이 불가능하다. 만일 학생의 지도 상담자가 학생을 잘 알고 있지 못하다면, 학생의 대학계획과 목표를 논의하기 위해 약속을 잡아야 한다. 다음 질문은 학생이 진로상담자에게 어떤 정보를 제공하여 추천서를 쓸 때 반영할 수 있도록 할 것인지 보여 준다. 또한 이와 같은 정보는 학생의 교사에게도 도움이 될 것이다.

상담자의 추천서는 상세하며 학생의 지적능력과 성장을 언급할 때 가장 효과적이다. 즉, 교육과정 외 활동의 깊이와 폭, 주도성, 창의성과 리더십 능력 같은 개인적인 특징, 영혼의 관대함 등을 언급한다. 학생은 상담자에게 다음과 같은 질문에 대답을 제공해 주고, 추천서를 쓸 때 아이디어를 얻도록 해야 한다.

지적 및 학업적 발달

1. 이용 가능한 학업선택의 이점을 어느 정도까지 취합하였는가?
2. 어떤 과정이 제일 어려웠는가? 왜? 그리고 왜 그 과정을 선택하였는가?
3. 한 달 혹은 1년에 교과서 외 책을 얼마나 많이 읽었는가?
   - 교과서가 아닌 책 중에서 어떤 책이 재미있었는가?
   - 등장인물 중 누구를 좋아하는가? 왜?
4. 나의 사고에 영향을 미쳤다고 생각하는 것으로 무엇이 있는가?
   - 문화행사?
   - 학업적 경쟁?
   - 교사?
   - 멘토?

- 여행?
- 여름 경험?

5. 성적표에 없는 학업 과정을 수강한 적이 있는가? 언제 그리고 어디에서?
6. 폴더에 넣지 않은 예술적/ 창의적 활동 혹은 지적활동이 있는가? 그리고 활동한 예들을 가지고 있는가? 예를 들어,
   - 지하 과학자?
   - 컴퓨터 해커?
   - 한밤중의 시인?
   - 음악이나 작사가?
   - 퍼즐 제작자?
   - 사진작가?

교육과정 외 활동

1. 참여한 교육과정 외 활동을 목록으로 정리한다. 참여한 시간, 깊이 및 범위를 기술해 놓는다. 중요도에 따라 활동을 순위로 나열할 수 있는가?
2. 상이나 시상을 받은 적이 있는가?
3. 주관한 활동에서 리더십을 발휘하였던 위치는 무엇인가?
   - 나의 리더십 방식을 설명할 수 있는가?
   - 어떤 결과를 얻었는가? 명령을 하였는가? 감언이설로 부추겼는가? 요청하였는가?
4. 교육과정 외 활동에서 얻은 것은 무엇인가? 교육과정 외 활동은 나의 인생에 어떻게 영향을 미쳤는가?
5. 나의 재능을 함께 나눌 수 있는 자원봉사 활동에 참여한 적이 있는

가? 어디서? 그리고 언제?

개인적인 정보

1. 문제, 어려움, 그리고 장애를 극복한 적이 있는가? 만일 그렇다면, 문제를 어떻게 극복하였으며 무엇이 동기가 되었는가?
2. 매일 그리고 매주 자유 시간이 얼마나 되며, 어떻게 쓰는가?
3. 목표를 달성하기 위해 얼마나 열심히 노력 하는가?
4. 대학 입학을 위해 얼마나 학업적으로 준비가 되었는가? 정서적으로는 얼마나 준비가 되었는가? 독립적으로 대부분의 대학 캠퍼스를 돌아다닐 수 있다고 생각하는가?
5. 친구와 비교해서 특별한 점은 무엇인가?
6. 오늘날 미국에서 가장 큰 문제는 무엇이라고 생각하는가? 주에서는? 고등학교에서는? 이러한 문제를 풀 수 있는 방안을 제안할 수 있는가?
7. 20년 내에 스스로 무엇을 할 수 있다고 생각하는가? 10년 내에? 5년 내에? 6개월 내에?

교사의 추천

특히 교사가 어떤 특정 학과목에서 학생의 성장과 발달을 말할 수 있으려면, 좋은 추천서를 받는 것이 중요하다. 추천서에서 다음을 확인한다.

- 마감일 최소 2주 혹은 3주 전에 미리 교사 및 다른 사람들에게 추천서를 잘 써달라고 의뢰하고 마감일을 알려 준다.
- 나를 잘 알고 있는 교사 및 사람들에게 추천서를 의뢰한다. 추천서를 써주기로 동의했다면, 약속을 잡아서 대학진로계획을 설명한다.

- 교사 및 다른 사람들에게 우표 소인이 찍힌 봉투를 준다.
- 추천서를 써 준 사람에게 감사를 표하고, 대학에서 통보를 받으면 알려 준다.

추천서를 의뢰받을 때, 교사는 다음의 지침서를 사용하면 도움이 될 것이다. 다음의 예제 추천서 외에도 한 Virginia 주 AP 영어 교사가 만든 지침서도 있다.

- 대부분 대학들은 평가기준 양식을 제공한다. 만일 이 양식을 사용하지 않기로 하였다면, 추천서에 대학에서 요구한 모든 정보를 담았는지 확인한다.
- 교사추천서에 학생의 지적능력과 성장, 창의성과 영혼의 관대함을 반영할 때 가장 효과적이다.
- 구체적으로 작성한다. 예를 들고, 프로젝트 혹은 프레젠테이션을 기술하며, 학생의 작문을 인용하여 진술해 놓은 것을 뒷받침한다.
- 상투어, 진부한 문구, 지나친 일반화, 모호한 말, 그리고 신뢰를 떨어뜨리는 과정을 피하여 주의 깊고 사려 깊은 언어를 사용한다.
- 학생의 과목 영역에서 상 및 시상을 받은 적이 있다면, 그 상의 속성과 중요성에 대해 설명한다.
- 학생의 학교 및 학업 프로그램 선택을 염두에 둔다.
- 어떤 명문대학은 이전에 추천서를 써 준 학생과 지금 추천서를 작성해 주고 있는 학생을 비교하도록 요청한다. 한 학교에 매년 2~3명의 학생을 추천하는 것으로 그 명수를 제한한다는 점을 생각해 본다. 만약 비교 조건 하에 추천서를 작성할 때, 지금 학생이 별로 좋은 추천을 받지 못할 경우라면, 다른 교사가 추천서를 작성하도록 제안한다.

○○○ 귀하

Sara는 의심할 여지없이 제가 알고 있는 가장 명석한 학생 중 한 명입니다. Anderson 고등학교에서 본 학생이 두각을 보이는 점은 뛰어난 수행뿐만 아니라, 또래보다 2년 앞서 교육과정을 완전학습 하였다는 데 있습니다. 학생은 특히 영어분야에서 매우 뛰어 납니다.

Sara를 지도한 지난 2년 동안 나이에 비해 성숙한 지적능력을 볼 수 있었습니다. 11학년, 즉 15살이 되던 해, Sara는 영재 AP(12학년) 영어교실에 있는 다른 학생들을 능가할 정도였습니다. 그 해, Sara의 작문능력은 빠르고 부단하게 발전하였습니다. 항상 가장 어려운 도전을 찾으며, Sara는 William Faulkner와 Thomas Mann 같은 작가의 작품과 자신의 주제를 접목하여 작품에 대한 이해와 비평문을 썼습니다. 작가처럼, Sara는 스스로 노력하였고, 갈고 연마하여 자신의 성취를 최고의 작가, 소설가, 비평가 및 시인의 작품과 비견하여 평가하였습니다. 자주 자신의 능력에 대해 질문하였지만, 이 질문은 언제나 행복하게 Sara의 예술 및 지적활동을 새로운 수준으로 이끌어 주었습니다. Sara는 완벽을 향한 내적 욕구, 예민한 형태감각 및 실패할 줄 모르는 상상력을 통해 문학분석과 소설에서 뛰어난 작품을 산출해내었습니다. Sara의 단편소설, "The Tenth Tape"는 지난 해 문학예술 잡지에 게재되었습니다. 그 소설을 읽은 나의 동료 교사 중 한 분은 "성인이 쓴 실제 소설"처럼 소설 속으로 흡수된다고 할 정도였습니다. Sara가 AP 영어시험에서 가장 높은 점수를 받은 것은 당연한 일이었습니다.

올해 Sara는 제가 개발한 AP 영어 독립연구 과정을 수강하였습니다. Sara가 지적인 학자로서 성장하는 모습을 지켜보는 것이 매우 흥미롭습니다. 환경을 풍부하게 해 줌으로써 Sara가 자신의 도전을 설정하고, 열심히 학업을 추구하며, 장학금을 목표로 노력하도록 유도할 수 있었습니다. 예를 들어, Virginia Woolf의 The Waves에 대한 최근 에세이에서, Sara는 이 작품이 실패작이라고 논평한 James Naremore의 비평에 반대하는 설득력 있는 글을 제시하였습니다. Sara는 그 반대로 Woolf의 언어는 그녀가 의도한 요지를 구조적으로 전달하였다는 역비판론을 발전시켰습니다.

선택적으로 수강하는 창의적인 작문과정에서, Sara는 "자신만의 어조"를 찾아낸 것처럼 보였습니다. 동요하지 않고 리듬감 있는 시적 설명으로 독자들을

[그림 5-2] 교사 추천 견본

몰입시켰으며 상상력을 자극하였습니다. 즉, Sara의 언어는 자연스런 소리로 메아리쳤습니다. Sara의 소리와 언어에 대한 예술적 감각은 시를 쓸 수밖에 없도록 이끌어 주었습니다. Sara의 시는 독창성과 완성도에서 매우 인상적이었습니다. 한 줄 한 줄 엮는 리듬과 이미지를 매우 잘 통제 하였습니다:

Mr. McGuire smiles at me / I see in his wide wet mouth / the spaces where his teeth once were / and try to run. / My feet are caught in the vines, stuck / in thorny loops, and the cucumbers bulge / like popping green fish-eyes / turning toward me in the wind …

Sara는 창의적이고 학자적인 작품에 쏟아내는 노력에도 불구하고, 다른 사람을 돕기 위해 시간을 내며(다른 사람에게는 부드럽고, 인내심이 있으며, 재미있는 교사입니다), 교육과정 외 활동에 참여합니다. Sara는 영어 팀에 없어서는 안 될 일원으로, 학교 신문의 배정 편집장이며, 제가 지도하고 있는 문학예술 잡지의 편집장입니다. 저를 비롯하여 모든 학생들이 Sara와 함께 활동하는 것을 즐거워하며 항상 Sara의 훌륭한 판단과 상상력에 의존합니다.

Sara는 매우 솔직하며 명석합니다. 저는 Sara의 성실함, 자기관리, 관대한 생각을 높이 평가하고 있습니다. 그러므로 귀하의 대학에 입학을 추천하기에 가장 적임자라고 생각합니다.

서명
직위

[그림 5-2] 교사 추천 견본 (계속)

대학 인터뷰

대부분의 학생은 인터뷰를 낭비한다. 즉, 학생들은 준비를 하지 않는다. 학생들은 사무실로 걸어 들어와서 인터뷰를 기다린다. 이들 학생들에게 인터뷰는 전혀 중요하지 않은 듯하다.

— 한 공립대학의 입학처장

학생들은 어떻게 인터뷰를 활용하는지 배워야 한다. 선의를 갖고 조언을 해 주는 사람들은 "침착해라"라고 말해 주지만, 영재에게 이 말은 매우 일반적인 것이다. 즉, 영재는 너무 많은 대안들을 생각한다. 영재는 인터뷰 때 어떻게 옷을 입고 한 쪽에서 다른 쪽으로 옮겨갈지 등, 한 요소에 집중함으로써 일반적으로 해 주는 조언에 대처할 것이다. 어떤 학생은 스웨터에 찢어진 청바지를 입지만, 또 어떤 학생은 정장차림을 한다. 이 둘 어느 경우든지, 학생의 특징에서 벗어나 꽤 불편하게 느낄 것이고, 또 그렇게 보인다.

인터뷰에 앞서, 학생들은 이 장 후반부에 제시한 질문 목록을 살펴보고 논의할 수 있다. 입학처장과 지원자의 역할극을 하는 인터뷰 모의연습을 통해서 지원과정에서 일어날 수 있는 것을 준비한다. 그러나 학생들은 어떤 질문이 중요할지 결정해야 한다. 즉, 명문대학이 중요시 하는 질문 유형을 인식하고 있어야 한다. 각 학생들에게 중요한 이들 요소들은 인터뷰에서 학생과 대학이 서로 잘 맞는지 그 정보를 어느 정도로 제공할 것인지 결정하는 것이다. 예를 들어, 학생들은 대학 졸업 후 직업, 전문학교 혹은 대학원 진학에 대한 대학의 최근 근황에 대해 질문할 수 있다. 만약 입학 관리자가 이와 같은 질문 유형에 가치를 부여하고 적절히 대답을 한다면(지침에서 제공하는 정보 이상인 것), 학생들은 가치 있는 정보를 얻게 되고 입학 관리자는 학생이 대학에서 원하는 것이 무엇인지 통찰하게 된다.

학생들은 대학에서 하는 인터뷰가 있는지 없는지 점검해야 한다. 대부분 대학들은 지역 동문회에 요청하여 인터뷰를 실시한다. 이런 경우에, 학생들은 지원서가 도착한 후에, 지역 면접관의 연락을 받는다.

효과적으로 인터뷰를 하기 위한 지침들을 간단하게 제시하였지만 특별한 방식으로 질문하고 대답하는 것에 관해서는 이를 프로그램화할 수 없다. 입학 관리자는 자발성을 인식하고 이에 가치를 부여한다. 예를 들어, 아래 두 가지 실제 경우를 살펴보자.

Kara. 인터뷰 동안에 면접관이 완성해 놓은 낱말 퍼즐이 책상 위에 있는 것을 보았다. Kara는 그 퍼즐에 대해서 언급하였고, 퍼즐에 대한 열정으로 면접관과 Kara는 대화를 나누었다. 입학 관리자에게 Games 라는 잡지 구독을 추천하였다. 집에 돌아왔을 때, Kara는 입학 관리자에게 감사의 편지를 보내, Games 잡지 구독을 신청하였는지 물었다.

Terrance. 눈이 거세게 오는 때에 인터뷰를 하면서, Terrance는 차가 눈에 덮여 움직일 수 없게 된 것을 알게 되었다. Terrance는 입학 관리처에 돌아와, 기대하지 않았지만 눈에 관해 입학 관리자와 간단하지만 유머러스한 대화를 하였다. Terrance와 입학 관리자는 학교 안전 관리처를 납득시켜 자동차를 움직일 수 있는 곳으로 옮겨 문제를 해결하였다. 인터뷰 이후에 Terrance는 입학 관리처에 쓴 감사편지에 눈이 오는 날 낭패를 당하지 않도록 눈삽과 모래를 차에 싣고 다닌다고 덧붙여 적어 보냈다.

대부분 지침서에 수록되어 있는 제안점들은 일반적인 것들이다. 상담자는 특정 대학의 원리를 따르는 시나리오를 연습할 수 있도록 학생 집단을 편성할 수 있다. 효과적인 인터뷰 지침은 다음과 같은 것들이 포함된다:

- 이것을 명심하고 인터뷰에 임한다: 나의 가치와 진로계획을 형성할 어떤 기관에서 4년간 생활하고 수천달러를 투자하려고 한다. 인터뷰 동안 투자와 나의 미래에 대해 가장 좋은 결정을 내릴 수 있도록 무엇을 도와줄 수 있는가? 만약 그 기관에 투자하기로 결정하였다면, 나를 받아달라고 납득시킬 어떤 정보를 제공할 수 있는가?
- 정말 명문대학에 관심이 있다면, 철저하게 그 기관에 대해 조사한다.

인터뷰를 정보 공유의 기회로 삼아 접근하며 준비를 철저하게 한다. 나에게 흥미 있는 것과 그 이유를 말할 수 있도록 준비한다.

- 대학 카탈로그를 읽고서는 알 수 없는 사항에 대해 질문하는 계획안을 만든다. 예를 들어, 신입생 중 몇 퍼센트가 2학년으로 진급하는가 혹은 진급하지 않으면, 이것에 대해 대학이 알고 있는지 어떻게 알고 있는지 질문한다. 도서관에 얼마나 많은 책이 소장되어 있는지 질문하지 않는다. 당연히 내가 읽을 수 있는 그 이상의 책이 소장되어 있다.
- 개인적인 질문 "목표를 달성할 수 있도록 대학이 제공하는 도움은 무엇인가" 에 대답을 계획한다.
- 면접관의 질문에 정직하게 대답한다. 준비하고 연습한다. 그러나 자신에 대해 사전에 과용하여 준비해 놓지 않는다.
- 준비를 하여 내가 제출한 서류에 없는 정보와 지원 자료를 제시한다. 입학 위원회는 "어떤 지원자가 자격이 있는지 그리고 어떤 지원자를 거부할지" 결정하려고 노력한다는 점을 기억한다.
- 면접자의 이름을 적어놓는다. 집에 오자마자 감사편지를 쓴다.

인터뷰는 대학으로 하여금 이 학생이 다른 누구보다도 잘 해낼 수 있을지를 평가하고 결정하게 하는 시간이다. 인터뷰에서 아래와 같은 질문을 포함하여 몇 가지 질문에 답변해야 한다:

- 왜 이 대학에 지원하는가?
- 이 대학에 대해서 알고 싶은 것은 무엇인가?
- 최근에 읽은 책은 무엇인가?
- 관심 있는 특별한 주제 및 저자가 있는가?
- 지난 여름 방학을 어떻게 보냈는가?

- 고등학교 때 나에게 중요하였던 것은 무엇인가?
- 나의 가장 큰 장점은 무엇이며 약점은 무엇이라 생각하는가?
- 어떤 영역에 집중하고 싶은가? 왜 그 특별한 분야를 선택하였는가?
- 고등학교 시절 자유 시간에 어떤 활동에 참가하였는가?

인터뷰 중에 학교 관계자가 하는 질문은 학생이 이 대학에 정말 다니고 싶은지 아닌지 결정을 내릴 수 있도록 돕는다. 다음은 인터뷰 동안에 여러분이 제기할 수 있는 질문들이다:

- 학과의 뛰어난 점이라고 생각하는 것은 무엇인가?
- 만일 전공하고 싶지는 않지만 음악 혹은 미술 같은 영역에서 학점을 취득할 수 있는가?
- 대학원 과정이 있는 학교에서, 만일 내가 이 학교의 준전문가 프로그램을 받고 있다면, 대학원에 입학할 가능성이 높아지는가?
- 캠퍼스에서 돈을 벌 수 있는 기회가 있는가?
- 우등생 시스템이 있는가?(시험불법행위 같은 문제 및 학생행동에 대해) 교수 및 학생들은 특히 기말고사 동안에 이 시스템에 만족하는가?

대학지원 에세이

에세이는 모든 고등학교 상급학년의 대학 지원자들에게는 독약이다. 일부 학생들은 대학에서 에세이를 요구하기 때문에 가장 좋아하는 대학을 생각조차 하지 않으려고 한다. 어떤 학생들은 마감 전날 밤에 에세이를 작성하고, 또 어떤 학생들은 몇 주에 걸려서 작성하고 또 작성한다. 오직 대학 지원서 마감일만이 사투의 끝이다. 작문을 해 본 경험이 있는 학생들은 자서전적인 에세이를 쓰는 것 즉, 일련의 솔직한 고민거리에 대해 쓴 후에, "지원서에 쓰지 않은 것 중에서 학생 자신에 대한 것을 이야기 하세요" 혹은 "학업 및 전문적인 목표에 대해 논의 하세요" 같은 질문들을 받으면 바로 이 질문이 성장을 증진하는 경험임을 알게 될 것이다.

매우 어려운 학업 프로그램에서 모두 A를 받은 학생은 SAT 혹은 ACT 점수를 잘 받으며 사회적인 의식을 갖고 여러 지역사회 활동에 참여하지만 여전히 자신의 학업 및 전문적인 목표에 대해 설명할 생각을 하면 불편함을 느낀다. 어떻게 대학진학에서 중요한 요인이 되어 버린, 개인적 및 교육적 경험을 평가하는가? 대부분 고등학교 고학년을 생각할 때, 어떤 학생들은 불편함을 느낀다는 것이 놀랍지도 않다. 매우 분석적인 영재학생은 "이상의 질문이 대학에서 잘 지내고 앞으로 기여할 나의 능력과 무슨 관련이 있는가"라고 질문할 수 있다. 그러나 보다 경쟁적인 학교일수록 에세이, 교육과정 외 활동에 대한 자세한 기술과 자기소개서를 요구한다. 이들 자료들은 "내가 누구인지"에 대한 질문에 대답을 해 준다. 학생들은 모든 질문에 답변할 수 있도록 교육을 받아야 하지만, 사람들은 "물어보지도 않은 내 자신에 대해 무엇인가를 말해 주는 것"을 읽어낸다는 점에 집중해야 한다. 만약 이상의 질문에 대해 대답을 적는 데 시간이 걸린다면, 이로 인해 합격과 불합격이 정해질 수 있다.

개인 에세이와 자기소개서는 학생과 대학의 관점에서 "내가 누구인지" 질문에 답을 줄 수 있어야 한다. 에세이는 영향력을 행사하는 개인적인 기회이다. 질문은 대학을 반영하고, 반응은 학생을 반영한다. 에세이를 분명하게 조직하고, 반영하여, 글을 쓰는 학생의 능력을 묻고 무언가 말을 해 줄 수 있도록 질문에 대답해야 한다. 잘 작성한 에세이는 글 속에서 지원자를 생생하게 보여 주고, 그래서 에세이를 읽는 사람은 대학에 이 지원자가 적합한지 아닌지를 인식할 수 있다.

에세이는 결정적인 요소가 될 수 있다. 에세이는 학생들이 대학 수준의 활동을 할 수 있는 능력이 있음을 입학 위원회에 재확인시켜 줄 수 있다. 교사, 상담자 및 부모는 철자법과 문법상 오류가 없는지 학생 에세이를 살펴봐야 하지만, 에세이 주제에 대해서는 아니다. 물론 입학 관계자는 에세이를 다르게 읽는다. 즉, 이들도 자신의 읽기 스타일이 있으나 일반적으로 중요하다고 생각하는 자질을 찾는다. 입학 관계자들이 찾는 것은 무엇인가? 작문 능력, 지적 호기심, 주도성과 동기, 창의성, 자율성, 특징, 성장능력, 리더십 잠재력과 지역사회 봉사에 대한 증거를 찾는다. 지원서의 다른 요소와 일관되는 것이 또한 중요하다. 예를 들어, 만약 학생이 강력한 리더십 기술을 가지고 있다고 주장하였지만, 어떤 활동에서도 지도자의 위치를 차지하고 있지 않았다면, 이것은 에세이와 지원서 사이의 비일관성을 보여 주는 것이다.

다음은 여러 예제 에세이 질문들이다.

- 학생에게 가로 세로 2와 4인치 정도의 직사각형의 빈 종이를 준다. 한 디렉터가 “이 공간에 창의적이라고 할 수 있는 어떤 활동이든 해 보세요. 우리는 학생의 학업적 자격요건에 관심이 있을 뿐 아니라 또한 상상력과 창의력에 관심이 있어요”라고 말한다.
- 학생들에게 가로 세로 11과 13인치 정도의 종이를 주고, “무엇이든 해 보라”고 말한다.
- 300쪽 분량의 자서전을 막 완성하였다. 그 중 261쪽을 제출한다면, 어떤 내용인지 적는다.
- 생존해 있거나, 작고한 혹은 허구의 사람들을 인터뷰할 기회가 거의 없었던 저널리스트이다. 이 저널리스트로부터 무엇을 알 수 있다고

- 작문능력
- 지적 호기심
- 주도성과 동기
- 창의성
- 자율성
- 특징
- 성장능력
- 리더십 잠재력
- 지역사회 서비스
- 학생 지원서 기타 요소들과의 일관성

[그림 5-4] 좋은 에세이에서 대학이 찾고자 하는 것

생각하는가? 300 내지 500 단어로 대답한다.

- 현재 나의 생활 혹은 의도하였던 목표에 크게 영향을 주거나 변화시킨 경험에 대해 기술한다. 경험은 사건, 경쟁 혹은 나에게 중요한 어떤 것도 될 수 있다.
- 질문을 구성하고, 분명하게 언급하고 대답한다.

대학지원 에세이를 작성하는 지침

다음은 좋은 에세이를 작성하고 연습할 때 도움을 주는 단계적인 과정이다.

1. 여러 짧은 에세이를 쓴다. 학교 안과 밖에서 한 것을 적는다(만일 11학년 학생이라면, 지원 날까지 많은 작문 예제를 가질 수 있도록 계속 저널을 쓴다). 자세히 쓴다. 예를 들어, 다음과 같이 작성한다:
   - 가장 중요한 학습 경험
   - 가장 좋아하는 학과 수업 또는 교사

- 과학 대회 프로젝트에서의 향상과 하락
- 교내지의 작품 발표 및 입상
- 축구팀 주장으로서의 나의 선택
- 운동 솜씨로 부족한 점
- 할인점의 점원으로 일한 경험
- 패스트푸드 상점에서 일한 경험
- 자원 봉사 경험

2. 여러 각도에서 볼 수 있도록 최소 3개의 다른 환경에 있는 나 자신에 대해 글을 적어본다. 이 상황 각각에서 나를 기술할 때 사용하는 모든 형용사를 목록으로 작성한다.
3. 나의 특성을 정의한다. 스스로에게 자문한다.
   - 나의 작문에서 두드러지는 등장인물과 등장인물 집단은 무엇인가?
   - 좋은 작업 습관을 가지고 있으며 믿을 만한가?
   - 좋은 유머감각과 더불어 창의적인가?
   - 나는 자가당착적인 사람인가?(우리 중의 다수는 그렇다)
4. 내가 대답할 것으로 생각되는 질문을 조사한다.
   - 질문이 정확이 무엇인지 결정한다.
   - 어떤 특징을 나의 대답에 포함할지 결정한다.
   - 나의 응답에 어떤 예들을 포함할지 결정한다.
5. 나의 대답을 적는다.
6. 나의 대답을 조사한다. 다음 질문에 대답하려고 시도한다.
   - 나의 에세이가 정말 질문에 대답하는가? 내가 이 에세이를 쓴 것인가?(만일 대답이 '아니오'라면, 에세이가 좀 더 나를 반영할 수 있도록 방법을 조사해야 한다.)

- 나의 요지를 보여 줄 구체적인 예들을 포함하고 있는 에세이인가?(만일 대답이 '아니오'라면, 구체적인 예와 예증을 포함할 방법을 조사해야 한다.)
- 읽는 사람들이 다수의 다른 에세이를 본 후에도 집중할 수 있도록 질문에 충분하게 답변하는 흥미로운 에세이인가?(만일 대답이 '아니오'라면, 읽는 사람들이 흥미를 유지하도록 돕는 방법을 조사해야 한다.) 주의: 이상하고 기괴한 것과 달리 에세이를 흥미롭게 만든다. 예를 들어, 추상적인 개념을 구체적인 예와 연관짓거나 속도를 달리한다.

7. 대답을 개정한다. 구체적인 예와 나를 반영하는 흥미진진한 에세이를 갖기 전에 여러 편을 개정할 필요가 있다.
8. 대답을 편집하고, 문법, 철자 및 맞춤법을 점검한다.
9. 에세이를 활자로 친다. 활자로 인쇄된 에세이는 대개 손으로 쓴 에세이보다 높게 평가된다.
10. 지원서를 보낸다.
11. 긴 안도의 한숨을 내쉰다!

예제 학생 에세이

에세이 질문은 학교마다 매년 다르다. 명문대학들은 일반적으로 에세이 질문을 말로 나타내어 지원자로 하여금 자서전적으로 글을 적도록 권장한다. 즉, 지원서 및 지원 자료에서는 분명하지 않은 학생 자신에 대해 무언가를 기술하게 만든다. 다음 예제는 명문대학 지원자들이 대답하였던 일반적인 질문들이다. 예제들은 문제 발견자와 해결자로서 학생을 파악하게 해 줄 뿐 아니라 질문에 대한 대답도 준다는 점에 주목한다.

질문: 지원서에서는 볼 수 없던 너 자신에 대한 것?

학생 대답:

What is God?

신이시여, 당신은 누구십니까?

유별난 복장을 한 10대인가요?

의지할 고향을 말하는 것인가요?

당신은 몸처럼 어떤 실체를 가지고 있나요?

영국인인가요? 푸른빛을 띠고 있나요? 유대인인가요?

아니면 금성에서 온 사람인가요?

그렇지만 저의 모든 죄를 사하여 주세요.

당신은 더할 나위 없이 행복에 겨워 계신가요?

아니면 모든 것에 덤덤하신가요?

그렇지만 저를 인도해 주세요.

신이시여! 폭풍의 검은 조짐은 무엇인가요?

제가 신의 뜻에 합당한 일을 하고 있나요?

신께서 저를 향한 뜻은 무엇인가요?

번개처럼 저의 허튼소리였어요.

탕탕! 빨리 지나가 버리길!

Slumping Senior

나는 구부정한 3학년 생으로, 나의 노래를 부르기 위해 여기에 있다. 나는 지난 12년간 정말 열심히 공부해 왔고 학교에 너무나도 오래 있었다.

나는 압박을 원하지 않지만 이게 시작임을 알고 있다.
만일 나에게 나의 길이 있다면, 매일을 건너뛰었을 것이고,
10시까지 자고 그 이후엔 친구들과 지낼 것이다.
그리고 우리는 즐거움을 찾아 갈 것이다.

나는 구부정한 3학년생이고, 너무 뒤 떨어진 길에 있다.
만약 한 개 더 숙제가 있었다면, 정신을 잃어버렸을 것이라고 생각한다.
나에게는 영어 보고서와 물리학 시험이 있다.
나는 그게 진실임을 알고 있는데 내일이 제출일이다.
만약 8시에 시작한다면, 늦었다는 것을 알고 있다.
4시가 되어서야 나는 쉬는 시간을 갖게 될 것이다.

나는 구부정한 3학년생으로, 전체를 생각해 보았다.
32살이 되면 학교는 정말 중요하지 않을 것이다.
인생이란 게임을 배워왔고 잘하고 있다고 생각한다.
모든 유행과 나의 친구들을 가치 있는 것으로 기억할 것이다.
10년 세월이 완전할 때.

나는 내가 '수학'적인 사람이라 생각했다. 수학 문제 해결은 정확하든 정확하지 않든지 대답을 결정하기 위해 정확한 과정을 따라야 한다. 영어는 꽤 다르다. 그러나 시는 내가 순전히 즐길 수 있는 중간 지점을 제공한다. 시의 운과 리듬으로 인해 내가 쉽게 따를 수 있는 어떤 패턴이 있고, 단지 한 단어의 변화로 시를 '정확하게도' 혹은 '부정확하게도' 만들 수 있다. 나의 시는 항상 유머감각이 넘치지만, 엉뚱한 'What is God'에서부터 자서전적인 'Slumping Senior'까지 다양하다.

질문: 참여했던 활동 중에서 나에게 가장 큰 영향을 미친 것은?

학생 대답:

○○ 여름에, 내 인생에서 그 어떤 경험보다 내 자신에 대해 많은 것을 알려 준 일생일대의 경험을 하게 되었다. 나는 North Carolina에서 실시한 암벽등반, 카누 타기, 그리고 하이킹으로 구성된 3주간의 극기 과정에 참가하였다. 이 과정을 통해서, 나는 팀워크, 목표 성취를 위한 노력과 리더십 자질의 중요성을 알았다. 나는 나의 가치, 태도, 그리고 성격 형성에 너무 많은 것을 배운 내 인생의 이 시점을 항상 뒤돌아 볼 것이다.

가장 기억나는 경험은 암벽등반이었다. 내 인생에서 그렇게 무서웠던 적은 없었다. 수백 피트 위의 공중에서 금속 걸쇠에 의지하여 절벽에 얼굴을 대고 붙어 있었다. 떨어진다는 공포를 이겨내자 나는 암벽에 집중할 수 있었다. 나는 여러 번 죽음의 지점에 직면하였지만, 그만두지 않고, 내 스스로 자신감을 얻어 마지막 암벽으로 된 봉우리에서 안전함을 발견하였다. 이 경험에서 나는 내 자신을 신뢰하고 내 능력의 한계를 밖으로 밀어내는 것을 배울 수 있었다. 무언가 곤경에 빠졌을 때, 나를 위해 할 수 있는 올바른 것을 떠올릴 때까지 새로운 방법을 계속 시도할 것임을 알고 있다. 내가 배운 이 교훈은 대학에서 어려운 과제를 성취할 수 있도록 도움을 줄 것이라고 생각한다. 나는 내가 노력하는 무언가를 어떻게 달성하는지 알고 있기 때문에 역경에서도 포기하지 않을 것이다.

또한 나는 카누 타기 과정에서 팀워크의 중요성을 알았다. 두 사람이 카누에 타서, 무언가를 성취하려 한다면, 서로 협력하는 것이 가장 중요하다. 물에 빠져 돌과 충돌해 산산이 부서지고, 급한 조류로 배가 뒤집어진 후에 혼자서는 할 수 없다는 교훈을 꽤 어렵게 배웠다. 이상의 팀워크가 주는 교훈으로 나는 교수님 및 다른 학생들과 가능한 최선의 교육을 얻기 위해 협력해야 한다는 것을 알게 되었다.

나를 한계로 밀어 넣었던 또 다른 경험은 바로 이 과정의 마지막 사건인, 14마일의 마라톤이었다. 우리에게 주어진 선택은 9 혹은 14마일을 뛰는 것이었다. 나는 내가 할 수 있을지 없을지 몰랐기 때문에 14마일을 선택하였고 나의 한계가 무엇인지를 알고 싶었다. 내가 할 수 있을지 없을지 모르는 그 무언가를 달성하였다는 점과 경주를 끝내는 것이 마냥 좋은 것처럼 느껴졌다. 사람들이 자신의 한계일 것이라 생각하던 것을 항상 어떻게 달성할 수 있었는지 너무 놀라왔다. 인생에서 쉽게 할 수 없는 문제를 만나게 되면 나는 이 경험을 회고 할 것이다.

과정에서 가장 엄격한 부분은 하이킹이다. 모든 식량, 장비, 그리고 의류를 팩에 넣어 날라야 했으며, 고개를 꽤 오랜 시간 동안 쉼 없이 오르락내리락 해야 했다. 이 과정을 통해서, 나는 잠재적 리더십이 있음을 깨달았다. 길을 찾고 캠프 지역을 조직하며 비용을 책임지는 많은 노력을 기울였다. 길을 잃어버려 집단 구성원들이 포기하려고 했을 때, 나는 길을 찾자는 결단력 있는 결정을 내리고 남은 사람들을 목적지로 이끌었다. 이상의 경험으로 나는 내가 뒤에 안주하는 것을 좋아하지 않으며, 다른 사람들이 나를 위해 무언가를 해 주길 바라기보다는 스스로 무언가를 창출하는 기회를 좋아하고 있음을 발견할 수 있었다. 이러한 열정과 창의성은 대학에서도 내가 탁월하도록 도움을 줄 것이다.

이와 같은 경험으로 내가 어떤 종류의 사람인지 발견할 수 있었으므로 기억에 남는다. 이 경험에서 갖게 된 가치와 태도는 대학 및 나의 미래 생활에서 도움이 될 것이다.

질문: 300단어 미만의 단어를 사용하여, 향후 10년 내 공학과 응용과학이 어떻게 인간에게 유익함을 줄 것인지 설명하시오.

학생 대답:

공학은 늘 문제에 대한 인식과 문제를 풀기 위한 결정을 포함한다. 문제의 크기와는 관련성이 없다. 이는 페이퍼 클립과 같은 작은 것에서부터 달 위에 서있는 사람처럼 큰 것까지 다양하다. 문제를 푸는 방법은 같다. 이는 과학적 절차 내에서 가능한 해결책을 도출한다.

공학은 인간 발전을 확장하는 일종의 통합적인 과정이다. 공학 없이는 수세기 동안 인류가 직면한 도전에서 대답이나 해결은 없었을 것이다. 동시에 이는 인간이 어떻게 발전해 왔는지를 쉽게 보여 주며, 우리가 막 발전하기 시작하였다는 점을 보여 준다. 향후 10년 공학은 전문적으로 훈련받은 사고자와 계획자에 대한 수요와 관련이 있을 것이라 생각한다. 많은 질병, 우주정거장 설립 등을 포함하여 흥미진진한 해결책을 발견해야 하는 시점에 있다. 우주공간 공학을 위한 공간 발견은 생물공학에서의 암 치료만큼 중요하다. 어떤 이는 후자가 보다 중요하다고 생각할 수도 있지만 공학자의 꿈과 공학자들이 해결책을 강구하는 도전은 똑같은 것이다. 이것은 중요한 부분이다. 미래를 예언하는 것이나 어떤 특정한 것을 발견하는 것이 그 어떤 것보다 유익한지 아닌지를 판단하기란 어려운 일이다. 그러나 한 가지는 분명하다. 즉, 잘 훈련받은 공학자 없이 이러한 발견은 이뤄질 수 없다는 것이다.

공학은 가장 오래된 직업 중의 하나이다. 물론 항상 공학이라 불린 것은 아니지만, 항상 공학적인 틀 내에서 대답을 추구하는 사람들이 있었다. 이것이 바로 인류를 과학적으로 진보하게 만든 방법이다. 21세기로 나아가는 지금, 공학은 질문을 제기하고 해결책을 제안할 준비를 갖출 것이다.

균형을 깨기

매해 대학들은 능력이 출중한 신입생을 받으려고 한다. 대학이 신입생을 선발할 때, 입학과정에서 균형을 깨고 보다 미묘한 요소들을 고려하는 것이 중요하다.

- 학교의 요구는 무엇이며 학생이 이 요구를 충족시킬 독특한 자격을 갖추고 있는가? 학생이 지역사회에 가져올 특별하거나 특수한 자격을 통해서 팽팽하던 입학과정 상의 균형을 깰 수 있다.
- 학생은 캠퍼스를 다양화하는 데 기여하는가? 비록 대학이 인종 혹은 문화에만 기초하여 입학을 결정하는 것은 아니지만, 캠퍼스의 다양성은 매우 중요하다. 학생의 인종은 학생 측면에서 유리하게 균형을

깰 수 있다.

- 이 학교에서 학생 가족들이 교육을 받은 역사 혹은 유산이 있는가? 유산이란 "무언가 전해 내려오는 것"을 말한다. 대학 입학의 경우에, 유산은 문자 그대로 입학을 통해서 부모와 동창이 된다는 의미이다. 어느 쪽 부모든 학생이 지원하는 학교에 다녔다면, 이것은 학생에게 유산이 된다. 만일 대학에서 요구하는 학업 기록을 가지고 있지 않다면, 이것은 중요하지 않을 것이다. 그러나 학생이 거친 경쟁에서, 어떤 유산을 가지고 있다면, 이것은 학생 측면에서 유리하게 균형을 깰 수 있다.

의사결정: 입학허가서 도착, 지금 무엇을?

만일 학생이 한 개 이상의 대학에서 입학허가를 받았다면 그리고 학생이 이 책에서 보여 준 과정을 따랐다면, 그 다음은 어떻게 어느 학교를 결정할 것인가 하는 문제가 생길 것이다.

- 학생에게 정말 관심을 보이는 대학을 다시 방문한다. 대학은 종종 학생들이 "막 찾았을 때"와 다르게 보인다. 기숙사에서 하룻밤을 보내고, 1학년 강의실에 앉아도 보고, 여러 번 식사도 해 보며, 도서관도 방문해 본다.
- 무언가 기대할 때 아이디어를 줄 만한 장소에서 식사를 해 본다. 만일 학교가 제공하는 음식을 싫어하거나 샐러드 바가 없는데 학생이 채식주의자라면, 대부분 시간을 캠퍼스 밖에서 식사를 해야 할 것이며 이로 인해 교육비가 좀 더 지출될 것이다.
- 이 책에 수록해 놓은 질문을 사용하여 학교에서 학생이 원하는 것을

다시 찾아본다. 유명 교수가 신입생을 지도하는가? 혹은 조교가 지도하는가? 교수가 친절한가?

- 대학의 밤 문화를 점검한다. 밤 문화는 사소한 것처럼 보일지도 모른다. 결국, 이것도 대학의 한 부분이며 교육에 관한 것이다. 아무 것도 없다고 대학생활을 싫어한다면 학생의 학업목표를 달성하는 데 4년을 보내기 힘들다. 재미있게 지내는 것이 대학생활을 잘 보내는 방법 중 하나이다.
- 사람들과 이야기를 나눈다. 만일 동창회에서 학생을 인터뷰한다면, 캠퍼스 생활에 대해 알고 있는 사람과 이야기한다. 학생들과 이야기도 나눈다. 웹사이트를 방문해서 학교 학생이 어떻게 지내고 있는지 소개하는 웹일지가 있는지 찾아본다.

대기자 명단

2004년, 대기자 명단에 수록된 학생 중 57%는 최종 입학을 받지 못한 채 남게 된다. 대기자 명단에 있는 학생 중 평균 27%는 결국 대학 혹은 대학교의 입학허가를 받는다(NACAC, 2004a).

정말 입학하고 싶은 대학의 대기자 목록에 내 이름이 있다면 무슨 일이 일어날 것인가? 내가 할 수 있는 일로 다음과 같은 것들이 있다.

- 먼저, 입학금을 학교에 지불하여 자리를 확보한다.
- 질문을 하여 대기자 명단에 있다는 것이 학교에서 무엇을 의미하는지 알아본다. 즉, 대기자 중에서 대개 몇 명이 입학을 하는지 묻고, 대기자 중에서도 순위를 매겨놓았는지 질문한다. National Association for College Admission Counseling(Gross, 2002)에 따르면, 대학 및 대학교의 1/3은 대기자 명단을 활용하여 입학한 사람들이 5명

중 1명 정도로 나타났다. 이것은 일반적인 수치로서 매년 달라진다.

- 지도상담자에게 내가 왜 대기자 명단에 들었는지를 확인 차 물어본다. 이 이유가 다음에 취할 최선의 행동을 결정하는 데 도움이 될 것이다. 예를 들어, 나의 기록에 특별한 약점이 있다면, 학장 혹은 입학처장에게 영향을 미칠 추가적인 정보를 제출할 수 있다.
- 만일 대학이 나를 확실한 지원자로 생각한다면, 공백이 생겼을 때, 지도상담자가 나를 위해 로비를 할 수 있는지 요청해 본다.
- 입학처장에게 글을 써서 대학에 입학하고픈 의도를 보여 준다. 그리고 나의 기록을 다시 한 번 살펴봐 줄 것을 당부한다. 그리고 나의 지원서를 다시 살펴봐 달라고 당부하는 이유에 대해 설명한다.
- 입학을 재고하게 될 만한 기타 사항을 고려한다. 대학에 나의 입학을 지원해 줄 동문회를 알고 있을지도 모른다. 그러나 지나치지 않도록 주의한다.
- 대기자 명단에 있는 학생의 입학 스케줄을 확인한다. 언제 대학에서 연락을 받을지 물어본다. 만일 8월까지 아무런 일도 생기지 않으면 그 대학에 입학하는 것이 어렵다고 결정을 내려야 한다.
- 다른 곳에 지원한다. 어떤 대학들은 비전형 입학절차를 가지고 있다. 즉, 이 대학들은 2번째 학기가 시작되기 전 겨울 방학 동안 학생을 받아준다. 혹은 학업을 잘 할 수 있다는 것을 증명해 보이는 경우, 조건부로 입학을 할 수 있을지도 모른다.
- 1년간만 차선책인 대학을 생각해 본다. 만약 내가 높은 수행을 할 수 있다는 점을 보여 줄 수 있다면 고등학교 졸업만큼 다른 대학으로 편입을 할 수 있다.

지원한 모든 대학에서 떨어졌을 때, 무엇을 할 것인가? 낙담하지 않는다. 지도상담자에게 요청하여 거절당한 이유를 찾아본다. 어떤 패턴 혹은 결정적인 문제가 있는가? 아래 질문에 대한 답변으로 다음 행동을 결정할 수 있을 것이다.

- 올해 모든 학교들이 지원자들로 넘쳐났는가?
- 나의 지원서에서 정보를 제시할 때 혼란이 있었는가?
- 특별한 학문적 결점을 갖고 있는가?

만일 결정적인 문제가 없다면, 아마도 선택안을 잘못 계산했을 것이다. 예를 들어, 나의 신청서를 최소한 받아줄 학교를 한 개는 포함하였는지, 입학 요구사항이 나의 지원서와 일치하였는지 지도상담자에게 조언을 구한다. 매 여름, NACAC는 추가 지원자를 모집하는 학교 목록을 게재한다. 지도상담자에게 이 목록에 대해 물어보거나 NACAC 웹사이트를 살펴본다.

다음은 이 후에 다른 기회를 찾아보기 위한 몇 가지 방안들이다.

- 비슷한 특징을 가진 다른 대학을 찾는다.
- 제명 혹은 늦은 입학 정책을 펴는 대학에 추가적으로 지원서를 제출한다.
- 6월 1일 이후로, 기대하지 않았던 곳에서 입학을 할 수 있는 방안이 있는지 질문한다(이를 "summer meltdown"이라 부른다).
- 1년을 들여 진로를 찾아본다. 즉, 인턴십을 찾아보고, 변호사 사무실에서 일하거나 지역사회 서비스 프로젝트에서 자원 봉사한다.
- 학문적 결점을 보충하는 데 1년을 할애한다. 대학 수준의 활동을 할 수 있음을 보여 주는 지역사회 대학과정을 수강한다.
- 방향감각을 살펴보고 다시 시작한다!

대학비용

여기서 살펴볼 대학 비용은 대학이 학생요구를 충족하는지 살펴볼 때 도움을 줄 것이다. 그러나 대학비용에 대한 정보는 매년 달라지며 영재의 요구도 매우 다양해지고 있다. 현재 상세한 정보를 얻으려면 『The A's and B's of Academic Scholarships』(Leider, 2005), 『College.edu』(Guernsey, 2005)와 『Don't Miss Out: The Ambitious Student's Guide to Financial Aid』(Leider & Leider, 2005)를 살펴본다. 대학비용에 대해 보다 상세한 정보가 필요한 경우 http://thinktuition.com을 참조하길 바란다.

나쁜 소식

고등학교 이후의 영재교육은 단발적인, 1년으로 끝날 일이 아니다. 영재는 대개 고등학교 교육 이후 시간과 대학비용에서 막대한 투자가 필요하다. 관련 학위를 위한 2년, 국제 학사학위를 위한 4년, 대학원 혹은 전문적인 학위를 위한 6년 그 이상 그리고 따로 떨어져서 2년 혹은 4년을 보내는 어린 형제자매들이 있다고 한다면 심지어 더 걸릴 수 있다. 고등학교 졸업 이후 여러 해 동안 학생과 가족들은 학비를 지불해야 하며, 따라서 전반적인 대학학비 환경을 이해하는 것이 중요하다.

관심사로 바로 눈에 띄는 것은 이유이다. 매년 대학 교육비와 학비 지불능력을, 연방정부가 인정한 체계, 요구분석이라는 이름으로 재평가한다. 만일 현재 흐름이 계속된다면, 비용은 계속해서 물가상승률을 능가할 것이다. 수업료가 현재 물가상승률(3.2%)의 2배로 증가한다면, 12,000달러 정도되는 신입생 입학금이 4년 후에는 20,000달러가 될 것이다.

수업료 및 기타 대학비용이 계속 오르는 데는 이유가 있다. 첫째, 고등교육은 노동 집약적이다. 좋은 지도학습은 학구적인 분위기에서 대화와 토론을 통해 이뤄진다. 그러나 교수 월급은 상대적으로 낮아서, 새로운 교수를 영입하고 교수 보임이 된 교수들이 학구적인 생활을 떠나지 않도록 하기 위해서는 이에 상응하여 교수 월급을 인상해야 하다.

둘째, 고등교육에 대한 주 지원은 인상된 비용에 미치지 못한다. 지역사회 대회뿐 아니라 공립 대학들도 반 이상을 주 정부의 지출금에 의존한다. 정부지출금이 상승하는 비용에 맞추지 못할 때, 대학은 주 거주자에게 부과하는 수업료를 인상하고, 또한 주 외부 거주자에게 부과하는 수업료를 인상하여 보상하지 않을 수 없다.

세 번째 요인은 기술이다. 양질의 교육을 제공하기 위해, 대학은 최근 관리와 교직원 교육에 대한 지원 외에도, 실험실, 연구 장비와 컴퓨터를 업데이트하는 데 돈을 지불해야 한다.

마지막으로, 어느 정도 예외는 있지만, 대학은 더 이상 모든 학생의 재정적 요구를 충족할 수 없다. 한 가지 해결은 물가인상률에 맞춰 2~3번 정도 수업료를 올리는 것이다. 효과적으로 인상한 수업료를 지불할 수 있는 학생들이 재정적 도움이 필요한 학생들에게 보조금을 지불하도록 도움을 줄 것이다.

수업료가 계속해서 물가인상률을 능가한다는 소식 외에, 두 번째 나쁜 소식은 연방학생 보조가 열악한 구조라는 것이다. 연방 보조금과 대출이 매년 증가하고 있지만, 새로운 프로그램을 추가하고 연방정부 예산 부족을 줄이고자 일부 프로그램을 확장하고 있다.

공통된 관심사는 연방정부의 학생보조금 전달이 불안정하다는 점이다. 덧붙이고, 자르고, 확대한 프로그램 외에, 연합 대학요람, 자격규정, 이자율과 심지어 학생보조양식도 매년 달라지고 있다. 이상의 변화는 규모 및 빈도 면에서 계속될 것이다. 그 결과 학생, 부모 및 지도상담자를 혼란스럽게 하고 대학 보조금 관련자의 업무를 증가시키게 되었다.

좋은 소식

대학비용을 충당하는 데 있어 도움을 받을 필요가 없다면, 지원한 대학에서 입학허가를 받는 가능성이 더 많아진다.

대부분 대학들이 훌륭한 학생을 서로 유치하려고 경쟁한다. 훌륭한 학생을 서로 유치하려고 경쟁하는 것이 학생모집, 동문회 인터뷰, 특별 장학생 프로그램 및 장학금으로 변모되었다. 학생들이 경쟁력이 있을수록, 즉 좋은 ACT/SAT 점수, 평점, 학급 석차, 리더십, 운동능력 및 재능을 갖추고 있을수록, 비연방정부, 대학에서 지원하는 학생 보조금으로 대학비용을 지불해 주려고 할 것이다. 부모와 학생들은 대학을 선택할 때 현명한 선택을 내려야 한다.

학비 지불능력

다음의 비용을 지불하기 전에, 대학 재정에서 학생이 지불하는 부분이 차지하는 바가 무엇인지를 이해해야 한다. 즉, 글자그대로 서비스 비용이다. 학비는 대개 6개의 부분으로 구성되어 있다. 수업료, 교실, 보드, 숙식, 교통수단, 책, 기타 비용이다. 기타 비용은 보험, 세탁, 전화료, 심지어 식당음식이 형편없어 지역 음식 레스토랑까지 가는 비용도 포함된다.

같은 학교 학생이어도 서비스의 비용은 다르다. 어떤 학생은 기숙사에 살고, 또 어떤 학생은 학교근처에서 하숙을 하기도 하고 집에서 부모님과 같이 산다. 장애, 나이, 그리고 가족 또는 아동양육과 관련하여 지출되는 특별비용처럼, 여행비용 그리고 통근 비용도 환경에 따라 다르다.

미국에서 가장 비싼 사립대학은 1년에 45,000달러 이상이 학비, 교실과 기숙 비용으로 든다. Ivy 리그 대학교에서 드는 4년간의 비용은 약 180,000달러 정도이다. 그 주에 거주하느냐 그렇지 않느냐에 따라 공립 대학에 드는 4년간의 비용은 48,000~100,000달러로 다양하다.

만일 가정에서 지출하는 것이 대학에서 소용되는 서비스 비용보다 낮다면, 학생은 대학 비용을 충당하기 위해 보조금을 받을 수 있다. 이 둘 간의 차이는 재정적으로 보조가 필요한 금액으로 재정적 요구라고 한다.

재정적 요구(financial need)는 단순한 숫자에 지나지 않는다. 즉, 집이 가난하다는 의미가 아니다. 이는 내가 선택한 대학에 다니기 위해서는 학생 보조를 받을 자격이 있다는 말이다. 예를 들어, Alex의 가족이 대학비용을 위해 1년에 12,000달러를 쓸 수 있다. 지금 Alex는 3개의 대학을 고려하고 있다. 하나는 Ivy 리그 X 대학으로 1년에 45,000달러가 들고, 중간 정도급의 U 대학은 약 33,000달러가 들고, 집 근처 주립대학 U는 약 12,000달러가 든다. Alex의 가족은 그들의 재정적 요구와 학생 보조를 받을 수 있는 금액에 대해 생각해 보았다. Ivy 리그 X 대학에서는 해마다 35,000달러의 보조를 받아야 하고, 중간 정도급 U 대학에서는 21,000달러의 보조를 받아야 하고 집근처 주립대학 U에서는 보조금이 전혀 필요하지 않다.

가족 분담금에 대한 이해

가족이 대학 등록금으로 낼 수 있는 금액은 재정 보조금을 산출하는 열쇠이다. 가족 분담금은 본질적으로 다음의 4개에 대한 합계이다. 즉, 부모님의 수입에서 나온 분담금, 부모의 재산에서 나온 분담금, 학생의 수입에서 나온 분담금과 학생의 재산에서 나온 분담금이 그것이다(Berkner, Berker, Rooney, & Peter, 2003; Berkner et al., 2005).

부모의 수입은 모든 과세 및 비과세 수입 전체를 포괄한다. 가족 생계비용은 이 총액에서 공제된다. 대가족일수록 이 비용이 더욱 크다. 소득과 사회안전 보장비 역시 공제된다. 남은 것을 자유재량의 수입이라고 할 수 있다. 이 금액에 따라, 퍼센티지를 정하고, 그 결과 수입에서 부모가 감당하는 분담금을 생각한다.

다음 계산은 부모의 재산에 대한 퍼센티지이다. 저축, 주식, 담보, 신용펀드, 뮤츄얼 펀드, 투자신탁, 실물자산, 토지와 저당 및 사업체와 농장 재산도 연방 보조금을 신청하려고 할 때 계산해야 한다. 은퇴 후 연금보호는 가장 나이가 많은 부모의 연령에 근거하여 공제된다. 나머지의 약 5.6%가 가족 분담금으로 추가된다. 학생 지원금이 부족하여 사채를 사용하려고 생각할 수도 있다.

다음은, 학생이 소득 보호 공제를 받은 다음에 2,440달러를 받았다면 이 금액에 대해 수입의 50%를 가족 분담금으로 더한다. 마지막으로, 학생의 재산을 평가할 수 있다. 학생이 전업으로 고용되어 일해야 하기 때문에, 재산 보호공제를 허용하지 않는다. 학생 재산의 35%가 가족 분담금에 추가된다(Berkner et al., 2003).

이상의 네 가지의 계산에 따른 합산이, 대학 등록금에 대한 가족 분담금으로, 학생이 대학교육에 대해 지불할 것으로 기대하는 비용이다. 특정 대학의 비용에서 공제된 가족 분담금이 학생 재정요구 금액과 학기 동안 학생이 받을 보조금을 결정한다. 매년 그 금액을 다시 계산한다.

여러 명의 자녀가 대학에 다니는 가족. 동시에 한 명이상이 대학에 다닐 때 어떤 일이 일어나는가? 대학등록금에 대한 가족 분담금이 어떻게 바뀌는가? 이런 일반적인 상황에서, 각 학생에 대해 부모의 수입과 재산에서 산출하는 부모 분담금으로 가족 분담금을 따로 계산한다. 예를 들어, 전체 부모 분담금이 12,000달러이고 2명이 대학생이라고 가정하면, 각 학생에게는 6,000달러씩이 할당된다. 아들인 Jason이 분담할 수 있는 금액과 재산가는

1,500달러인 반면, 딸인 Gina의 경우는 2,000달러이다. 결론적으로 Jason의 대학비용으로 지불해야 하는 가족 분담금은 7,500달러이고 Gina의 경우는 8,000달러이다.

이혼 및 별거한 부모. 부모의 수입과 재산은 이혼하거나 별거할 때도 계산에 활용되는가? 대답은 학생이 대학에 진학하는 해에 어느 부모와 더 많이 살았느냐에 좌우된다. 만일 보호자인 부모가 재혼하였다면, 양부모의 소득과 재산이 포함된다. 또한, 이혼 혹은 별거한 부모를 둔 상황이거나 비연방정부 대학 재정보조금을 받으려는 학생의 경우, 사립대학은 대부분 재정보조를 주기 전에 다른 쪽 친부모가 이혼한 부모에게 재정양식을 제출하도록 요청한다는 점을 알고 있어야 한다.

서류 작성하기. 대학은 대학비용에 대해 가족 분담금을 계산할 때 어떻게 정보를 얻는가? 첫 해 이후 가능하면 빨리, 학생과 가족은 'Free Application for Federal Student Aid(FAFSA)"라고 하는 요구분석양식을 작성한다. 일찍 지원한 학생은 이것을 두 번 해야 한다. 즉, 한번은 지원할 때, 그리고 첫 해가 지난 다음에 다시 해야 한다.

대학이 소유한 돈이나 연방정부보조금 외에 학생이 거주하는 주에서 제공하는 돈을 받을 자격이 있는지 알아보기 위해 학생은 미국 College Testing Program의 가족 보조금 진술서 혹은 College Board의 재정 보조양식을 작성해야 한다. 이 두 양식 모두 과정처리 비용을 받는다. 이상의 양식은 대개 고등학교 지도상담자 혹은 대학 재정보조 관리처에서 얻을 수 있다. 일부 대학들은 입학 지원서에 재정 보조 양식을 붙여놓기도 한다.

장학금 신청하기

대부분 사람들은 장학금을 받으면 대학비용에 대한 가족 분담금이 줄어들 것이라고 생각한다. 그러나 장학금으로 학비 청구서를 지불할 수도 있지만, 학생 혹은 가족이 분담해야 하는 청구액은 줄어들지 않을 수도 있다.

예를 들어, Johnson의 가족 분담금은 9,000달러로 결정되었다. 고등학교 졸업식에서 Sally Johnson은 마을 시인협회로부터 1,000달러의 장학금을 받았다. Johnson 내외는 매우 기뻤고, 가족 분담금이 이제 8,000달러가 되었다고 생각하였다. 하지만 불행하게도, 가족 분담금은 똑같았다. 법적으로 Sally의 대학은 장학금 비용을 받아서 Sally의 학생보조 패키지에 넣어버렸다.

이는 대학에 진학하는 학생이 장학금과 보조금을 찾아보고 받지 말아야 한다는 뜻이 아니다. 오히려 학생들은 가족 분담금과 학생보조금 모두를 커버할 만큼 많은 장학금을 받을 수 있도록 노력해야 한다는 것이다. 가장 좋은 조언은 특별 장학금 혹은 일로 받는 장학금을 받으려고 시간을 낭비하지 말아야 한다는 점이다. 대학에서 돈을 절약하는 것이 가장 좋은 방안이다.

국가 서비스로 회수되는 재정 보조

대학에 다니면서 공군의 업무를 하거나 ROTC(Reserve Officer Training Corps)로 복무하는 사람은 대학교 학비, 생활비와 책값 외 부수적인 용돈을 100% 커버해 주는 자격을 얻을 수 있다. 그 외, AmeriCorps 및 기타 국가에서 위임하는 서비스에 자원봉사하거나 복무하는 사람에게 학비를 지원하는 여러 연방정부 프로그램이 있다.

재정에 대해서 좀 더

가장 최근의 통계년도인 2003~2004년 학기 동안, 약 16,500,000명의 학부생들이 전일제 혹은 파트타임 학생으로 고등학교 졸업이후 대학기관에 등록하였다. 공립 4년제 대학기관에 2003~2004년도에 등록한 전체 학부생 중 27%는 연방기금을(예: Pell), 21%는 기관기금을, 19%는 주기금을, 14%는 고용기관 혹은 사립기관 같은 다른 곳에서 기금을 받았다. 평균 연방 기금은 2,800달러였으며, 평균 기관기금은 2,900달러, 평균 주기금은 2,200달러, 그리고 기타 다른 곳에서 받는 평균 기금은 2,000달러였다(Berkner et al., 2005; Leider & Leider, 2005).

College Board(n.d.d.)에 의하면, 평균 공립(11,376달러) 및 사립 대학(27,485달러)의 평균 학비율은 학생 당 배포되는 평균 연방정부기금보다 훨씬 높다. 평균적으로 적은 수의 학생이 등록하는 사립학교의 학비가 가장 높고, 명문대학 기관들도 높은 편이다. 또한 사립대학과 등록 학생이 적은 대학들은 사립학교와 등록 학생수가 많은 대학에 비해 연방기금보조를 받는 학생의 비율이 약간 많다. 성적장학금을 포함하여, 비독립 요구-기반 보조를 학생의 가족수입과 재정보조에 대한 가족의 필요성에 따라 학생에게 지급한다. 성적 장학금을 포함하여 비요구-기반 주 보조는 지난 10년 동안 계속 증가하고 있다. 비 요구-기반 보조는 높은 학업성취처럼 수입에 관계없는 요인에 따라 학생에게 지급한다. 현재 77%의 주 재정보조는 요구-기반 보조(need-based aid)를 통해 배포되고 있고 23%는 비요구-기반 보조(non-need-based aid)를 통해 배포되고 있다(Leider, 2005; Leider & Leider, 2005).

집을 구매하거나 은퇴를 준비하는 것 외에, 자녀를 대학에 보내는 비용은 대부분 부모가 직면하는 가장 큰 재정적인 문제이다. 만일 자녀가 저축하지 않고 고등학교에 갈 때까지 기다려서, 자녀가 고등학교를 졸업할 때면, 4년간의 대학학비를 충분히 지불할 수 없을지도 모른다. 그러므로 미리 살펴보고, 일찍 돈을 저축하고, 어떤 유형의 저축을 하든지 예금을 해 놓는 것이 좋다. 다음은 대학을 준비하는 저축방안들이다(Willis, 2005):

1. Coverdell Education Savings Account(ESA) 계획은 미국 납세자들이 대학 입학을 위해 사용하려고 매년 최대 2,000달러를 예치할 수 있는 세금이 부과되지 않은 투자 계좌라는 점에서, Individual Retirement Accounts(IRA)와 유사하다(Savingforcollege.com, n.d. a.). 만일 한 명 이상의 자녀 계좌로 예금을 한다면, 전체가 2,000달러를 넘지 않도록 주의를 기울여야 한다. 이 돈이 교육으로 사용되지 않는다면, 이 기금은 학생에게 돌아갈 것이다. 이 돈은 부모에게 되돌아 올 수 없다.
2. 529 계좌는 장래 대학비용으로 쓸 돈을 예치할 수 있도록 돕는 주 혹은 교육기관이 운영하는 저축예금이다. 529 계좌 이름은 Internal Revenue Code 529 세션을 따라 지은 것이다. 529 계좌는 매우 다양하며 자주 이사하는 사람을 위한 국립 계좌도 있다. ESA처럼 연도별 예치 제한이 없다. 또한 일정 연도 동안 저축세금이 유예된다(Savingforcollege.com, n.d.b.). 이 계좌는 많은 비용을 수반할 수 있으므로, 결정을 내리기 전에 신중히 생각해 봐야 한다. 재정 상담자와 의논하여 계좌들을 비교하고 얼마나 오랫동안 잘 할 수 있는지 살펴본다.

   만일 529 계좌의 경우, 수령자가 대학에 가지 않는다면 어떻게 되는가? 그 계좌를 수령할 수 있는 적합한 가족이라면, 다른 대학에 가는 수령자에게 529 계좌를 전환할 수 있다. 만일 529 계좌를 적합한 비용으로 사용하지 않는다면, 취급한 금액에 대해 세금을 지불하고 대개 벌금을 문다.

3. Prepaid state tuition 계좌는 지금 대학에 지불하는 돈을 저축할 수 있게 해 주지만, 자녀가 주립 대학에 다녀야 한다. 바람직하게 들리지만 이 계좌 때문에 재정보조를 받을 가능성이 줄어들 수도 있다.
4. Education Savings Bonds는 위험부담이 없는 투자지만 부모의 조정된 총 수입이 너무 높다면 공제대상 항목에 제한이 있다. 자녀가 재정보조에 지원했을 때 불리하지 않으려면, 돈을 부모이름으로 예치하는 것이 좋을 지도 모른다.
5. McDonald 혹은 Staples 같은 대규모 회사 혹은 40,000개 소매상점, 7,000개 레스토랑, 10,000개 호텔, 그리고 350개 이상의 온라인 소매자들도 Upromise 감액 프로그램을 통해서 대학기금을 마련할 수 있다(http://www.upromise.com). Upromise 웹사이트는 이 프로그램을 "대학학비를 준비하도록 돕는 무상 감액 프로그램"으로 기술해 놓고 있다. 감액을 받을 수 있는 주요 회사들로는 America Online, Avis와 Borders Books & Music이 포함된다.

몇 마디를 첨부하면

대학 등록금을 지불하는 문제를 결코 가볍게 다루어서는 안 된다. 부모가 대학 등록금에 대해 걱정을 해야 한다고 생각하기보다는, 오히려 부모가 자녀가 이에 대해 걱정하지 않도록 해 주어야 한다. 가족 구성원 전체가 이에 관여해야 한다.

대학 등록금의 지불에 대해 조사, 연구 및 분석을 해야 한다. 고등학교 상담자 및 대학 재정보조 관련자처럼 개인 재정문제, 즉 대출, 이자율, 세금

법과 수업료 지불계획에 특별한 식견이 있는 사람과 상의해야 한다. 대학 비용에 관해 가능한 많이 알수록 시간과 돈을 절약할 수 있다. 가장 중요한 것은 처음 재정보조 양식을 작성하기 전에 영재의 대학교육에 대한 전반적인 재정에 대한 세목을 이해하고 알아야 한다.

대학진로 및 재정적인 용어에 대한 설명

Academic Performance(학업 수행): 학점(GPA), 학급 석차, 성적 증명서(예: 수강한 과정), 표준화된 시험점수, 학업 난이도 및 기타 수치로 된 정보의 조합을 말한다. 일부 큰 학교에서는 입학을 허가하는 기준으로 학생의 고등학교 학업수행 기록을 간주하기도 하며, 어떤 곳은 입학을 허가하는 유일한 기준으로 생각하는 곳도 있다.

Academic Rigor(학업 과목 난이도): 고등학교 재학 중에 학생이 수강한 학업과정의 상대적인 난이도를 말한다. 명문대학은 학생들이 가장 난이도 높은 교육과정을 수강하도록 기대한다.

Advanced Placement Examinations(AP 시험): 매 5월 영어, 수학, 과학, 외국어와 음악을 포함하여, 대부분 영역에서 대학수준의 시험을 본다. AP 과정 등록을 꼭 해야 하는 것은 아니지만 시험응시료가 부과된다. AP 시험은 1~5점까지로 5점이 가장 높은 점수이다. 3, 4, 5점은 대학 학점 및 필수과목 수강으로 인정받을 수 있다. 각 대학마다 이들 학생에게 얼마큼의 학점을 인정해 줄지 결정한다. 만약 AP 시험을 치른다면, 그 점수가 대학에 전달되었는지 확인하는 것은 학생의 책임이다.

Advanced Placement Program(AP 프로그램): College Entrance Examination Board에서 후원하는 프로그램으로서, 15개 과목에 대한 엄격한 학업과정과 시험으로 구성된다. AP 과정을 통해 학생들은 고등학교에 재학 중이면서도 대학수준의 학업을 추구할 수 있으며, 대학수준의 학습을 할 능력이 있음을 보여 주는 기회를 갖는다. AP 과정에서 높은 점수를 받는다면, 심지어 AP 시험을 보지 않아도 우수한 능력을 갖추고 있다고 생각한다.

American College Testing Assessment Test(ACT 평가 시험): 수학, 과학, 영어와 사회과학 4개 과목영역으로 나뉘는 내용-지향적인 시험과 선택적인 작문 섹션이 있다. 점수는 1에서 36점까지로 36점이 가장 높은 점수이다.

Class Rank(학급 석차): 급우들과 비교하여 학생의 학업적 위치를 찾는 계산방법이다. 학급 석차는 일반적으로 10분위, 4분위 또는 3분위로 기술한다. 평균성적 평가점수가 대개 학급 석차를 결정한다.

College(대학): (1) 교양과목 혹은 학부에서 학사 학위를 제공하는 고등학교 이후 교육기관, (2) 앞서 언급한 학위 프로그램을 제공하는 대학기관을 말한다.

College Work-Study Program(대학 워크-스터디 프로그램, CWSP): 재정 보조가 필요한 학생에게 일할 기회를 제공하는 연방 재정 프로그램으로서, 캠퍼스 및 세금이 공제된 고용자와 함께 일하는 기회를 제공한다. 대부분의 대학들은 특정 학과 전공에 기초하여 실제 활동 경험을 학생들에게 제공해 주는 협동교육 프로그램과 CWSP 프로그램을 혼동하지 말아야 한다.

Deferred Admission(입학 유예): 입학허가를 받은 학생에게 대학등록을 1년간 연기할 수 있게 해 준다.

Early Admission or Early Entrance(조기입학 및 조기진학): 일반적으로 높은 능력을 갖춘 학생이 고등학교를 완전히 이수하기 전에 대학 과정 및 프로그램에 입문하는 것을 허용하는 과정이다.

Early Action(조기 지원): 대개 11월 1일까지 대학에 성적증명서를 일찍 제출하는 과정으로서, 조기 결정과 달리, 조기 지원 하에 입학이 허용된 학생들은 의무적으로 등록하지 않아도 된다.

Early Decision(조기 결정): 정해진 시기에 입학을 지원한 학생을 특별히 배려하는 과정으로서, 조기 결정 하에 입학이 허용된 학생들은 그 대학에 의무적으로 입학을 해야 한다. 시기적으로 늦게 지원서를 받는 다른 곳에서 입학허가를 받아도 학생은 이를 수용할 수 없다.

Expected Family Contribution(예상 가족 분담금): 학생의 가족이 자녀교육에 대해 지불해야 하고 또 지불할 수 있다고 산출된 금액으로써, 부모의 재산, 학생의 저축, 가족 수입과 학생의 수입을 염두에 두고 산출한다.

Family Financial Statement(가족 재정진술서, FFS): 입학을 목적으로 대학이 ACT 평가를 사용함으로써 요청하는 재정보조 지원서 양식을 말한다.

Federal Stafford Loans(연방 스타포드 대출): 신용 조합, 은행 혹은 저축 및 대출기관에서 학생들에게 주는 정부 보조금 혹은 비보조금(이자를 지급해야 하는)으로 낮은 이율의 대출을 말한다. 보조금 대출에 대한 상환은 연방정부에서 보증을 선다. 학생이 빌릴 수 있는 금액과 상환 연도는 해마다 다르다.

Free Application for Federal Student Aid(연방 학생 보조금 무료 지원서, FAFSA): 가족 분담금과 Pell Grant를 수여할 수 있는지 결정하는 정부 요구-분석 양식이다.

Grant(기금): 재정보조 패키지의 한 부분으로, 학생은 이를 상환하지 않아도 된다.

Grade Point Average(성적 평가점 평균, GPA): 고등학교 동안에 받은 학점에(학업 및 비학업 과정에 대해) 자격점수를 부여하여 총 획득한 학점의 수로 나누어 계산한 수치이다. 어떤 학교에서는 장학생반 혹은 AP 과정에 여분의 점수를 부여하기도 한다. 대학은 대개 학업과정만 반영하기 위해 학생의 GPA를 다시 계산한다.

High School Profile, Course Description, or Transcript Supplement(고등학교 프로필, 과정 기술 혹은 성적 증명서 부록): 고등학교 학습 프로그램, 학점 체계, 학생 신체기록에 대해 대학에 정보를 제공한다. 학생 성적증명서(학점)는 부분적으로 4년제 대학에 가는 학생의 퍼센티지, 제공한 과목 특징과 점수를 매기는 척도 등 효과적인 프로필로 그 의미를 설명할 수 있다. 과목명이 과목의 난이도 및 중요성을 분명하게 반영하지 않을 때, 학교 프로파일과 학생 성적증명서에 대한 설명을 동봉해야 한다.

Liberal Arts(교양과목): 수학, 과학, 언어, 역사, 문학, 철학 같은 학과목으로서, 학생의 전문성을 증진하기보다는 지적 및 판단력을 증진하기 위해 개발한 프로그램들이다.

Merit-Based Awards and Scholarship(성적 장학금): 재정적 필요보다는 학생의 학문적 성취에 근거하여 대학 및 외부기관에서 수여하는 장학금이다. Merit Scholarship은 대개 학생의 PSAT 점수와 The National Merit Scholarship Competition의 결과에 의거하여 수여한다. 다른 배경, 문화 및 인종에 속하는 학생에게 일부 성적 장학금을 수여한다.

Needs-based Scholarships and Awards(요구기반 장학금): 재정적 도움의 필요성에 기초하여 수여하는 장학금이다. 이 필요성을 증명하기 위해 개별 가족재정 정보를 제출해야 한다.

Official Transcript(성적 증명서): 학생의 학업 프로필이다. 성적 증명서는 매해에 수강한 과목(수강하고 있는 과목을 포함하여), 수강한 과목의 난이도(AP, 우등생, 속진), 각 과목에서 받은 학점 및 학급 석차(어떻게 석차를 산출하였는지를 포함하여) 목록을 포함해야 한다.

Parent Loan for Undergraduate Students(학부생을 위한 부모대출, PLUS): 일차적으로는 부양하는 학생을 둔 부모를 위한 대출이다. 대출을 직접 부모에게 해 준다.

Pell Grants(펠 기금): 연방 프로그램 하에 매우 빈곤한 가정을 위해 지급하는 기금으로 2005년도 기준으로 400달러에서 4,400달러까지 보조한다.

Perkins Loan(퍼킨스 대출): 보조금이 필요한 학생들을 위해 낮은 이자의 대출을 지원한다. 학생들이 직접 Perkins 대출을 받고자 지원하는 것이 아니라, 연방 정부가 대학에서 선정한 학생들에게 배정될 수 있도록 대학에 직접 기금을 지불한다.

PIN(핀): 온라인상에서 FAFSA를 작성할 때 사용하는 개인증명 번호이다. 학생과 부모 모두 PIN에 지원해야 한다.

Preliminary SAT/National Merit Scholarship Qualifying Test(예비 SAT/ 국가 성적 우수 장학금 자격 시험, PSAT/NMSQT): 2시간 정도 소요되는 SAT 시험이다. PSAT는 국가 성적우수 경진대회 판별용으로 사용된다. 경진대회를 염두에 둘 때, 학생들은 11학년 가을에 이 시험을 치러야 하고, 지금 살고 있는 주에서 상위 5%내의 점수를 받아야 한다. PSAT는 SAT와 유사하며 학생의 잠재적인 SAT 점수를 예견하는 좋은 사전 지표이다. PSAT 점수를 또한 국가 히스패닉 성적우수 장학금과 뛰어난 흑인 학생을 위한 국립 성취 장학금 프로그램(National Achievement Scholarship Program)에서도 사용할 수 있다.

Profile(프로파일): 대학 재학생과 장학금 수혜 기반을 위해 고안한 대학 장학금 서비스이다. 이 양식을 온라인상에 등록하고 작성해야 한다. 프로파일은 FAFSA 및 기본 자료와 더불어 자산, 경비와 자원에 대해 추가 질문을 요청한다.

Quarter System(4**학기 체제**): 이 체제는 9달을 대략 각 12주씩 되도록 3개 부분으로 나눈다. 여름 섹션의 길이는 대개 비슷하다. 학점은 쿼터 시간으로 인정을 받는다(3쿼터 시간은 2학기 시간과 동일하다).

Regular Admission(**정규 입학**): 일반적인 방식으로 대학에 입학하는 것으로, 학생들은 정해진 날짜까지 지원서를 제출하고 지원서 대부분이 수합되면, 대학에서 입학결정을 내린다(대개 2월 15일에서 4월 15일). 비록 대학마다 다르긴 하지만, 모든 지원자들에게 같은 시기에 동시에 공지를 한다.

Reserve Officer's Training Corps(**학생군사 훈련단**, ROTC): 학생들은 군 복무 훈련에 참여한다. 수업료, 책, 비용을 군대에서 지급하고, 또한 학생에게 개인 비용으로 사용할 상여금을 지급한다. 졸업할 때, 학생은 장교로 퇴역한다. 졸업 후 학생들은 군대에서 몇 년간 특별 용무에 복역해야 한다.

Reserve Officers' Training Corps Scholarship(**학생군사 훈련단 장학금**): 미국 군대에서 제공하는 장학금과 교육 프로그램이다. 장학금 보조에 대해서, 학생들은 일정 기간 군 복무 서비스 중 하나에서 의무를 이행해야 한다.

Rolling Admission(**연중 입학**): 1년 중 어느 기간에라도 지원서를 대학에 제출하는 것으로, 대개 대학에서 지원서 및 기타 서류를 받은 후 몇 주 내에 입학여부를 결정한다.

Scholastic Assessment Test(SAT): 거의 4시간이 소요되는 시험으로, 언어, 수학과 작문의 3개 부분으로 나뉜다. 각 섹션마다 점수를 200에서 800점 척도로 보고한다. 만점은 2,400점이다.

SAT or ACT Preparatory Courses(SAT **혹은** ACT **준비과정**): SAT 혹은 ACT 시험을 준비하는 과정이다.

SAT Subject Test(SAT **과목 시험**): 수학, 과학, 역사, 언어, 문학 및 작문 같은 다양한 학과 분야에서 실시하는 기말고사와 유사한 시험으로 1시간이 소요된다. 과목 시험은 학생의 학과목에 대한 지식의 정도와 깊이를 측정하기 위해 고안되었다.

Semester System(학기 체제): 학기 체제는 각 18주씩 되도록 2개 부분으로 나눈다. 여름 섹션은 보다 짧아 집중적으로 학습을 해야 한다.

Single Choice Early Action(단 한 곳의 조기 지원, SCEA): 구속력이 없는 조기 결정으로 불린다. 만일 학생들이 SCEA 대학에 지원하였다면 조기 결정과 유사하게 다른 대학에 조기 결정 혹은 조기 지원을 지원할 수 없다. 그러나 정규 입학에는 어디든지 지원할 수 있다. 조기 지원처럼 입학허가를 받았어도, 학생들이 SCEA 대학에 의무적으로 입학해야 하는 것은 아니다.

Student Aid Report(학생 지원 보고서, SAR): 예상되는 가족 보조금(EFC)과 학생이 Pell Grants를 받을 수 있을지 없을지 본 보고서를 보고 알 수 있다.

Supplemental Educational Opportunity Grant(보충 학습 기회 기금, SEOG): 학생의 필요에 따라 Pell Grants를 받을 수 있도록 추가적인 지원을 제공하고자 고안된 것이다. 기금은 직접 대학으로 보내져서 매우 보조가 필요한 학생에게 분배된다.

Trimester System(3학기 체제): 달력을 3부분으로 나누고, 대략 18주씩 되는 3학기 체제이다. 학점은 대개 학기 시간으로 인정을 받는다.

University(대학교): 대학원 혹은 전문 학과로 구성되어 있고 연구 설비와 이를 지도하는 교수진으로 이뤄진 고등교육을 말한다. 대학은 학사 학위 외에 석사와 박사학위를 수여한다.

참고 문헌

AAUW Educational Foundation. (1992). *The AAUW Report: How schools shortchange girls.* Executive summary: Washington, DC: American Association of University Women Educational Foundation.

ACT Inc. (n.d.a.). *Frequently asked questions about the ACT writing test.* Retrieved October 22, 2005, from http://www.act.org/aap/writing/highschool/faq.html#8

ACT Inc. (n.d.b.). *The ACT writing test.* Retrieved October 22, 2005, from http://www.act.org/aap/writing/index.html

Allport, G. W., Vernon, P. E., & Lindzey, G. (1951). *Study of values: Manual of directions.* Boston: Houghton-Mifflin.

Alvino, J. (1988). High schoolers develop skills, earn college credit. *Gifted Children Monthly*, *9*, 16-17.

Americans with Disabilities Act, 42 U.S.C. §§ 12102 et seq. (1990).

Baldwin, A. Y. (1985). Programs for the gifted and talented: Issues concerning minority populations. In F. Horowitz & M. O'Brien (Eds.). *The gifted and talented: Developmental perspectives* (pp. 223-251). Washington, DC: American Psychological Association.

Barrow, L., & Rouse, C. E. (2005). *Does college still pay?* Retrieved December 5, 2005, from http://www.bepress.com/ev/vol2/iss4/art3

Baska, L. (1986). The use of the Raven Advanced Progressive Matrices for the selection of magnet junior high school students. *Roeper Review, 8,* 181-184.

Baum, S. (1990). *Gifted but learning disabled: A puzzling paradox.* Reston, VA: ERIC Clearinghouse on Handicapped and Gifted Children. (ERIC Document Reproduction Service No. ED321484)

Baum, S., & Payea, K. (2004). *Education pays: The benefits of higher education for individuals and society.* New York: College Entrance Examination Board.

Berger, S. (1992). *Programs and practices in gifted education: Projects funded by the Jacob K. Javits Gifted and Talented Students Education Act of 1988.* Reston, VA: The Council for Exceptional Children.

Berkner, L., Berker, A., Rooney, K., & Peter, K. (2003). *Student financing of undergraduate education: 1999-2000.* Retrieved December 1, 2005, from http://nces.ed.gov/programs/quarterly/vol_4/4_3/4_2.asp

Berkner, L., Wei, C. C., He, S., Lew, S., Cominole, M., & Siegel, P. (2005). *2003-04 national postsecondary student aid study (NPSAS:04) Undergraduate financial aid estimates for 2003-04 by type of institution (NCES 2005-163).* Retrieved December 1, 2005, from http://nces.ed.gov/pubsearch/pubsinfo.asp? pubid=2005163

Boston, B. (1976). *The sorcerer's apprentice: A case study in the role of the mentor.* Reston, VA: The Council for Exceptional Children.

Boyd, L. (1999). *I.B. or not I.B.? That is the question.* Retrieved October 25, 2005, from http://www.afsa.org/fsj/Dec99/boyd.cfm

Boyer, E. L. (1987). *College: The undergraduate experience in America*. The Carnegie Foundation for the Advancement of Teaching. New York: Harper & Row.

Buescher, T. (1985). A framework for understanding the social and emotional development of gifted and talented adolescents. *Roeper Review*, *8*, 10-15.

Buescher, T. (1987a). Counseling gifted adolescents: A curriculum model for students, parents, and professionals. *Gifted Child Quarterly*, *31*, 90-94.

Buescher, T. M. (Ed.). (1987b). *Understanding gifted and talented adolescents: A resource guide for counselors, educators, and parents*. Evanston, IL: The Center for Talent Development, Northwestern University.

Buescher T. (1991). Gifted adolescents. In N. Colangelo & G. Davis (Eds.), *Handbook of gifted education* (pp. 382-401). Needham Heights, MA: Allyn and Bacon.

Callahan, C. M. (1981). The gifted girl: An anomaly? In W. B. Barbe & J. S. Renzulli (Eds.), *Psychology and education of the gifted* (3rd ed., pp. 498-511). New York: Irvington.

Chapman, W., & Katz, M. R. (1983). Career information systems in secondary schools: A survey and assessment. *Vocational Guidance Quarterly*, *31*, 165-177.

Clance, P. R., & Imes, S. A. (1985). *The imposter phenomenon: Overcoming the fear that haunts your success*. Atlanta, GA: Peachtree.

Clark, B. (1983). *Growing up gifted*. Columbus, OH: Merrill.

Clinton, W. J. (1997). *Opening wide the doors of college. President Clinton's call to action for American education in the 21st century*. Retrieved December 5, 2005, from http://www.ed.gov/updates/PresEDPlan/part9.html

Colangelo, N. (1985). Counseling needs of culturally diverse gifted students. *Roeper Review*, *8*, 33-35.

Colangelo, N., & Zaffrann, R. (1979). Counseling with gifted and talented students. In N. Colangelo & R. Zaffrann (Eds.), *New voices in counseling the gifted* (pp. 142-154). Dubuque, IA: Kendall/Hunt.

College Board. (1993). *Taking the SAT: A guide to taking the Scholastic Assessment Test and the Test of Standard Written English.* New York: Author.

College Board. (n.d.a.). *Meet the SAT: What it means to your child.* Retrieved August 1, 2005, from http://www.collegeboard.com/parents/article/0,3708,700-702-0-21295,00.html

College Board. (n.d.b.). *SAT reasoning test.* Retrieved October 22, 2005, from http://www.collegeboard.com/student/testing/sat/about/SATI.html

College Board. (n.d.c.). *SAT welcome.* Retrieved October 22, 2005, from http://www.collegeboard.com/prof/counselors/tests/sat/news.html

College Board. (n.d.d.). *Trends in college pricing 2005.* Retrieved December 1, 2005, from http://www.collegeboard.com/prod_downloads/press/cost05/trends_college_pricing_05.pdf

College Board AP Central. (n.d.). *Setting credit and placement policy.* Retrieved on October 30, 2005, from http://apcentral.collegeboard.com/colleges/setting_policy/0,154-179-0-0,00.html

Dabrowski, K., & Piechowski, M. M. (1977). *Theory of levels of emotional development.* New York: Dabor Sciera.

Davis, G. A., & Rimm, S. B. (1985). *Education of the gifted and talented.* Englewood Cliffs, NJ: Prentice-Hall.

Deaux, K., & Emswiller, T. (1974). Explanations of successful performance on sex-linked tasks: What is skill for the male is luck for the female. *Journal of Personality and Social Psychology, 29,* 80-85.

Delisle, J. R. (1982). Reaching towards tomorrow: Career education and guidance for the gifted and talented. *Roeper Review, 5,* 8-12.

Delisle, J. R., & Berger, S. (1990). *Underachieving gifted students.* Reston, VA: ERIC Clearinghouse on Disabilities and Gifted Education. (ERIC Document Reproduction Service No. ED321483)

Dinkmeyer, D., & Losoncy, L. (1980). *The encouragement book.* Englewood Cliffs, NJ: Prentice-Hall.

Dreikurs, R. (1953). *Fundamentals of Adlerian psychology.* Chicago: Alfred

Adler Institute.

Dreikurs, R. (1971). *Social equality: The challenge of today.* Chicago: Henry Regnery.

Duke University Talent Identification Program. (2005). *Advanced Placement teachers manuals.* Retrieved October 28, 2005, from http://www.tip.duke.edu/resources/AP_manuals

Dunn, R., Dunn, K., & Price, G. E. (1975). *Learning style inventory.* Lawrence, KS: Price Systems.

Elkind, D. (1984). *All grown up and no place to go.* Reading, MA: Addison-Wesley.

Evans, K. (1993). Multicultural counseling. In L. Silverman (Ed.), *Counseling the gifted and talented* (pp. 277-290). Denver: Love.

Feingold, S. N., & Levin, S. (1983). *What to do until the counselor comes* (rev. ed.). New York: Richard Rosen.

Feynman, R. (1985). *Surely you're joking, Mr. Feynman! Adventures of a curious character.* New York: W. W. Norton.

Fox, L. H. (1977). Sex differences: Implications for program planning for the academically gifted. In J. C. Stanley, W. C. George, & C. H. Solano (Eds.), *The gifted and the creative: A fifty-year perspective* (pp. 113-138). Baltimore: Johns Hopkins University Press.

Frederickson, R. H. (1979). Career development and the gifted. In N. Colangelo & R. Zaffrann (Eds.), *New voices in counseling the gifted* (pp. 264-277). Dubuque, IA: Kendall/Hunt.

Frederickson, R. H. (1986). Preparing gifted and talented students for the world of work. *Journal of Counseling and Development, 64*, 556-557.

Frome, P., & Dunham, C. (2002, April). *Influence of school practices on students' academic choices.* Retrieved December 1, 2005, from http://www.sreb.org/programs/MiddleGrades/publications/reports/Guidance_Research_Brief_4-30-021.pdf

Gallagher, J. (1975). *Teaching the gifted child.* Boston: Allyn and Bacon.

Gross, J. (2002). *Steps to college: The waiting game.* Retrieved October 22,

2005, from http://www.nacac.com/p&s_steps_0301waiting.html

Guernsey, L. (2005). *College.edu.* Alexandria, VA: Octameron Associates.

Gysbers, N. C., & Moore, E. J. (1987). *Career counseling.* Englewood Cliffs, NJ: Prentice-Hall.

Hansen, R. (n.d.). *Are summer college prep or academic enrichment camps right for you?* Retrieved October 22, 2005, from http://www.quintcareers.com/ college_prep_camps.html

Harris, R. C. (1993). *Identifying and serving recent immigrant children who are gifted.* ERIC Digest EC302375.

Harvey, J. C., & Katz, C. (1985). *If I'm so successful, why do I feel like a fake?* New York: St. Martin's.

Hayden, T. C. (1986). *Handbook for college admissions: A family guide* (rev. ed.). Princeton, NJ: Peterson's Guides.

Herr, E. L., & Watanabe, A. (1979). Counseling the gifted about career development. In N. Colangelo & R. Zaffrann (Eds.), *New voices in counseling the gifted* (pp. 251-264). Dubuque, IA: Kendall/Hunt.

Holland, J. L. (1962). Some explorations of a theory of vocational choice: One-and two-year longitudinal studies. *Psychological Monographs, 76*(26, Whole No. 545).

Holland, J. L. (1973). *Making vocational choices: A theory of careers.* Englewood Cliffs, NJ: Prentice-Hall.

Holland, J. L. (1974). *The self-directed search: A guide to educational and vocational planning.* Palo Alto, CA: Consulting Psychologists Press.

Horner, M. S. (1972). Toward an understanding of achievement related conflicts in women. *Journal of Social Issues, 28,* 157-176.

Individuals with Disabilities Education Act, 20 U.S.C. § 1401 et seq.(1990).

Janos, P.M., & Robinson, N. M. (1985). Psychosocial development in intellectually gifted children. In F. Horowitz & M. O'Brien (Eds.), *The gifted and talented: Developmental perspectives* (pp. 149-197). Washington, DC: American Psychological Association.

Johns Hopkins University. (n.d.). *Talent loss: Why so many of the country's top-achieving low-income students never go to college.* Retrieved August 1, 2005, from http://www.jhu.edu/news_info/news/home99/mar99/talent.html

Johns Hopkins University Center for Talented Youth. (n.d.a.). *History/Mission.* Retrieved August 1, 2005, from http://www.cty.jhu.edu/about/history.html

Johns Hopkins University Center for Talented Youth. (n.d.b.). *Links to academic competitions.* Retrieved January 9, 2005, from http://www.jhu.edu/~gifted/imagine/linkB.htm

Kaplan, L. S. (1980). *Working with the special personalities of gifted adolescents.* Paper presented at the fifth annual Northern Virginia Conference on Gifted/Talented Education. Alexandria, VA.

Kaplan, L. S. (1983a). *Coping with peer pressure.* New York: Rosen.

Kaplan, L. S. (1983b). Mistakes gifted young people too often make. *Roeper Review, 6*, 73-77.

Karnes, F., & Riley, T. (2005). *Competitions for talented kids: Win scholarships, big prize money, and recognition.* Waco, TX: Prufrock Press.

Kaufmann, F. (1981). The 1964-1968 presidential scholars: A follow-up study. *Exceptional Children, 48*, 164-169.

Kaufmann, F. (1993). The courage to succeed: A new look at underachievement. *Educating Able Learners, 18*, 8-10.

Kaufmann, F., Harrel, G., Milam, C. P., Woolverton, N., & Miller, J. (1986). The nature, role, and influence of mentors in the lives of gifted adults. *Journal of Counseling and Development, 64*, 576-578.

Kerr, B. (1981). *Career education for the gifted and talented.* Columbus, OH: ERIC Clearinghouse on Adult Vocational and Career Information.

Kerr, B. (1983). Raising aspirations of gifted girls. *Vocational Guidance Quarterly, 32*, 37-43.

Kerr, B. (1985a). Smart girls, gifted women: Special guidance concerns. *Roeper Review, 8*, 30-33.

Kerr, B. (1985b). *Smart girls, gifted women.* Columbus, OH: Ohio Psychology Publishing Company.

Kerr, B. (1986). Career counseling for the Gifted: Assessment and Interventions. *Journal of Counseling and Development, 64*, 602-603.

Kerr, B. (1990). *Career planning for gifted and talented youth*. ERIC Digest #E492 ED321497.

Kerr, B. (1991). *A handbook for counseling the gifted and talented*. Alexandria, VA: American Association for Counseling and Development.

Kerr, B., & Ghrist-Priebe, S. L. (1988). Intervention for multipotentiality: Effects of a career counseling laboratory for gifted high school students. *Journal of Counseling and Development, 66*, 366-370.

Kestler, J., & Florman, B. (2004). *The new SAT*. New York: Spark Publishing.

Kohlberg, L. (1969). *Stages in the development of moral thought and action*. New York: Holt.

Kolb, D. (1983). *Experiential learning: Experience as the source of learning and development*. Englewood Cliffs, NJ: Prentice-Hall.

Leider, A. (2005). *The A's and B's of academic scholarships* (25th ed.). Alexandria, VA: Octameron Associates.

Leider, A., & Leider, R. (2005). *Don't miss out: The ambitious student's guide to financial aid* (30th ed.). Alexandria. VA: Octameron Associates.

Lindstrom, R. R., & Van Sant, S. (1986). Special issues in working with gifted minority adolescents. *Journal for Counseling and Development, 64*, 583-586.

Losoncy, L. (1977). *Turning people on: How to be an encouraging person*. Englewood Cliffs, NJ: Prentice-Hall.

MacIntosh, M. E., & Greenlaw, M. J. (1990). *Fostering the postsecondary aspirations of gifted urban minority students* (ERIC Digest #E493). Reston, VA: ERIC Clearinghouse on Handicapped and Gifted Children.

MacKinnon, D. W. (1960). The highly effective individual. *Teachers College Record, 61*, 367-378.

Macrorie, K. (1984). *Searching writing*. Upper Montclair, NJ: Boynton/Cook.

Maker, C. J. (1982). *Teaching models in education of the gifted*. Rockville, MD: Aspen.

Manaster, G. J., & Powell, P. M. (1983). A framework for understanding gifted adolescents' psychological maladjustment. *Roeper Review, 6*, 70–73.

Marshall, B. (1981). Career decision making patterns of gifted and talented adolescents: Implications for career education. *Journal of Career Education, 7*, 305–310.

Mathews, J. (2005, November 24). At long last, Advanced Placement is a subject in itself. *The Washington Post Fairfax Extra*, p. VA08.

McCarthy, B. (1987). *The 4-Mat system: Teaching to learning styles with right-left mode techniques* (rev. ed.). Barrington, IL: Excel.

Meltzer, T., Maier, C., Brown, C., Doherty, J., Friedman, A., & Franek, R. (Eds.). (2006). *The best 361 colleges.* Princeton, NJ: The Princeton Review.

Mollison, A. (2006). *Surviving a midlife crisis.* Retrieved December 1, 2005, from http://www.educationnext.org/20061/34.html

Moore, B. A. (1979). A model career education program for gifted disadvantaged students. *Roeper Review, 2*, 20–22.

Myers, I. B., & Myers, P. B. (1980). *Gifts differing.* Palo Alto, CA: Consulting Psychologists Press.

National Association for College Admission Counseling. (2001. September). *Definitions of admission decision options.* Retrieved August 1, 2005, from http://www.nacac.com/downloads/policy_admission_options.pdf

National Association for College Admission Counseling. (2004a). *State of college admission.* Retrieved August 1, 2005, from http://www.nacac.com/research_trends.html

National Association for College Admission Counseling. (2004b). *NACAC 2004 early decision/early action guide.* Retrieved August 1, 2005, from http://www.nacac.com/downloads/04edea_guide.pdf

National Association for College Admission Counseling. (2005). *State of college admission.* Retrieved August 1, 2005, from http://www.nacacnet.org/MemberPortal/ProfessionalResources/Research/SOCA.htm

National Association of Secondary School Principals & National Honor Society. (n.d.). *Student contests and activities.* Retrieved January 9, 2005, from http://www.nhs.us/s_nhs/sec.asp?TRACKID=&CID=116&DID=5260

National Center for Education Statistics. (2000). *College quality and the earnings of recent college graduates.* Retrieved August 1, 2005, from http://nces.ed.gov/pubsearch/pubsinfo.asp?pubid=2000043

National Collegiate Athletic Association. (2005). *Guide for the college-bound student-athlete.* Indianapolis, IN: Author.

Olszewski-Kubilius, P. (1995). *Thinking about early entrance to college.* Retrieved August 1, 2005, from http://www.ctd.northwestern.edu/resources/earlyentrance/thinkingearly.html

Olszewski-Kubilius, P., & Scott, J. M. (1992). An investigation of the college and career counseling needs of economically disadvantaged minority gifted students. *Roeper Review, 14*, 141-148.

Perrone, P., & Male, R. (1981). *The developmental education and guidance of talented learners.* Rockville, MD: Aspen.

Piaget, J. (1972). Intellectual evolution from adolescence to adulthood. *Human Development, 15*, 1-12.

Piechowski. M. (1979). Developmental potential. In N. Colangelo & R. Zaffrann (Eds.), *New voices in counseling the gifted* (pp. 25-57). Dubuque, IA: Kendall/Hunt.

Piechowski. M. (1986). The concept of developmental potential. *Roeper Review, 8*, 190-197.

Plank, S.B., & Jordan, W. J.(2001). Effects of information, guidance, and actions on postsecondary destinations: A study of talent loss. *American Educational Research Journal, 38*, 947-979.

Powell, P. M. (1987). Genius. *Roeper Review, 10*, 96-100.

Reis, S., & McCoach, D. B. (2002). Underachievement in gifted students. In M. Neihart, S. Reis, N. Robinson, & S. Moon (Eds.), *The social and emotional development of gifted children: What do we know?* (pp. 81-90). Waco, TX: Prufrock Press.

Renzulli, J. S., Rizza, M. G., & Smith, L. H. (2002). *Learning styles inventory (Version III): A measure of student preferences for instructional techniques.*

Mansfield Center, CT: Creative Learning Press.

Richert, E. S. (1991). Rampant problems and promising practices in identification. In N. Colangelo & G. Davis (Eds.), *Handbook of gifted education* (pp. 81-96). Needham Heights, MA: Allyn and Bacon.

Richert, E. S., Alvino, J. J., & McDonnel, R. C. (1982). *National report on identification: Assessment and recommendations for comprehensive identification of gifted and talented youth.* Sewell, NJ: Education Information and Resource Center.

Rimm, S. (1986). *The underachievement syndrome: Causes and cures.* Watertown, WI: Apple.

Ripple, G. G. (1993a). *Do it-write: How to prepare a great college application.* Alexandria, VA: Octameron.

Ripple, G. G. (1993b). *Campus pursuit: How to make the most of the college visit and interview.* Alexandria, VA: Octameron.

Robinson, N., & Davidson Institute for Talent Development. (2005). *Considering the options: A guidebook for investigating early college entrance-Student version* (pp. 31-32). Retrieved December 1, 2005, from http://print.ditd.org/young_scholars/Guidebooks/YSGuidebook_Early_College_Students_12_08_05.pdf

Rodenstein, J. M., & Glickhauf-Hughes, C. (1979). Career and lifestyle determinants of gifted women. In N. Colangelo & R. Zaffrann (Eds.), *New voices in counseling the gifted* (pp. 370-381). Dubuque, IA: Kendall/Hunt.

Rokeach, M. (1973). *The nature of human values.* New York: Free Press, Macmillan.

Roosevelt, E. (1958). *The autobiography of Eleanor Roosevelt.* New York: Harper Collins.

Ross, P. (1993). National excellence: A case for developing America's talent. Washington, DC: U. S. Department of Education.

Rowe, I. (2005, May). *Making college a reality for all: A submission for strengthening America's democracy.* Retrieved August 1, 2005, from http://pacefunders.org/pdf/essays/Rowe%20FINAL.pdf

Rudner, L. (1999). *The scholastic achievement of home school students.* Reston, VA: ERIC Clearinghouse on Assessment and Evaluation. (ERIC Document Reproduction Service No. ED435709)

Sanborn, M. P. (1979). Differential counseling needs of the gifted and talented. In N. Colangelo & R. Zaffrann (Eds.), *New voices in counseling the gifted* (pp. 154–165). Dubuque, IA: Kendall/Hunt.

Savingforcollege.com. (n.d. a.). *Intro to ESAs (Coverdell education savings accounts).* Retrieved December 1, 2005, from http://www.savingforcollege.com/intro_to_esas

Savingforcollege.com. (n.d. b.). *Intro to 529s.* Retrieved December 1, 2005, from http://www.savingforcollege.com/intro_to_529s

Schneider, Z. D. (1987). *Campus visits and college interviews.* New York: College Entrance Examination Board.

Sears, P. S., & Barbee, A. H. (1977). Career and life satisfaction among Terman's gifted women. In J. Stanley, W. E. George, & C. H. Solano (Eds.), *The gifted and the creative: A fifty-year perspective* (pp. 28–65). Baltimore: Johns Hopkins University Press.

Silverman, L. K. (1993a). Techniques for preventive counseling. In L. Silverman (Ed.), *Counseling the gifted and talented* (pp. 81–109). Denver: Love.

Silverman, L. K. (1993b). Career counseling. In L. Silverman (Ed.), *Counseling the gifted and talented* (pp. 215–238). Denver: Love.

Silverman, L. K. (1993c). Social development, leadership, and gender issues. In L. Silverman (Ed.), *Counseling the gifted and talented* (pp. 291–327). Denver: Love.

Simpson, R. G., & Kaufmann, F. A. (1981). Career education for the gifted. *Journal of Career Education, 8,* 39–45.

Springer, S., & Deutsch, G. (1985). *Left brain, right brain.* New York: W. H. Freeman.

Sternberg, R. (1990). Thinking styles: Keys to understanding student performance. *Phi Delta Kappan, 7,* 366–371.

Supplee, P. L. (1990). *Reaching the gifted underachiever.* New York: Teachers

College Press.

Tannenbaum, A. J. (1983). *Gifted children: Psychological and educational perspectives.* New York: Macmillan.

Terman, L. M. (1925). Mental and physical traits of a thousand gifted children. *Genetic studies of genius* (Vols. 1 & 2). Stanford, CA: Stanford University Press.

Terman, L. M. (1959). The gifted group at mid-life. *Genetic studies of genius* (Vol. 5). Stanford, CA: Stanford University Press.

Terman, L. M., & Oden, M. H. (1935). The promise of youth. *Genetic studies of genius* (Vol. 3). Stanford, CA: Stanford University Press.

Terman, L. M., & Oden, M. H. (1947). The gifted child grows up. *Genetic studies of genius* (Vol. 4). Stanford, CA: Stanford University Press.

Thorndike, R. L., & Hagan, E. (1986). *Measurement and evaluation in psychology and education.* New York: Macmillan.

Torrance, E. P. (1970). *Encouraging creativity in the classroom.* Dubuque, IA: Brown.

Torrance, E. P. (1981). Emerging concepts of giftedness. In W. B. Barbe & J. S. Renzulli (Eds.), *Psychology and education of the gifted* (3rd ed., pp. 47-54). New York: Irvington.

U. S. Census Bureau. (2004). *Table 1. Earning of year-round, fulltime workers by selected characteristics: 1999.* Retrieved October 28, 2005, from http://ask.census.gov

U. S. Department of Education. (2004). Why go to college? Retrieved August 1, 2005, from http://studentaid.ed.gov/students/attachments/siteresources/college.pdf

Vail, P. (1987). *Smart kids with school problem.* New York: Dutton.

West, T. (1997). *In the mind's eye: Visual thinkers, gifted people with dyslexia and other learning difficulties, computer images and the ironies of creativity.* New York: Prometheus.

Whitmore, J. R. (1980). *Giftedness, conflict, and underachievement.* Boston: Allyn & Bacon.

Whitmore, J. R. (1986). Understanding a lack of motivation to excel. *Gifted Child Quarterly, 30*, 66-69.

Willard-Holt, C. (1999). *Dual exceptionalities.* Reston, VA: ERIC Clearinghouse on Disabilities and Gifted Education. (ERIC Document Reproduction Service No. ED430344)

Willings, D. (1986). Enriched career search. *Roeper Review, 9*, 95-100.

Willis, G. (2005). *Saving for college. 5 tips: Getting started on the road to college.* Retrieved August 10, 2005, from http://money.cnn.com/2005/08/10/pf/saving/willis_tips/index.htm?cnn=yes

Wolleat, P. L. (1979). Guiding the career development of gifted females. In N. Colangelo & R. Zaffrann (Eds.), *New voices in counseling the gifted* (pp. 331-380). Dubuque, IA: Kendall/Hunt.

부록 A
조기대학 입학 프로그램

Bard High School Early College(BHSEC)

525 East Houston Street
New York, NY 10002
Phone: (212) 955-8479
http://www.bard.edu/bhsec

뉴욕시에 거주하는 모든 9학년이나 10학년 학생들에게 개방되어 있다. BHSEC는 매우 동기가 높은 학생들에게 고등학교와 대학 2년을 마치는 기회를 제공하여 4년 내에 고등학교 학위 외에도 준학사 학위를 받도록 하는 프로그램이다.

The Davidson Academy of Nevada

Davidson Institute for Talent Development
9665 Gateway Drive, Ste. B
Reno, NV 89521
Phone: (775) 852-3483
http://www.davidsonacademy.unr.edu

2006년, 고도 영재를 위한 대학인, Davidson Academy가 30명의 중학생과 고등학생을 위해 문을 열었다. 학생들은 Davidson Academy 고등학교 학위를 받으면, Nevada 대학의 입학허가를 받고, 대학의 우등생 프로그램에 등록하는 기회를 취득하게 된다.

Early Entry Program(EEP)

California State University
Los Angeles, CA 90032
Phone: (323) 343-2287
http://www.calstatela.edu/academic/eep

매우 뛰어난 영재를 위한 이 프로그램은 11세 정도 된 학생들에게 대학수준에서 공부할 기회를 부여한다. 평균 입학 연령은 대략 13.5세이며 모든 EEP 학생들은 16세 생일이 되기 전에 입학을 해야 한다. 이 프로그램은 대학 캠퍼스에서 대략 135명 정도의 뛰어난 영재들을 관리한다.

Resident Honors Program(RHP)

University of Southern California
3454 Trousdale Parkway, CAS 200
Los Angeles, CA 90089
Phone: (213) 740-2961
http://www.usc.edu/dept/LAS/general_studies/RHP/moreinfo.htm

이 프로그램은 고등학교 교육과정에 싫증을 느끼고 대학수준에서 활동을 할 수 있는 학생들에게 1년 대학입학 프로그램을 제공한다. 학생들은 Southern California 대학에 동시에 등록하면서 고등학교 학위를 받는다.

Advanced Academy of Georgia

State University of West Georgia, Honors House
Carrollton, GA 30118
Phone: (678) 839-6249
http://www.advancedacademy.org

고등학생 연령의 영재에게 기숙형 조기대학입학을 제공한다. 일반적으로 학생들은 3학년 혹은 2학년 동안에 지원하지만, 이곳은 경우에 따라 보다 어리고 능력이 출중한 학생도 받아 준다. 학생들은 고등학교와 대학 학점을 동시에 얻는다.

Georgia Academy of Math, Engineering, and Science(GAMES)

Middle Georgia College
1100 Second Street, SE
Cochran, GA 31014
Phone: (478) 934-3471
http://web2.mgc.edu/natsci/games/gameshome.html

수학, 기술, 과학과 제휴 건강분야에 특별한 관심을 보이는 명문 고등학교 2학년 혹은 3학년생들이 Middle Georgia 대학에서 과정을 수강한다. 2년 프로그램을 완수한 학생들은 준학사 학위와 고등학교 졸업장을 받으며 대학 2학년생으로 분류된다.

Missouri Academy of Science, Mathematics, and Computing

Northwest Missouri State University
Office of Enrollment
800 University Drive

Maryville, MO 64468-6001
Phone: (660) 562-1060
http://www.nwmissouri.edu/MASMC

지원자는 현재 10학년이거나 이에 준하는 학생이어야 하며 기하학과 대수 II를 3학년 말까지 마쳐야 한다. 이것은 2년의 대학과정 프로그램으로 학생들로 하여금 대학 학점과 고등학교 졸업장을 동시에 받을 수 있도록 허용해 준다.

National Academy of Arts, Sciences, and Engineering(NAASE)

The Connie Belin & Jacqueline N. Blank International Center for Gifted Education and Talent Development
The University of Iowa
600 Blank Honors Center
Iowa City, IA 52242
Phone: (800) 336-6463
http://education.uiowa.edu/belinblank/programs/naase

고등학교 2학년에 상응하는 과정을 마친 학생들이 학업진로를 속진하고 대학연구 및 과정으로 옮겨가는 프로그램이다. 학업적으로 뛰어난 학생들은 University of Iowa Honors Program의 신입생으로 자동 입학을 할 수 있으며 우등생 기숙홀에서 살게 된다. 이 대학은 또한 Iowa Online Advanced Placement Academy를 9~12학년 학생들에게 제공한다.

Simon's Rock College of Bard

84 Alford Road
Great Barrington, MA 01230
Phone: (413) 528-0771
http://www.simons-rock.edu

Simon's Rock은 어린 학생들이 교양과목과 과학에서 학점을 받을 수 있도록 국가에서 인정한 4년제 대학이다. 이곳은 기숙학교이다. 학생들은 이곳을 졸업할 때, 준학사 혹은 학사 학위를 받는다. 대부분 학생들은 10학년 혹은 11학년을 마친 후에 Simon's Rock에 입학하고 교양과목에서 학점을 받는 프로그램을 듣는다. The Acceleration to Excellence Program (AEP)은 대략 매년 2년의 준학사 학위 프로그램의 전액 학비를 지원하는 성적장학금을 20명의 학생들에게 지급한다. AEP는 또한 30명까지 부분 장학금을 지급한다. Simon's Rock은 영재만 들어오는 엄격한 학교는 아니지만 상당히 동기부여가 된 학생들에게 적합하다.

The Clarkson School

Clarkson University
8 Clarkson Avenue
Potsdam, NY 13699
Phone: (315) 268-4425
http://www.clarkson.edu/tcs

이곳의 조기 입학 프로그램은 주로 12학년 학생을 위한 1년 기숙 프로그램으로 개발된 것이다. 매년 11학년을 마친 55~80명의 학생들과 학업활동에서 매우 동기가 부여되어 있는 뛰어난 학생들이 입학을 하게 된다. 특별한 경우에, 다른 학년의 학생도 입학대상으로 고려한다. Clarkson School 지역사회는 학생에게 매우 지원적인 환경을 제공하여 현장 견학과 사회활동을 즐길 수 있게 마련해 주고 있다.

Texas Academy of Mathematics and Science(TAMS)

University of North Texas
TAMS Marquis Hall 114
1511 W. Mulberry
Denton, TX 76201

Phone: (800) 241-TAMS
http://www.tams.unt.edu

수학과 과학에서 매우 성취가 높고 흥미를 가진 고등학생 정도 연령의 Texas 학생들과 10학년을 마친 학생을 위한 기숙 프로그램이다. 캠퍼스에 살면서, 2년 과정의 이 프로그램을 받는 학생들은 University of North Texas의 엄격한 대학 교육과정을 마치게 된다. 과정을 마쳤을 때, 학생들은 특별한 고등학교 졸업장을 받고 대학 2학년 생으로 분류된다.

Texas Academy of Leadership in the Humanities(TAHL)

Lamar University
P.O. Box 10062
Beaumont, TX 77710
Phone: (409) 839-2995
http://dept.lamar.edu/taolith

이 프로그램은 2년간의 기숙 우등생 프로그램으로, 고등학교 2학년 혹은 3학년 학생들이 마지막 고등학교 2년 학점을 마치고, 대학과정만을 수강하면서 대학 2년을 동시에 듣는다. 이 말은 학생들이 고등학교 졸업 프로그램과 대학에서 60시간 이상을 듣는다는 말이다. AP 시험 및 과정은 물론, 이 과정을 듣는 학생들은 대학에서 좀 더 시간을 보내면서 고등학교를 졸업하는 것이 가능하다.

The Program for the Exceptionally Gifted(PEG)

Mary Baldwin College(여자만)
Staunton, VA 24401
Phone: (540) 887-7039
http://www.mbc.edu/peg

이 프로그램은 어린 나이에 학업적으로 재능 있는 여학생에게 Mary

Baldwin 대학 캠퍼스에서 기숙하면서 고등학교 동안 대학을 마치는 기회를 제공한다. PEG 학생들은 8학년에 지원이 가능하고 영재성, 일관된 학업 성취와 개인적인 성숙도에 따라 입학하게 된다.

University of Washington Transition School and Early Entrance Program

University of Washington
Halbert & Nancy Robinson Center for the Young Scholars
Guthrie Annex II, Box 351630
Seattle, WA 98195
Phone: (206) 543-4160
http://depts.washington.edu/cscy

14세 이하의 학생을 위한 전이학교와 전이학교를 "졸업한" 전일제 대학생을 위한 조기입학 프로그램으로써, 도전적인 수준에서 활동할 수 있도록 기회를 제공한다. 전이학교를 통해서 학생들은 이전 학교 상황에서 대학 교육에 필요한 기술과 성숙도를 갖추어 University of Washington으로 옮긴다. 준비가 되면, 학생들은 도전적인 전일제 대학 프로그램에 등록할 준비를 갖출 때까지 전이학교 활동을 하면서, 한두 가지 연속적으로 도전적인 대학과정을 수강한다.

부록 B

대학계획 웹 자원

속진

A Nation Deceived: How Schools Hold Back America's Brightest Students
http://nationdeceived.org

진로 흥미

Career Development Manual
http://www.cdm.uwaterloo.ca

The Princeton Review Career Quiz
http://www.princetonreview.com/cte/quiz/career_quiz1.asp

What Can I Do with A Major in …?
http://www.uncwil.edu/stuaff/career/Majors

대학 찾기/계획하기

The Admissions Office
http://www.theadmissionsoffice.com

Campus Tours(실제 투어 가이드)
http://www.campustours.com

College Board Online
http://www.collegeboard.com

CollegeNet
http://www.collegenet.com

College Profiles
http://www.collegeprofiles.com

Essay Wizard
http://www.essaywizard.net

My College Guide
http://www.mycollegeguide.org

The National Association for College Admission Counseling
http://www.nacacnet.org

The National Study of School Evaluation
http://www.nsse.org

Peterson's
http://www.petersons.com

Princeton Review
http://www.princetonreview.com

Students Review
http://www.studentsreview.com

The University of Texas(미국 대학과 대학교 링크 소개)
http://www.utexas.edu/world/univ

U. S. News & World Report School Rankings
http://www.usnews.com/usnews/edu/college/rankings/rankindex_brief.php

University and College Directory
http://www.university-directory.org

재정 보조

College Funding Coaches
http://www.collegefundingcoaches.com

FastWEB
http://www.fastweb.monster.com

The Financial Aid Information Page
http://www.finaid.org

Findtuition.com
http://www.findtuition.com

The Illinois Student Assistance Commission
http://www.collegezone.com

Octameron Associates
http://www.octameron.com

Scholarship Resource Network Express
http://www.srnexpress.com

Sallie Mae
http://www.salliemae.com

U. S. Department of Education–Find and Pay for College, Locators and Lists
http://www.ed.gov/students/college/locate/edpicks.jhtml?src=sm

U. S. Department of Education–Student Financial Assistance Programs
http://www.fafsa.ed.gov

자택학습 자원

Home School Legal Defense Association
http://www.hslda.org

Colleges That Admit Homeschoolers
http://learninfreedom.org/colleges_4_hmsc.htm

Colleges With Homeschool Admission Policies Online
http://homeschooling.gomilpitas.com/olderkids/College HSpages.htm

SAT와 ACT 시험 준비

ACT, Inc.
http://www.act.org

College Board SAT Prep
http://www.collegeboard.com/student/testing/sat/prep_one/prep_one.html

Educational Testing Service(ETS)
http://www.ets.org

EduPrep
http://www.eduprep.com/SAT_ACT.asp

Kaplan Education Center
http://www.kaptest.com

Princeton Review
http://www.princetonreview.com/college

SAT Power Tactics by Barnes & Noble
http://www.sparknotes.com/testprep/newsat/powertactics

SAT Subject Test Requirements
http://www.ivywest.com/satiireq.htm

Testprep-Triumph College Admissions
http://www.testprep.com

학습 기술

Study Guides and Strategies
http://www.studygs.net

Center for Advancement of Learning at Muskingum
http://www.muskingum.edu/home.cal

Virginia Tech Study Skills Self-Help Information
http://www.ucc.vt.edu/stdysk/stdyhlp.html

재능발굴

Center for Talent Development at Northwestern University
http://www.ctd.northwestern.edu

Center for Talented Youth at Johns Hopkins University
http://www.jhu.edu/gifted

Talent Identification Program at Duke University
http://www.tip.duke.edu

Rocky Mountain Talent Search at the University of Denver
http://www.du.edu/education/ces/rtms.hml

부록 C
SAT와 ACT에 대한 조언과 자원

SATs: 힌트, 조언 및 자원

SAT 준비과정이 영재와 무슨 관련이 있는가? The College Board(1993)는 "SAT가 높은 수준의 언어 및 수학적 추론 능력을 측정하며 … 단기적인 연습과 채워 넣음의 효과는 거의 없고 … 시험을 보는 능력은 시간 및 노력과 관련이 있다"라고 하였다(p. 4).

이에 기초하여, 많은 영재들은 이미 SAT를 준비하고 있다. 영재들은 도전적인 과정을 선택하고 일반적으로 시험을 가장 잘 준비할 수 있도록 확장하여 읽기 심화를 하고 있다.

반대 주장에도 불구하고, 지난 10년 동안 수집된 증거에 의하면, 주의 깊은 준비과정을 통해 유의하게 SAT 점수를 높일 수 있는 것으로 나타났다. 그러나 교육자들이 SAT에 대해 보다 많이 알게 되고 시험지를 복사하여 사용하게 되면서, SAT를 준비하는 프로그램이 지나치게 나타나는 문제를 지적하고 있다.

준비할 것인가 하지 않을 것인가?

어떤 영재는 매우 뛰어난 수학적 재능을 가지고 있지만 언어기술이 약한 반면, 어떤 영재는 그 반대일 수 있다. 이 두 유형의 영재는 한쪽 시험에서 좋은 점수를 얻지만 다른 쪽에서는 형편없다. 따라서 약한 영역에서 점수를 올릴 수 있도록 도움이 필요하다. 대부분 영재는 매우 경쟁적이며 시험에서 대답을 공백으로 남기는 것을 싫어한다. 그러나 SAT에서는 잘못한 응답에 .25점 감점이 있다. 감점은 추측해서 답을 적는 것을 없애려고 고안해낸 것이므로, 오히려 빈 공백으로 남기는 것이 낫지 않은가? 그렇지 않다. 사지선택형 5개 항목 중에 추측해서 적은 것과 추측하기 전에 선택을 좁혀나가는 것에는 차이가 있다. 예를 들어, 학생이 2개 혹은 3개로 선택을 좁히거나 심지어 5개 중에서 4개로 좁히게 되면, 정확한 추측을 할 확률을 높이게 될 것이다. The New SAT에 의하면(Kestler & Florman, 2004), 만일 한 개라도 번호를 줄일 수 있다면 학생들은 항상 추측을 해야만 한다. 하지만 동그라미 안에 답을 표시함으로써 답을 적는 수학 문제는 예외이다. 이 문제에 대해서는 오답에 대해 감점이 없다. 그러나 동그라미 안에 정답을 추측하여 적는 문제는 꽤 적다. 어떤 영재들은 매우 창의적이다. 그러나 영재를 창의적인 문제해결자로 만드는 바로 그 특징이 정확한 한 개의 대답을 선택해야 할 때 어려움을 유발할 수 있다. 영재는 종종 한 가지 이상으로 대답할 수 있는 이유를 찾아낸다. 예를 들어, 잘 알려진 경우처럼, 어떤 학생은 두 면을 인접하게 하는 대신, 한 도형을 다른 것 안에 놓음으로써(정신적으로) 수학 문제를 해결하는데, 이 학생의 대답이 보다 타당한 것이었다.

다수의 작은 혹은 중간 크기의 사립대학들은 SAT 점수에 근거하여 장학금을 수여한다. 이 대학들은 『The A's and the B's: Your guide to academic scholarships』(Leider, 2005)에 수록되어 있다. 그 외, 어떤 대학들은 SAT 점수에 기초하여 처음 단계의 영어강좌를 듣지 않아도 되는 기회를 제공한다.

어떤 학생들은 시험 불안을 극복하기 위해 SAT를 준비한다. 시험지에 익숙해지고, 지시문의 모든 단어를 읽지 않아도 될 것이므로 연습이 도움이 될 수 있다. 만약 연습시험에서 조언을 받고 일정 시간 동안 점수가 올라간 것을 보게 되면, 긍정적인 태도가 발전하게 될 것이다. 학생들에게 연습하라고 권유하고자 한다면, Kaplan 같은 회사는 손에 들고 다니기 편리한 컴퓨터, 핸드폰 혹은 전화기로 작동하는 정답 소프트웨어를 판매하고 있다. Kaplan 핸드폰 프로그램은 소프트웨어를 개발한 Handmark 혹은 전자상가에서 구매할 수 있다.

영재는 PSAT를 준비해야 하는가? 일반적으로 미리 준비하지 않고 PSAT 시험을 보라고 조언한다. PSAT 점수를 보고 SAT를 준비할 것인가 아닌가를 결정할 수 있다. 그러나 학생들이 시험을 치르는 데 불안해하거나, PSAT 점수가 낮으면, SAT를 볼 때가 다가올수록 걱정이 많아진다. 대부분 고등학생들은 10학년에 연습 삼아 PSAT를 본다. 그러면 그 점수를 통해서 학생들은 11학년 동안 그 시험을 준비할 것인지 여부를 결정할 때 도움을 받을 수 있다.

가격 면에서 200달러 미만부터 1,600달러까지 여러 준비과정이 있다. SAT 준비과정을 평가하기 위해서, 다음과 같은 질문을 해 본다:

- 실제 SAT를 과정에서 연습 시험으로 사용하는가?
- 학생들이 숙제를 위해서 풀 수 있는 것인가?
- 내용과 기술 모두를 다루는가?
- 누가 과정을 지도하는가?

지도하는 교사의 강점과 학생의 동기가 큰 차이를 만든다. 교사들은 내용과 기술에 대해 숙지하고 있을 뿐만 아니라, 코치와 치어리더를 겸비한 역할을 해야 한다. 학생들은 왜 자신이 거기에 있어야 하는지 알아야 하며 성공을 위해 매일 시간을 기꺼이 들여야 한다. 진로센터와 상담원은 대개 준비 회사 및 지원서 목록을 갖추어 놓고 추천서를 만들 수 있다. 우선 정보를 위해 이상의 과정을 수강하는 학생과 이야기를 나눈다. 어떤 학생들은 과도하게 SAT와 ACT 시험 점수를 강조한다. 학생이 지원하고자 하는 대학이 점수를 사용하는 방식을 알게 해 줌으로써 이러한 오류를 피한다.

어떤 종류의 향상을 기대하는가? 대부분 프로그램 소장들은 이 과정을 위해 평균을 인용할 것이다. 이전 시험에서 너무 낮거나 너무 높은 점수는 대개 중간 점수를 가진 학생만큼 학생 수가 증가하지 않을 것임을 의미하는 것이다. 보다 점수를 잘 받는 학생들은 이 과정에서 초기에 가장 많이 점수가 증가하는 경향이 있다. 왜냐하면 내용이 기술만큼 학생들에게 큰 요인이 아니기 때문이다. 다른 학생들은 50점에서 100점까지 시험을 준비하지 않고서도 점수를 올릴 수 있을 것이다.

SAT 유추검사에 대해서

SAT 유추검사는 학생들이 대학생활에서 성공하기 위해 필요한 오랜 시간 동안 갈고 닦아온 비판적 읽기, 수학적 유추와 작문 기술을 측정한다. 이전엔 언어적 섹션으로 알려진 비판적 읽기 섹션은 기존의 보다 긴 읽기 한 절에 짧은 읽기 한 절을 포함해 놓고 있다. 읽기 한 절은 500~800단어로 이뤄진다.

그 외, 변인 혹은 동등한 섹션으로 알려진, 20분짜리 점수를 매기지 않는 섹션이 있다. 이 점수를 매기지 않는 섹션은 비판적 읽기, 수학 혹은 다지 선택형 작문 섹션이 될 수도 있다. 이 점수를 매기지 않는 섹션은 최종 점수로 계산하지 않지만 향후 SAT 버전을 위해 새로운 질문을 시도하고, SAT 새로운 버전을 초기 시험 버전 점수와 비교할 때 사용하려는 목적이 있다.

SAT는 25분짜리 에세이, 각 개별 시간을 부여한 9개 섹션으로 구성된다. 에세이를 항상 SAT 처음에 실시하고 10분짜리 다지선택형 작문섹션을 마지막에 실시한다. 다른 25분짜리 섹션은 어떤 순서로든 제시할 수 있다. 시험을 치루는 학생들은 동일한 시험 세션에서 나란히 앉아서 재배열된 섹션으로 시험책자를 받게 된다.

College Board에 의하면, 지금의 SAT는 이전 버전과 비교할 때 보다 잘 배열되어 있다(College Board, n.d.c.). 세 번째로 작문을 포함에 놓음으로써, SAT는 학생 교육에서 작문의 중요성을 강조하고, 대학으로 하여금 입학결정과 배치 결정을 보다 잘 내리도록 도움을 줄 것이다. 학생들은 College Board 웹사이트에 올려놓은 에세이 예제를 사용하여 작문섹션을 연습할 수 있다. 각 SAT 섹션은 200~800점 척도로 점수를 매기며, 만점이 2,400점이다(College Board, n.d.c.).

ACTs: 힌트, 조언 및 자원

SAT에 대한 정보 중 많은 부분이 또한 ACT에도 해당되므로 만일 SAT 시험을 보지 않는다면, 이전 시험 섹션을 읽어본다.

ACT는 일부 대학이 선호하는 표준화된 시험이다. SAT와 달리 ACT는 구조화되어 있다. 4개 다지선택형 학업영역과 새롭게 첨가한 선택형 30분짜리 작문 섹션이 있다. (1) 영어는 표준화된 문어식 영어와 수사적 기술을 측정한다. (2) 수학은 전형적으로 12학년 초기까지 배운 과정으로 일반적인 수학적 기술을 측정한다. (3) 읽기는 읽기 이해를 측정한다. (4) 과학은 자연과학에서 필요한 해석, 분석, 평가와 유추 및 문제해결 기술을 측정한다(ACT, n.d.a.). 작문 섹션은 고등학교 영어과목과 입학하였을 때 대학 작문 과정에서 강조하는 작문기술을 측정한다(ACT, n.d.a.). SAT와 달리, 각 섹션 점수는 정확하게 대답한 질문의 수에만 기초한다. 즉, 찍어서 하는 것에 감점은 없다. 심지어 찍어야 한다면 모든 질문에 대답하는 것이 유리하다. 시험을 치루는 책략으로 다음과 같은 것들이 포함된다(ACT, n.d.a.):

- 연습시험을 치름으로써 ACT 시험 내용에 익숙해진다. 어떤 영재들은 지시문에 집중하지 않고도 쉽게 하는 경향이 있다. 시험을 잘 보려면 모든 시험에서 지시문이 중요하다. 예를 들어, ACT의 수학은 "정답"을 요구하는 반면 영어, 읽기 및 과학시험은 "최선"의 대답을 요구한다. 수학시험에서 여러 선택 중 하나가 "정답"인 반면, 다른 시험에서는 해석에 따라 선택하는 것 모두가 정답이 될 수도 있으므로 어느 정도 생각하여 "최선"의 답을 결정하는 것이 필요하다. 작문 시험에서 방향은 매우 중요하다. 방향은 평가를 받는 작문의 면모를 반영하기 때문이다. 또한, 방향은 교과서 어느 부분에서 에세이를

계획하여 쓸 수 있는지, 어느 곳에서 마지막 버전을 쓸 수 있는지 말해 준다.

- 스스로 속도 조절하는 것을 배운다. 예를 들어, 수학시험에는 60개 다중선택형 문제들이 있는데, 이 때, 시험 보는 시간을 답을 적는 문제수로 나눠서 시간의 양을 분할한다. 이와 같이 하면 한 문제에 너무 길게 시간을 들일 수 없다는 것을 알 수 있다. 예를 들어, 80초가 얼마나 긴 시간인지 잘 알고 있는가? 질문을 집단별, 유형별로 나누어보고, 그 나누어 놓은 것에 얼마큼의 시간을 들여야 하는지 알아본다. 영어, 읽기, 그리고 과학시험에서, 학생들은 얼마큼의 시간을 들여 각 문단을 읽고 관련 질문에 답을 적는 시간이 얼마나 있는지 결정함으로써 스스로 속도를 조절할 수 있다. 예를 들어, 만일 40분 내에 4개 절을 다뤄야 한다면, 대략 각 절과 관련 문제에 대해 10분 정도를 할애할 것이다. 작문시험에 있어 개인적으로 작문 책략에 가장 잘 맞는 방식으로 속도 조절을 한다. 완전히 초안을 잡고, 개정하며, 에세이를 다시 적을 충분한 시간이 없을 것이다. 그러므로 계획하는 몇 분의 시간을 갖는다.
- 주의 깊게 그리고 철저하게 읽는다. 어떤 학생들은 너무 빨리 읽어 중요한 문단 혹은 단어를 놓친다. 정확하게 질문이 물어보는 것을 알고 있는지 확인한다. 연습세션에서, 질문으로 다시 돌아가 보고 대답이 바뀌는지 본다. 아니다 혹은 최소한 같은 단어를 보고, 항상, 대개, 거의 등과 같은 단어가 적절한지 주의를 기울인다. 하나를 선택하기 전에 대답으로 선택한 것을 모두 읽어본다.
- 마음을 바꿀 때 책략에 따라 결정한다. 학생들이 잘못된 대답에 표시를 했다고 생각이 들면 본래 대답으로 항상 돌아가라고 말할지도 모른다. 그러나 시험 전문가가 실시한 연구에 의하면, 학생들은 마음을

바꿀 때 대답을 바꿔야 한다. 그러므로 학생들이 무엇을 해야 하는가? 이것은 학생과 학생의 시험스타일에 달려 있으며, 한 가지 쉽게 할 수 있는 대답은 없다. 대답을 바꾸기 전에, 어떻게 그 질문에 접근을 하였는지 생각해 본다. 왜 어떤 대답이 다른 것보다 좋다고 생각하는지 자문해 보고, 그 다음에 바꾼다. 단, 임의적으로 대답을 바꾸지 않는다.

- 만일 점검한 활동으로 불안하거나 갈등이 생길 것으로 생각하지 않는다면, 거기에 표시를 한다. 학생들은 자신의 스타일을 알고 있다. 만일 확신할 수 없다면, 스스로 두 번째 추측을 할 것인지 아닌지 점검하며, 자신의 스타일을 알기 위해 충분한 연습 시험을 치러 봤는지 확인해 본다.
- 불안해하지 않는다. 만일 불안하다면 시간을 가지고 숨을 멈춘다. 결과를 받았을 때, 잘 할 수 있다고 생각이 들면 시험을 다시 치른다. 만일 학생 점수사이에서 큰 변화가 없다면, 세 번째로 치르는 시험이 학생의 최고 점수가 될 것이다. 이러한 경우에, 네 번째 ACT 시험을 치를 수 있다.

부록 D
대학계획 체크리스트

다음의 대학계획단계에서는 11학년과 12학년 동안 학생들이 주안점을 두고 확인할 수 있도록 체크리스트를 상세히 마련해 놓았다.

____ 학업과정(여름방학 혹은 방과 후에 들은 과목을 포함하여), 교육과정 외 활동, 지역사회 서비스, 성취와 수상을 포함하여 대학계획 포트폴리오를 준비한다.

____ 날짜와 상세한 사항들을 추적할 수 있도록 차트를 만든다. 학생 차트에는 다음과 같은 것들이 포함된다.

 ____ 지원서 마감일(조기 지원, 조기 결정 날짜를 포함하여)

 ____ 재정지원 마감일(대개 대학마다 다름)

____ 공지 날짜

____ 필요한 시험

____ 비용

____ 필요한 추천서 유형과 수

____ 인터뷰 마감일과 위치

____ ACT, SAT와 과목 시험 날짜

____ 학생의 작문 예제를 모아놓는다. 어떤 대학들은 최종 산출물뿐 아니라 모든 초안을 보고자 요청하기도 한다.

____ 10~20개의 대학 목록을 만든다. 비교 차트 상에서 작업을 한다. 학생에게 중요한 요소를 포함하고 아래 요소들을 염두에 둔다.

____ 크기(캠퍼스, 학생 수)

____ 지리학적 위치(도시, 시골, 북쪽, 남쪽 등)

____ 제공하는 과정(학생이 좋아하는 것을 지도하는가?)

____ 비용(학비, 기숙, 책, 교통비용 등)

____ 장학금 혹은 학비 지원 프로그램

____ 교육과정 외 활동(신문, 운동경기 등)

____ 선택도(난이도 정도)

____ 고려해야 할 부수적인 요점들

____ 특수한 전공에서 요구하는 교육과정과 과목

____ 학생생활

____ 특별 프로그램(예: 해외연수)

____ 학업적 조언과 진로상담 절차

____ 교수 혹은 조교가 신입생 과정을 지도하는가?

____ 교수-학생 관계

____ 읽기 자료, 실험실 공간과 컴퓨터 터미널의 접근 용이성(예: 무선 인터넷, 만일 그렇지 않다면, 중간고사 및 기말고사처럼 사용자가 많은 시기에 모든 학생들이 사용할 정도로 컴퓨터 단말기가 충분한가?)

____ 학생이 고려하는 여러 대학을 방문한다. 학생이 방문하고자 하는 대학이 세션에 있는지 확인하고 사전에 입학 관계자와 인터뷰를 원하면 전화를 걸어 약속을 잡는다.

____ 다음과 같은 여름방학 활동을 고려한다.

____ 지역 혹은 대학기반 여름학교(기술, 공연예술, 컴퓨터 프로그래밍, 철학 등)

____ 여름 인턴십

____ 학교에서 후원하는 여행

____ 재능발굴 프로그램에서 제공하는 과정(예: 대학 학점과 대학 생활을 해 보는 기회)

____ 대학 계획 세미나(대부분 대학들이 제공하는)

____ 여름방학과 학기 활동이 끝나기 전에, 감독관, 캠프소장, 형식적 및 비형식적 멘토 혹은 다른 사람들에게 추천서를 부탁한다. 나중까지 기다리지 않는다. 학생을 잘 기억할 수 있을 때 학생에 대해 추천서를 써 달라고 한다. 추천서는 "○○○"의 보낼 곳을 염두에 두고 작성하도록 부탁하고 가능한 한 빨리 진로상담자에게 추천서를 보낸다. 복사를 해둔다.

____ 6~10개 대학에 지원서 양식을 보낸다.

____ 가을 혹은 겨울에 방문을 할 대학에 개인적으로 인터뷰 약속을 한다.

____ 지원서 마감일을 다시 확인한다. 가을에 일찍 지원서를 작성하기 시작한다. 오류가 없는 지원서를 작성하는 방법을 배운다. 각 지원서 양식을 여러 장 복사해 놓는다. 원본을 작성하기 전에 연습 삼아 복사해 놓은 것을 사용한다.

____ 만일 지시문에서 여타의 것을 언급하지 않았다면, 모든 것을 활자로 쳐서 적어 넣는다. 만일 활자로 쳐서 넣을 수 없다면, 컴퓨터로 처리하는 지원서를 사용한다. 지원서 양식에 적어 놓은 모든 단어를 다른 사람이 검토해 보게 한다. 오류는 모두 정정한다.

____ 모든 것을 작성하고 복사해 놓는다.

부록 E
경시대회와 경진대회

인문 사회

Achievement Awards in Writing
http://www.ncte.org/about/awards/student

Americanism Essay Contest
http://www.fra.org/Content/fra/AboutFRA/EssayContest/default.cfm

Arts Recognition Talent Search (ARTS): National Foundation for Advancement in the Arts
http://www.artsawards.org

Gutenberg Awards
http://www.igaea.org

High School Communications Contest
http://www.nfpw.org/competitions.htm

Idea of America Essay Contest
http://www.wethepeople.gov/essay

International Writing, Photo Contest
http:/www.uiowa.edu/~quill-sc/Contests/contests.html

Laws of Life Essay Contest
http://www.lawsoflife.org

"My Turn" Essay Competition
http://www.newsweekeducation.com/myturn2006

National Biblical Greek Exam
http://www.greekexam.com

National Forensic League Tournament
http://www.nflonline.org

National French Contest: "Le Grand Concours"
http://www.frenchteachers.org/concours

National Geographic Bee
http://nationalgeographic.com/geographybee

National German Testing and Awards Program
http://www.aatg.org/programs/hsstudentprogs/testing_program

National History Day Contest
http://nhd.acuityweb.com/NationalContest.htm

National Latin Exam
http://www.nle.org

National Spanish Examination
http://www.2nse.org

National Spelling Bee
http://www.spellingbee.com

National Student Television Award for Excellence
http://www.nationalstudent.tv

National Peace Essay Contest
http://www.usip.org/ed/npec

Optimist International Oratorical Contest
http://www.optimist.org

Scholastic Art & Writing Awards
http://www.artandwriting.org

Voice of Democracy Scholarship Competition and Patriot's Pen Essay Contest
http://www.vfw.org

수학

American Mathematics Competitions
http://www.unl.edu/amc

American Regions Mathematics League
http://arml.com

Continental Mathematics League
http://www.continentalmathleague.hostrack.com

MATHCOUNTS
http://www.mathcounts.org

Math Olympiads
http://www.moems.org

National Mathematics League Contests
http://www.mathleague.com/contests.htm

USA Mathematical Talent Search (USAMTS)
http://www.usamts.org

과학, 기술 및 공학

AAPT Physics Bowl
http://www.aapt.org/Contents/physicsbowl.cfm

American Computer Science League
http://acsl.org

Christopher Columbus Awards
http://www.christophercolumbusawards.com

Discovery Channel Young Scientist Challenge (DCYSC)
http://www.sciserv.org/dcysc

Dupont Challenge Science Essay Awards Competition
http://glcomm.com/dupont/home.html

The Explorers Club Youth Activity Fund Grants
http://www.explorers.org/grants/grants.php

ExploraVision Awards
http://www.exploravision.org

Intel International Science and Engineering Fair
http://www.sciserv.org/isef

Intel Science Talent Search
http://www.sciserv.org/sts

International Physics Olympiads
http://www.jyu.fi/tdk/kastdk/olympiads

Junior Science and Humanities Symposium
http://www.jshs.org

Junior Engineering Technical Society (JETS) Test of Engineering Aptitude in Math and Science (TEAMS)
http://www.jets.org/programs/teams-home.htm

National Engineering Design Challenge
http://www.jets.org/programs/nedc.cfm

Science Olympiad
http://www.soinc.org

Siemens Westinghouse Competition in Math, Science, and Technology
http://www.siemens-foundation.org

Technology Student Association Competitions
http://www.tsaweb.org

Young Astronaut Program
http://www.youngastronauts.org

기타

Future Problem Solving Program
http://www.fpsp.org

Invent America!
http://www.inventamerica.org/contest.cfm

The Knowledge Master Open
http://www.greatauk.com/KMO.html

Questions Unlimited
http://www.qunlimited.com

National High School Chess Championship
http://www.uschess.org

Odyssey of the Mind (OM)
http://www.odysseyofthemind.com

Thinkquest
http://www.thinkquest.org

United States Academic Decathlon
http://www.usad.org

저자에 대하여

Sandra L. Berger는 지난 30년 동안 영재를 옹호하는 여러 활동을 하고 있다. Berger는 어린 영재학생과의 활동을 통해서, 대학계획 및 진로계획이라는 방향을 주도하고 있다. Berger는 영재교육과정과 상담훈련 지도 분야로 석사학위를 취득하였다. 15년 동안, 장애와 영재교육에 관한 ERIC Clearinghouse와 AskERIC 시스템에서 영재교육 정보 전문가로 활동하면서, 영재와 특수교육에 대한 수많은 질문에 응답해 주었다. Berger는 「Understanding Our Gifted」의 편집위원과 칼럼리스트로 있으며 영재교육분야에서 수많은 저널을 쓰고 대학계획과 영재교육에 대한 자신의 견해를 국가 및 지역 회의에 참여한 여러 사람들과 공유하고 있다. Berger와 그녀의 남편은 현재 46년간의 결혼생활을 누리면서 네 명의 손자를 두고 있다.

역자 소개

이미순 uconn2009@daegu.ac.kr
동덕여자대학교 자연과학대학 아동학과(이학사)
연세대학교 생활과학대학 아동학과(문학 석사)
University of Connecticut 교육심리(철학박사, 영재교육전공)
현) 대구대학교 교육대학원 교수
인천대학교 과학영재교육연구소 특별연구원
고려대학교 교육대학원 영재교육 겸임교수
한국교육개발원 영재교육센터 연구위원
National Research Center for the Gifted and Talented(NRC/GT) 연구원

♣ 저 · 역서 및 논문

병행교육과정(2009, 박학사)
수월성 지향을 위한 영재 프로그램 기준(2009, 박학사)
영재 프로그램의 향상을 위한 평가 기획 및 활용(2009, 박학사)
교육과정 압축: 뛰어난 잠재력을 지닌 학생을 위한 차별화 전략(2009, 아카데미 프레스)
영어 영재를 위한 실제적인 책략(2009, 아카데미 프레스)
영재상담(2008, 박학사)
렌줄리 박사의 영재교육 시리즈:
교육과정 압축: 우수학생을 위한 정규교육과정 수정지침(2007, 박학사)
다중메뉴모델: 차별화된 교육과정 개발을 위한 실제적인 지침(2007, 박학사)
심화집단: 실제세계, 학생-주도적인 학습을 위한 실제적인 지침(2007, 박학사)
영재아 행동특성 평정척도(2007, 박학사)
재능개발을 위한 학교: 학교의 전반적인 개선을 위한 실제적인 계획(2007, 박학사)
종합재능기록표: 영재아 판별과 교육을 위한 체계적인 계획(2007, 박학사)
학습스타일 검사도구, 3판: 학생이 선호하는 교수방법 측정도구(2007, 박학사)
흥미도구들: 교사용 지침(2007, 박학사)
소외 영재 지도교사의 성공적인 지능 교수효능감(한국교원교육연구, 2006)
조기진급 및 조기졸업 유무에 따른 학업 동기와 자기조절적인 학습능력(교육심리, 2006)
소외 영재교사의 영재 및 영재교육에 대한 지각분석(한국교육, 2006)
Effects of the Enrichment Program for the Economically Disadvantaged Gifted on Their Aspirations and Satisfaction with the Program(KEDI Journal of Educational Policy, 2006)
The Awareness of Cultural Orientations in Culturally Responsive Education for Korean American Students(Journal of Praxis in Multicultural Education, 2009)
A Multilevel Analysis of Gifted Korean American Students' Characteristics and School Context Effects on Learning Style Preferences(Gifted and Talented International, 게재 예정)

영재학생을 위한 대학진학계획

-올바른 대학 선택과 입학-

인 쇄 일	2009년 9월 25일 초판 인쇄
발 행 일	2009년 9월 30일 초판 발행
저 자	Sandra L. Berger 지음
역 자	이미순 편역
발 행 인	구본하
발 행 처	도서출판 박학사
주 소	서울시 마포구 서교동 460-26 동아빌딩 2층
전 화	(02)3142-3764 5
팩 스	(02)3142-3766
웹 사 이 트	www.pakhaksa.co.kr
등 록 번 호	제10-2230호

정가 20,000원 ISBN 978-89-91633-58-2